KB058041

권력은 왜 역사를 지배하려 하는가

권력은 왜 역사를
지배하려 하는가

윤상욱 지음

시공사

권력은 왜 역사를 지배하려 하는가?

권력은 끊임없이 더 큰 권력을 추구한다. 이는 권력의 첫 번째 속성이다. 그러기 위해서는 지속적으로 자기 중심의 통합을 이루어야 했다. 동서고금을 막론하고 권력자가 가장 두려워한 것은 반대 세력이었다.

그래서 권력은 늘 불안한 존재였다. 기원전 3세기 한비韓非의 법가法家사상이나 16세기 마키아벨리Niccolò Machiavelli의 《군주론Il Principe》과 같은 권력의 교과서가 나왔지만, 역사상 완벽하거나 영원한 권력은 존재하지 않았다. 정치는 늘 변화하기 마련이었고, 통합에서 출발한 권력은 분열의 쓴맛을 보며 스러져갔다.

근대에 이르러 권력은 종전과는 너무나도 다른 환경에서 정치를 해야 했다. 우선 통합의 대상이 변했다. 봉건 시대의 영주나 성직자, 왕위 계승을 다투던 친인척과 같은 한 줌의 엘리트 집단을 상대로 한 정치는 막을 내리고, 일반 대중이 정치의 대상으로 부상했다. 1781년 미국혁명과 1789년 구체제Ancien Régime의 종언을 선언한 프랑스 혁명은 사실 새로운 정치 패러다임의 서막이었다.

소수 엘리트가 아닌 인민이 권력의 원천임을 선언한 이 위대한 역사적 사건으로 인해 권력자들은 새로운 과제를 안게 되었다. 인민을 어떻게 국가에 충성하는 국민으로 만들 것인지에 대해서였다. 1866년 마시모 다제글리오Massimo d'Azeglio가 남긴 "이탈리아를 만들었으니, 이제 이탈리아인을 만들 차례다"라는 명언은 근대 권력자들의 고민을 잘 말해준다. 무려 1,400여 년간의 분열 끝에 통일을 이루었지만, 당시 이탈리아인들의 정치적 정체성은 여전히 분열되어 있었기 때문이다.

근대 권력은 그 고민의 해법을 과거에서 찾았다. 19세기 유럽의 지배자들은 국민국가 또는 민족국가의 전통을 찾기 위해 역사가들과 결탁했다. 민족의 특수한 상징과 기억을 연구하고 그것을 대중에게 집요하게 제시했다. 그 과정에서 '우리'는 다른 민족들에 비해 얼마나 영광스러운 역사와 전통을 가지고 있는지, 다른 민족들이 어떻게 '우리'를 위협해왔는지, 왜 '우리'가 국가를 만들어 이에 충성하며, 다른 민족에 맞서 싸워야 하는지에 대한 인식이 싹텄다.

위대한 역사가 홉스봄Eric Hobsbawm은 이렇게 '만들어진 전통Invented tradition'이 국가와 민족을 하나로 묶었다고 보았다. 19세기를 지나 20세기 2차례의 세계대전으로 이르는 과정은 이러한 노력이 성공했음을 보여준다. 민족주의는 보다 더 많은 전쟁의 원인이 되었다. 공화정 체제하의 국민들은 왕정 체제하의 시절보다 더욱더 가혹하고 규모가 큰 희생을 2번이나 치렀다. 국민들은 정부의 전쟁 논리와 명분이 옳든 그르든 사명감을 가지고 전쟁에 임했으며 막대한 희생도 감내했다.

1차, 2차 세계대전은 적어도 이러한 국민 만들기가 성공적이었음을 방증하는 사건이다. 근대 권력은 과거의 기억을 활용해 민족을 가장 강력한 단위인 '국민'으로 통합한 것이다. 인류는 전대미문의 희생을 치러야 했지만, 국민 만들기 내지는 위로부터의 민족주의 그 자체를 비판하는 이들은 극히 드물다. 비교적 짧은 시간 내에 민족과 민족주의는 마치 고대부터 존재했던 것인 양 받아들여졌다.

신화 만들기

하지만 국민 만들기, 그것이 전부가 될 수는 없었다. 국민들은 결코 고정불변의 정치 집단이 아니었다. 이들의 정치 성향은 시대와 상황에 따라 요동쳤으며, 권력자들은 힘들게 쌓아 올린 통합이 한순간에 무너지는 것을 지켜봐야 했다. 근대의 권력이 안게 된 또 하나의 과제는 애써 만들어낸 충성스러운 국민의 변절과 변심을 막는 것이었다.

이를 위해서는 우선 권력자의 가치관 또는 비전을 절대적이고 영원한 진리로 만들 필요가 있었다. 권력자들은 자신들의 정치적 명분에 신성神性을 부여하면서 국민들을 설득하고 협박했는데, 국민들이 패배주의에 젖어 있을수록 이 전략도 효과가 있었다.

이러한 현상은 특정 민족과 국가에 국한된 것이 아니었다. 독일이 히틀러의 게르만 신화에 취한 것처럼, 프랑스 역시 드골Charles De Gaulle이 만든 애국 신화에 취했다. 드골은 프랑스가 2차 세계대전 기간 내내 단결해 있었으며, 프랑스는 스스로의 힘으로 자유를 찾았다고 외쳤다.

그러나 이는 역사적 사실을 호도하거나 과장한 것이다. 개전 초기 프랑스는 6주 만에 독일에 무릎을 꿇었다. 대부분의 프랑스인들은 2차 세계대전을 '같은 프랑스인 간의 내전une guerre franco-francais'으로 기억할 정도로 당시 프랑스는 분열되어 있었고, 프랑스 남부에 세워진 비시 정부Régime de Vichy는 사실상 나치의 괴뢰정부에 불과했다. 프랑스인들은 나치의 지배에 무기력하게 순응했다. 레지스탕스는 공산주의자들이 주도했으며, 그 숫자나 전과도 미미했다. 하지만 드골의 주장은 패배주의와 수치심을 잊게 해주었고, 프랑스인들은 그를 대통령으로 선출했다.

그런데 권력자들이 만든 신화의 대부분에는 기억의 왜곡이나 조작이 필요했다. 그 신화의 내용이 실재하지 않거나 역사적 사실로 증명될 수 없기 때문이었다. 나치 시절은 말할 것도 없고, 전후 프랑스에서도 비시 정부의 범죄 행위나 프랑스의 자발적인 반유대주의에 대한 논의는 한동안 금기시되었다. 신화를 영원한 진리로 만드는 데 필요 없거나 해로운 기억들은 고쳐지든지 아예 삭제되어야 했다.

모든 인간이 똑같은 기억과 생각을 가진 사회는 권력자에게는 유토피아이나 국민들에게는 디스토피아다. 국민을 길들이려는 권력은 자신의 정치적 신념과 명분을 민족의 신성한 역사와 동일시하며 국민들의 동참을 요구한다. 이로 인해 권력자들은 종종 역사 교과서를 고치고자 하는 유혹에 빠지는데, 이 역시 국민을 변하지 않는 지지층으로 만드는 데 방해되는 기억을 배제해야 하기 때문이다(물론 어떤 권력자들은 1~2년 뒤 총선에서 유권자가 될 고학년들을 친정부 성향으로 만들기 위해 역사 교육 내용을 급격하게 바꾸기도 한다).

권력이 역사와 기억을 바꾸려 할 때마다 사회적 반발과 분열이라는 부작용도 뒤따랐다. 과거에 대한 집단의 기억이 결코 모두 같을 수는 없다는 평범한 진리에도 불구하고, 권력은 늘 유혹에 빠진다. 보수주의자들은 기득권과 전통적 가치를 영원한 신화의 이름으로 지키고자 했으며, 진보주의자들은 개혁의 신화를 영속화하려 한다. 역사 논쟁은 필연 정치 논쟁이며, 한 사회가 과거 기억에 대한 갈등 앞에서 화해 또는 분열로 나아가는 갈림길이 된다. 과거는 단순한 과거가 아니며, 현재이자 미래가 되는 셈이다.

디스토피아의 법칙

디스토피아Dystopia란 유토피아Utopia의 반대말이다. 유토피아가 너무 이상적이어서 현실에 존재하지 않는 곳인 것처럼, 디스토피아는 너무나도 나쁜 것들로만 가득 차 있어서 현실에 존재하지 않는 곳이다. 극단적 혐오 공간인 디스토피아는 문학 속에서나 상상해볼 수 있는데, 조지 오웰George Orwell의 소설 《1984》가 그 대표적인 예다.

《1984》 속에서 디스토피아는 인간의 자유로운 의식과 기억, 감정이 제한되거나 왜곡되는 사회로 그려진다. 소설의 주인공 윈스턴 스미스는 과거 신문기사 가운데 독재자 '빅브라더Big Brother'의 과오를 다룬 기사를 삭제하는 직업을 갖고 있다. 주인공은 권력자의 과오를 지움으로써 국민들이 망각에 이르도록 하는 셈이다. 역사의 조직적 은폐와도 같다.

뿐만 아니라 빅브라더는 사람들의 사고체계를 뒤집어놓는다. 그의 당은 '전쟁은 평화, 자유는 복종, 무지는 힘'이라는 기괴한 원칙을 국민들에게 강요한다. 당은 국민들의 이성적이고 비판적인 사고를 원하지 않는다. 오로지 정부가 제공하고 주입하는 것만을 진리라고 여기게 되는 국민들은 그저 지배의 도구로 전락하고 만다.

모든 인간이 똑같은 기억을 갖고, 똑같이 생각하는 사회는 권력자에게 유토피아인 반면 국민들에게는 디스토피아다. 소설 《1984》가 1940년대 소련과 같은 전체주의 국가의 현실에 착안해 집필되었다는 점을 감안한다면, 사실 디스토피아는 우리와 그리 멀지 않은 곳에 있었다. 권력이 가진 속성들이 모두 제 기능을 극단적인 방식으로 발휘한다면 디스토피아의 실현이 전혀 불가능한 것도 아니다. 역사상 이미 그런 디스토피아 사회가 있었고, 지금도 분명 존재한다. 나치 시대의 독일과 북한이 전형적인 디스토피아 사회다.

그뿐만이 아니다. 승승장구해왔던 자유주의가 위기에 봉착한 오늘날, 민족들은 다시 증오와 편협한 국수주의의 유혹에 휘말리고 있다. 권력은 이 기회의 끈을 놓지 않고 국민들의 눈과 귀 그리고 생각을 지배하려 한다.

민주주의와 다원주의의 온실이었던 미국에서는 권력자가 이 전통을 위협하면서 미국을 백인의 국가로 되돌리려 하고 있고, 중국 공산당은 공산당 일당체제의 생존을 위해 필사적으로 국민들의 눈과 귀를 막고 반역사적 신화를 만들고 있다. 서구화에 실패한 러시아는 최악의 독재자 스탈린과 그의 시절에 대한 신화를 만들어 국민들에게 서구에 대한 적개심을 주입하고 있다. 남아시아와 중동 일부에서는 종교 원리가 극단적 전체주의 원리로 돌변하면서 증오와 폭력을 재촉하고 있으며, 구 동구권 국가의 일부 권력자들은 역사적 피해의식을 과장하면서 국가를 영원한 극우사회로 만들려 하고 있다. 2017년 소설 《1984》가 세계적으로 다시 조명을 받고 그 판매량이 급증한 것은 결코 우연이 아니다.

사실 이 책의 구상은 지난 2016년 겨울, 촛불을 든 시민들에 대한 놀라움에서 출발했다. 매서운 한겨울의 바람 속에서 고집스럽게 촛불을 지키던 1,700만 시민의 모습은 경이로움 그 자체였다. 촛불은 무너진 상식과 정의를 회복하겠다는 의지의 상징이었고, 시민들은 권력자의 도움 없이도 스스로 통합을 이루어냈다.

그 모습을 보며 흥미로운 질문들을 떠올렸다. 오늘날 디스토피아형 사회로 나아가는 곳의 시민들은 무엇을 보고, 듣고, 믿는가? 이들은 어떻게 디스토피아형 권력자에 맞서 이성과 관용의 정신을 다시 찾을 수 있을 것인가? 이들도 촛불처럼 일어설 수 있을 것인가?

외교관이자 공무원으로서 이러한 주제들을 다루기가 쉽지는 않았지만, 역사학 전공자의 학문적 용기를 격려해주는 이들이 있었기에 집필을 마칠 수 있었다. 이들에게 감사드리며, 이 책을 통해 역사와 과거에 대한 관심과 이해가 높아지기를 희망한다.

2018년 1월
윤상욱

CONTENTS

II. 신의 속삭임

Ⅲ. 신화의 연금술

IV. 피해의식

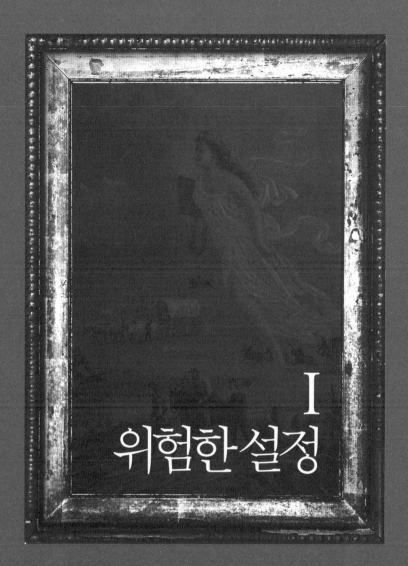

I
위험한 설정

| 01 |
미국:미국허무주의

예외적인 국가, 미국

초강대국 미국의 국력은 눈에 보이는 데서만 나오는 것이 아니다. 어쩌면 국력의 가장 강력한 원천은 국가에 대한 미국인의 자부심인지도 모른다. 그럴 만도 하다. 종교적 박해를 피해 고향을 떠나야 했던 청교도들은 황무지와 인디언 그리고 자신들의 뿌리인 영국으로부터 억압받던 식민지 시절마저 극복하고 신세계를 건설했다. 이후 악의 세력인 독일과 소련을 굴복시킨 미국은 문명 세계의 구세주이자 지도자가 되었다.

박해받던 이들이 고난을 이겨내고 세계를 지도하는 국가를 건설하는 이 과정은 마치 고대 영웅의 탄생 설화를 연상시킨다. 미국인들은 조국의 탄생부터가 다른 나라의 것과는 차원이 다르며, 조국이 가장 이상적이고 강력한 국가라고 믿어왔다.

아메리카대륙으로 건너온 유럽인들은 지금의 뉴욕에 해당하는 지역에 도착했을 때, 새로운 암스테르담이라는 의미로 '뉴 암스테르담New Amsterdam'이라는 이름을 붙였다.

미국예외주의American Exceptionalism는 '미국이 세계에서 예외적인 위치에 있는 특별한 국가'라는 믿음이다. 세계의 공장이자 민주주의의 수호자로 부상했던 100년 전, 미국은 비로소 스스로의 능력과 운명을 확신하게 되었다. 자신감에 찬 미국인들은 미국이 구세계인 유럽과 다를 뿐만 아니라 도덕적으로 우월하다고 믿었다. 미국은 세계의 지도자가 될 운명이었고, 이것은 신이 내린 사명이었다. 신의 선택을 받았으니 자신의 가치를 다른 나라에게 가르칠 권능도 부여받은 셈이다. 미국인들은 그 권능을 역대 대통령들의 외교 정책을 통해 확인했고, 이를 자랑스러워했다.

미국예외주의는 미국만의 민족주의, 철학, 세계관, 역사적 소명의식, 심지어 종교가 되었고 정치, 문화, 교육, 외교 분야 정책으로 구체화되었다. 미국 대통령은 미국예외주의의 수호자이자 실행자여야 했다. 대통령은 취임 연설에서 반드시 미국예외주의를 언급해야 했고, 세계의 지도자로서 능력을 입증해야 했다. 그의 모든 발언은 미국예외주의의 기준에서 평가되었고, 이를 부정하는 말은 금기시되었다.

　시민들은 교육을 통해 미국예외주의자로 양성되었다. 미국의 역사 교과서는 미국예외주의를 독립된 챕터로 기술했다. 학생들은 17세기 청교도의 이민과 18세기 미국의 독립 혁명, 미국 건국의 아버지들에 대해 배우며 미국이라는 나라가 왜 신의 선택을 받게 되었고 세계의 지도자가 되어야 하는지에 대한 해답을 얻었다. 뒤늦게 도입된 세계사 교육도 마찬가지였다. 미국이 세계사를 본격적으로 가르친 것은 1차 세계대전에 참전하던 무렵이었다. 전쟁의 정당성과 변화된 미국의 위상을 군인과 시민, 학생 들에게 가르칠 필요가 있었기 때문이다. 미국의 운명적이고 종교적인 소명의식은 교육 내용의 핵심이었다.

　사실 미국의 참전은 기존의 고립주의(먼로주의Monroe Doctrine)나 미국인의 정서와 배치되는 행로였다. 먼로James Monroe 대통령을 비롯한 미국의 지도자들은 유럽 정치에 관여하지 말 것을 주장했고, 이러한 고립주의는 1차 세계대전 개전까지 이어졌다. 하지만 전쟁은 결코 미국의 고립을 허용하지 않았다. 독일은 영국과 프랑스의 해상봉쇄를 뚫기 위해 무제한 잠수함 작전을 펼쳤고, 이로 인해 1915년 여객선 루시타니아호가 침몰되면서 128명의 미국인이 사망했다. 여론은 악화되었지만 윌슨Thomas Wilson 대통령은 참전을 거부했다.

　그러나 2년 뒤 영국이 입수한 독일의 비밀 전문은 윌슨 대통령과 미국의 마음을 돌리는 계기가 된다. 전문에는 당시 독일 외교장관 치머만Arthur Zimmermann이 멕시코에 동맹을 제안하면서, 동맹의 대가로 멕시코가 미국에게 빼앗긴 뉴멕시코, 텍사스, 애리조나주를 되돌려주겠다고 약속하는 내용이 담겨 있었다. 미 의회는 윌슨 대통령에게 참전에 대한 전권을 위임했고, 미국은 서구 문명의 구원자로서 참전하게 된다.

침몰하는 루시타니아호와 완전히 해독된 치머만의 전문. ⓒWikipedia.

윌슨 대통령은 참전을 설득하기 위해 특별한 논리를 이용했다. 독실한 크리스천이었던 그는 도덕적 관점에서 미국인이 희생해야 한다고 당부했다. 미국의 참전은 열강들의 정치적 합종연횡과는 차원이 다르며, 유럽을 악으로부터 구원하기 위한 것이라는 식이었다. 또한 세계의 지도자인 미국은 십자군을 파견하는 것이니 신의 보살핌하에 절대로 실패하지 않을 것이라고 설득했다. 윌슨 대통령은 메시아 역할을 자처하며 미국인의 고립주의를 극복하려 했다.

이러한 참전 명분은 미국의 세계사 교육에도 반영되었다. 세계사를 기술할 때는 지도자 미국의 탄생과 미국이 부여받은 운명의 배경을 설명하는 데 치중했다. 유럽사는 민주주의와 전체주의라는 상반된 이분법적 구조로 편성되었다. 영국과 프랑스는 서구 문명의 젖줄이자 역사 발전의 모범이 되었고, 독일과 러시아는 이들을 방해하는 세력이 되었다. 미국은 서구 문명이 이뤄낸 가치들이 모여 탄생한 국가였다. 유럽은 악으로부터 소중한 가치들을 지켜내지 못했고, 신의 사명을 받은 미국만이 이를 지켜낼 수 있었다. 미국은 너무나도 예외적인 국가였고, 인류 역사의 완성 그 자체였다.

이후 미국예외주의는 미국이 자랑하는 모든 것을 흡수했다. 청교도의 신앙심, 자유주의, 민주주의에 기반을 두었던 미국예외주의는 자본주의적 가치와 개인주의, 자유방임주의의 미덕을 포용하면서 더욱 강력한 미국식 민족주의가 되었다. 미국인들은 예외주의를 믿으며 스스로 자화상을 그렸다.

하지만 다른 국가들에게는 미국예외주의가 불편할 수밖에 없었다. 소련을 비롯한 비동맹권은 미국예외주의가 제국주의적 사고라고 비판했다. 유럽역시 부시George W. Bush 대통령의 이라크 전쟁을 미국예외주의의 부작용으로묘사하며 우려를 표했다. 냉소적인 지성인들은 미국예외주의가 나르시시즘에 불과하다며 조롱했다. 러시아의 푸틴Vladimir Putin 대통령은 그 어떤 동기에서건 국민들이 스스로 예외적 존재라고 믿도록 부추기는 것은 지극히 위험하다며 비판했다.

미국 내부적으로도 미국예외주의의 미래를 걱정하는 목소리들이 있었다. 1970년대 베트남전 패배, 1980년대 쌍둥이 적자Twin deficit(경상수지와 재정수지에서 동시에 적자가 발생하는 상황)로 인한 경제 위기와 같이 미국의 압도적인지위가 흔들리고 있을 때 일부 학자들은 미국예외주의의 종언을 조심스럽게제시했다. 하지만 곧 미국은 기사회생했다. 미국 경제의 붕괴가 곧 세계 경제의 붕괴라는 협박에 가까운 논리로 일본과 독일을 설득해 1985년 미 달러화가치를 낮추었고, 냉전 종식을 주도했다. 미국은 세계의 주도권을 이어갔고미국예외주의에 대한 걱정도 사라졌다.

레이건Ronald Reagan 대통령은 초강대국 미국이 건재하다는 사실을 국민들에게 확신시켰다. 1983년 그는 소련을 "악의 제국evil empire"이라고 묘사[1]했는데,

---

1   부시 대통령이 북한을 "악의 축axis of evil"이라고 묘사한 것도 이를 참고했다.

오늘날 가장 인기 있는 대통령으로 기억되는 레이건 대통령. 그는 미국의 1970년대 정책 실패와 이로 인한 좌절감 극복을 최우선 과제로 여겼고, 현실 정치와 미국예외주의를 가장 잘 결합한 지도자였다. ©Wikipedia.

이는 소련을 비판하는 동시에 신이 미국의 편임을 암시한 것이었다. 레이건 대통령은 미국예외주의를 가장 잘 활용한 지도자로 평가된다. 퇴임 이후 그는 미국이 신의 은총을 입은 나라이기에 이에 걸맞은 특별대우를 받아야 함을 늘 잊지 않았다고 말했다.

그러나 레이건 시대를 지나며 분명해진 것은 미국예외주의의 위험성이다. 이 위험의 근원은 미국인 자신들이었다. 바로 미국인들이 스스로 확신하지 못하는 미국예외주의는 그저 평범한 민족주의가 되고, 미국도 평범한 국가가 되어버린다는 사실이었다. 미국 정치가들은 미국예외주의에 대한 불신이나 포기가 애국심의 저하와 국력의 손실을 초래할 것임을 깨달았다. 그래서 더더욱 미국예외주의는 신성시되었고 이에 대한 비판도 금기시되었다.

미국예외주의가 완벽한 명제가 아닐 수도 있다는 걱정 역시 확산되었다. 미국예외주의라는 절대명제는 반드시 국력으로 증명되어야 하는데, 국력은 강해질 수도 있고 약해질 수도 있기 때문이다. 더구나 미국이라는 국가의 행위가 언제나 도덕적이지는 않았고, 신의 선택을 받은 나라라는 주장 역시 종교적 신념에 불과했다.

결국 미국예외주의는 그 출발부터가 불완전하고 추상적이었다. 더구나 그 원형이 만들어졌던 시대가 불변하지 않는 이상, 미국예외주의는 사회적 모순의 씨앗이 될 수도 있었다. 1990년대 미국 지식인들은 이를 깨닫고 미국예외주의의 허구성을 공격하게 된다. 그 계기는 미국의 역사 기술이었다.

미국은 보통 국가일 뿐

미국 중심의 편협한 세계사 교육은 이미 1990년대부터 미국 내 지식인들의 비판을 받아왔다. 냉전의 붕괴와 개방의 물결 앞에서 미국예외주의로 점철된 편협한 세계사 교육의 폐단을 직시한 이들은 보다 넓은 관점의 세계사 교육이 필요함을 느꼈고, 새로운 교육 커리큘럼 작성을 위해 연대한다.

내시^{Gary B. Nash}는 이를 주도한 미국 역사가였다. 그는 1991년 연방 정부의 지원을 받아 새로운 중학교 세계사 교육지침 작성에 착수했고, 미국 전역의 역사가와 교사 들의 의견을 모아 1994년 11월 〈국가 표준 세계사^{National Standards for World History}〉라는 제목의 보고서를 정부에 제출한다. 이 보고서는 비서구권의 문명도 서구권의 그것과 동등하게 다뤄져야 하며, 당연히 세계사 교육 과정에 포함되어야 한다고 주장했다. 반면 서구권의 역사 가운데 인종주의나 노예무역과 같은 어두운 부분에 대해서는 반성의 의미를 학생들에게 가르쳐야 한다고 주장했다.

평범해 보이는(적어도 한국에서 서양사를 전공한 내게는 특별해 보이지 않는) 이 보고서는 당시 미국 여론을 들끓게 했다. 서구 문명을 세계 일류 문명의 지위에서 끌어내리고 서구의 잘못을 인정했다는 것, 그리고 이런 반서구적 연구를 위해 미국의 연방 정부가 재정 지원을 했다는 것이 그 이유였다.

미국의 주요 일간지마다 보고서를 비판하는 사설이 게재되었고, 몇 달 후 미 상원도 결의 채택을 통해 국민의 의사를 대변했다. 결의 내용은 누구든지 서구 문명에 대한 존경심을 갖지 않는 자에게는 연방 정부의 예산을 지원해서는 안 된다는 것이었다. 당시 상원은 공화당 52석, 민주당 48석으로 구성되어 있었는데 표결 결과는 99대 1이었다. 당과 정파를 떠나 거의 만장일치로 보고서의 세계사 교육지침을 거부한 것이다. 물론 결의가 법적 구속력을 갖지는 못했지만 정부의 예산 집행을 승인하고 감독하는 의회의 결의는 행정부와 역사학계에 던진 경고장이나 다름없었다.

서구, 미국, 백인, 기독교 중심의 세계사가 아닌 국제주의적, 다원적, 보편적 세계사 연구는 위축될 수밖에 없었다. 세계사 교육은 세계 시민을 양성하는 교육이 아닌 미국과 서구의 우월성을 가르치기 위한 교육이어야 했고, 미국의 세계사 교과서는 아시아와 중남미, 아프리카인들에게 상처를 줄 수밖에 없었다.

비록 지금으로부터 23년 전의 일이지만 이 일화는 미국예외주의의 모순을 스스로 드러낸다. 미국의 정치인들은 서구 문명의 우월성과 도덕성, 미국예외주의의 근본을 보호하기 위해서라면 역사적 사실쯤이야 가리거나 왜곡해도 된다고 생각했던 것이다.

이러한 모순을 인식한 진보적 지식인들은 이제 외국 역사가들과 연대했다. 미국역사가협회Organization of American History가 1997년부터 개시한 프로젝트에는 미국뿐만 아니라 유럽과 중남미의 역사가들도 참여했다. 78명의 다국적 역사가들은 3년간 이탈리아의 작은 마을 피에트라Pietra에서 미국예외주의와 미국식 역사 서술을 검증했다. 그것들이 사실인지, 다른 나라와 민족 들의 인식과 일치하는지, 만약 그렇지 않다면 어떤 문제가 발생하는지가 연구의 주된 목적이었다.

프로젝트의 결과물인 〈피에트라 보고서La Pietra Report〉는 미국예외주의의 민낮을 드러냈다. 미국예외주의와 이에 기초한 역사 서술은 외부의 시각과 일치하지 않으며, 미국은 존경받는 나라가 아니라 두려움과 어려움의 대상이라는 것이 보고서의 결론이었다. 대부분의 미국인들은 미국이 누군가의 골칫거리가 되리라 생각하지 않는다. 미국이 도덕적으로 완벽하다는 인식 때문이다. 보고서는 이러한 환상을 깨고, 힘을 가진 미국의 시각만큼 그 힘에 눌린 이들의 시각도 존중받을 필요가 있다고 주장했다.

미국의 역사 교육을 국제화하려는 움직임은 탄력을 받기 시작했다. 특히 EU(유럽연합)의 국제주의적, 다원주의적 역사 교육이 이를 자극했다. 2000년대 초반 동구권 국가들이 EU에 가입하면서 유럽사 교과 과정을 개편했는데, EU은 이 국가들에 2차례의 세계대전으로 격화된 민족 간 증오를 누그러뜨리기 위해 보다 국제주의적이고 다원적인 역사 교육을 권고했다. 증오와 박해로 얼룩진 기억을 다음 세대에게 물려주지 말고, 다 같은 유럽의 시민으로서 조화로운 미래를 열자는 취지였다.

또한 당시 환경오염, 핵무기 확산, 무역 전쟁, 대량 난민과 같은 전 지구적 문제들이 등장하면서 미국 지식인들은 보다 더 국제주의에 가까워졌다. 이런 문제는 어느 한 나라의 힘만으로는 해결될 수 없었다. 어떤 문제들은 국가, 학계, 시민사회뿐 아니라 지식과 경험을 가진 모든 이들과의 협력이 요구되는 사안이었고, 또 어떤 문제들은 공정한 규칙과 이를 준수하려는 의지가 요구되는 사안이었다.

미국의 국제주의자들은 국제 공동체의 일원인 미국이 규칙을 지키는 모범국가로서 협력을 주도해야 한다고 주장했다. 그들은 미국의 특별한 역할을 이렇게 해석했고, 미국 시민들도 세계 시민의 일원이 되어야 한다고 보았다. 이러한 주장은 미국도 여느 평범한 국가와 다르지 않다는 논리로 이어졌

미국도 여느 국가들처럼 평범한 국가일 뿐이라고 주장하는 역사가 토머스 벤더.

다.《여러 국가들 중 하나: 세계사에서의 미국의 위치A Nation Among Nations: American's Place in World History》를 쓴 미국의 역사가 벤더Thomas Bender는 미국의 예외적 성격을 부정하고 미국이 그저 보통 국가 가운데 하나임을 주장하는 대표적 학자다. 그는 미국의 탄생과 성장이 세계사가 전개되는 과정의 한 부분일 뿐이며, 그 역사도 특별하거나 예외적이지 않다고 믿었다.

오히려 그가 보기에 미국의 역사는 부끄러운 것이었다. 대항해 시대 또는 대발견 시대Age of Discovery가 가져다준 세계적 착취 구조의 일부분이었기 때문이다. 벤더는 유럽인들이 신대륙보다는 바다의 발견에 흥분했다고 보았다. 바다의 발견은 격리되어 있던 대륙들을 연결했고, 수많은 유럽인들에게 활로를 제공했다. 세계화는 이미 이 시대에 시작된 것이다.

그 가운데 영국의 청교도들은 순수한 종교적 열망을 지키기 위해 대서양을 건넜고, 신대륙에서 전 세계의 인류가 우러러보는 '언덕 위의 빛나는 도시A Shining City upon a Hill'2를 건설하고자 했다. 비록 황막한 미국 동부 해안에 정착했지만, 그들은 제2의 예루살렘을 건설하겠다는 종교적 열망으로 충만했다. 구세계 절대왕권의 박해를 받던 자유주의자들도 아메리카 대륙으로 건너와 새로운 사상을 펼쳤다.

반면 아프리카인들은 영문도 모른 채 대서양 너머로 끌려가 대농장의 노

---

2   1630년대 청교도 목사 존 윈스럽John Winthrop이 설교 중에 했던 말이다. 이는 미국 탄생의 독특한 종교적 배경과 결부되었고, 훗날 미국예외주의의 근원으로 인용된다.

왼쪽: 언덕 위의 빛나는 도시를 나타낸 그림.
오른쪽: 북미 대륙을 지배하고 개발하라는 신의 사명을 나타낸 존 개스트^{John Gast}의 그림(1872). 미국인의 서부 개척길에 여신 컬럼비아가 동행하고 있다. ⓒWikipedia.

예가 되었다. 세계사에 유례가 없는 강제 이주가 일어났고, 약 2,000만 명의 아프리카인들이 고향을 떠나 백인의 삶과 부를 위해 착취되었다. 전 세계의 70퍼센트가 넘는 땅이 바다 건너에서 온 누군가에 의해 식민지가 되었고, 원주민들은 고무와 나무, 금, 은, 구리 등을 바다 너머 누군가에게 바쳤다.

바다의 발견을 통해 근대 자본주의가 팽창함으로써 지구는 최초로 하나의 세계가 되었다. 하지만 그 결과가 누군가에게는 번영을, 누군가에게는 악몽을 가져다주었다. 벤더는 미국의 성장 역시 바다의 발견으로 팽창한 근대 자본주의에 힘입은 것일 뿐, 결코 신의 은총을 입은 덕분은 아니라고 주장했다.

보수 지식인들은 그의 주장이 좌파적 시각이며 균형을 상실한 해석이라고 비판했지만, 미국의 부끄러운 과오와 범죄를 폭로하는 역사 서적은 급증했다. 당시 이라크 전쟁과 부시 대통령의 일방주의 외교에 대한 반감도 확산되고 있었다. 2008년에는 미국발^發 세계 금융 위기로 미국식 금융자본주의의 추악한 실상이 세상에 폭로되었다. 정치적으로도, 경제적으로도 미국의 도덕성은 추락하고 만 것이다.

미국은 다윗의 돌에 맞은 골리앗처럼 위태로워 보였다. 새롭게 선출된 오바마Barack Obama 대통령이 미국의 자존심을 어떻게 회복할 것인지에 이목이 집중되었다. 그는 소위 순수한 백인이 아닌 흑백 혼혈 대통령이었고, 이는 미국 역사상 최초였기 때문이다.

미국은 왜 존경받는가

"영국인들이 영국예외주의를, 그리스인들이 그리스 예외주의를 믿는 것처럼 나는 미국예외주의를 믿는다. 나는 미국에 대해 그리고 미국이 세계 역사에 기여한 역할에 대해 이루 말할 수 없는 자부심을 갖고 있다. (…) 또한 미국이 세계 평화와 번영을 위해 특별한 역할을 계속해야 한다고 믿는다. 하지만 미국의 리더십이 다른 나라와의 파트너십을 필요로 한다는 믿음 역시 모순되지 않는다고 생각한다. 왜냐하면 미국 혼자서 모든 문제를 풀 수는 없기 때문이다."

취임 초기였던 2009년 4월, 기자의 질문에 오바마 대통령은 미국예외주의에 대한 자신의 소신을 이렇게 답했다. 미국인의 뿌리 깊은 자부심에 상처를 주지 않으면서도 21세기 미국의 현실과 국제 현실을 영리하게 조합한 것이었다. 하지만 그의 대답은 보수주의자들을 격앙시켰고, 그가 집권 기간 내내 공격을 받는 근거가 되었다. 보수 논객들은 오바마 대통령이 스스로 미국을 보통 국가로 만들어버렸다고 주장했다. 논리적으로는 그들의 말이 옳았다. 모든 나라들의 예외성을 인정하면 미국의 예외주의도 평범해지니, 오바마의 주장은 결국 미국이 보통 국가라는 말이다. 보수주의자들은 이를 결코 받아들일 수 없었던 것이다.

오바마의 애국심에도 물음표가 붙었다. 공화당은 각종 선거가 있을 때마다 오바마가 미국을 진심으로 사랑하지 않는다며 몰아붙였다. 공화당 출신 줄리아니Rudolph William Louis Giuliani 전前 뉴욕 시장은 "이렇게 말하긴 싫지만 나는 대통령이 미국을 사랑한다고 보지 않는다. 그는 우리들처럼 애국심으로 성장하지 않았다"라면서 인신공격적인 발언도 서슴지 않았다.

2012년 대통령 선거 과정에서 공화당의 밋 롬니Willard Mitt Romney 후보는 미국의 쇠퇴에 대한 책임을 오바마 대통령에게 돌렸다. 그는 오바마 대통령이 미국예외주의를 믿지 않았기 때문에 미국의 특별함을 의심하는 시각이 전 세계적으로 확산되었다고 주장했다. 그러나 공화당의 비판은 실패했다. 언론은 미국예외주의를 놓고 벌어진 논쟁을 선거의 중요한 쟁점 가운데 하나

미국예외주의에 붉은 선을 긋는 오바마 대통령을 그린 만평. ⓒRamirez.

로 부각시켰지만, 유권자들은 오바마 식의 미국예외주의를 선호했다. 결국 예상보다 큰 표 차이로 오바마는 재선에 성공했다.

오바마 식의 미국예외주의는 사실 급진적이다. 이는 미국예외주의의 무오류설을 뒤집고, 백인우월주의에 일침을 가한 것이기 때문이다. 그리고 그 배경에는 오바마의 성장통이 있었다. 그는 케냐 출신의 흑인 아버지와 영국 출신의 백인 어머니 사이에서 태어났다. 부모가 이혼하면서 오바마는 인류학자인 어머니 밑에서 자랐다. 어머니와 새아버지, 이부형제와 피부색이 달랐던 그는 한때 정체성에 대한 고민으로 마약에 의지하기도 했다.

인도네시아와 하와이에서 유년기를 보낸 뒤 캘리포니아와 뉴욕에서 공부한 그는 다양한 인종적, 사회적 집단의 요구를 접하게 된다(그는 한때 파키스탄 출신의 불법 체류자와 방을 함께 쓰기도 했다). 대학을 졸업한 이후에는 시카고에서 사회 활동가를 첫 직업으로 택했고, 아프리카 노예의 후손인 미셸Michelle LaVaughn Robinson Obama과 결혼한다.

그가 바라본 미국은 단순하지 않았다. 우선 미국에는 백인과 흑인만 있는 게 아니었다. 아시아와 아프리카, 아랍과 중남미 사람들도 여러 가지 이유로 고향을 떠나 미국에 정착했다. 동성애자를 비롯해 다른 성적 정체성을 추구하는 이들도 자신의 권리를 주장했다. 이것을 인정하는 주 정부도 생겼다. 미국은 생각보다 훨씬 더 복잡했고, 단순한 흑백논리나 이분법적 가치로 설명되기 어려운 사회였다.

오바마는 왜 미국이 많은 이민자들로부터 사랑받는지를 그리고 혼혈인 자신은 왜 미국을 사랑해야 하는지를 고민했을 것이다. 그 이유는 포용이었다. 포용은 미국의 역사적인 미덕이자 미국이 단시간 내에 강대국으로 성장할 수 있었던 원인 가운데 하나였다. 오바마는 미국이 '모든 국민'으로부터 사랑받고 존경받는 나라가 되어야 한다고 생각했다.

이런 신념과는 달리 백인과 서구 문명의 우월성, 기독교적 사명, 자본주의와 자유방임은 포용이 아닌 배제의 수사修辭였다. 미국예외주의는 다원화된 미국 사회를 끌어안기에는 너무나도 제한적이었고, 오히려 아프리카 노예의 후손을 비롯한 미국의 비주류 계층에게는 소외감을 주는 논리였다. 미국예외주의는 분명 부정적인 의미로 인식되고 있었다.

오바마는 미국이 예외적인 이유를 다른 데서 찾았다. 미국이 세계로부터 존경을 받는 것은 세계 1위의 군사력과 경제력 때문만이 아니었다. 다양한 사람들을 국민으로 인정하고 그들이 행복한 삶을 누릴 기회를 공평하게 보장한다는 사실이 더 중요했다. 다원성이 곧 미국의 특별함이라는 것이다.

사실 오바마는 미국예외주의를 부정하는 대통령이었다. 하지만 그는 이를 완전히 부정하는 것이 자신뿐만 아니라 미국에도 도움이 되지 않음을 알고 있었다. 미국예외주의가 고정불변의 가치가 아니라는 확신을 가진 그는 미국예외주의에 대한 새로운 해석을 국민들에게 던진다. 미국의 자존심에 상처를 주지 않으면서도 미국이 어떻게 미국인과 세계의 존경을 받아야 하는지를 고민한 것이다.

오바마는 미국의 과오와 어두웠던 시대를 인정해야 한다고 주장했다. 그렇다고 해서 미국예외주의를 비판한 것은 아니었다. 오히려 과거의 잘못을 극복하고 보다 나은 삶을 맞이하기 위해 변화를 두려워하지 않는 것, 이것이 미국의 특별한 능력이자 가치라고 주장했다. 그의 새로운 미국예외주의는 이제 이렇게 요약된다.

"미국예외주의를 지키기 위해 과거에만 집착하는 이들, 미국의 과오와 만연한 불평등을 부정하는 이들, 이게 싫으면 그저 떠나라고 하는 이들, 이들은 사실 두려워하는 사람들이다. 미국이 깨어질까 봐 무서워하는 사람들이다."[3]

이는 미국예외주의가 변화를 거부하는 기득권층의 전유물이 아니라는 선언이다. 오바마는 미국예외주의가 300년 전 대서양을 건너온 청교도의 시대에 국한되지 않으며, 그들만의 전유물이어서도 안 된다고 보았다. 미국은 그 시대의 도덕적 우월감을 바탕으로 자유와 평등을 확대해왔고, 세계 민주주의의 발전을 주도했다. 미국은 변화를 두려워하지 않았다. 미국이 변화를 주도하는 국가였기 때문이다. 전통적인 민주당 지지자는 물론, 변화를 요구하던 소외 계층은 오바마의 주장에 열광했다.

반면 공화당의 전략은 신선하지 못했다. '언덕 위의 빛나는 도시'나 미국 국부의 거룩한 이미지들은 대중 속으로 파고들지 못했다. 오바마의 애국심에 대한 의혹 제기 역시 실용적인 정책 논쟁과는 거리가 멀었다. 오히려 오바마는 공화당의 비판이 있을 때마다 새로운 논리로 자신의 예외주의를 강화했다. 2017년 그의 마지막 연설은 편협한 미국예외주의에 대한 승리를 의미했고, 미국이 왜 존경받는지를 지지자에게 확신시켰다.

"(240년 미국의 역사를 열거한 후) 이것이 바로 우리가 말하는 미국의 예외주의입니다. **우리가 처음부터 완벽한 존재는 아닙니다.** 하지만 우리는 변화

---

3 2015년 셀마-몽고메리 행진Selma to Montgomery marches 50주년 기념 연설의 초안이다. 실제로는 오바마 대통령이 초안에 쓰인 대로 연설하지는 않았다. 셀마-몽고메리 행진은 1965년 흑인의 참정권을 요구하는 시위대가 87킬로미터를 행진한 사건으로, 정부가 이를 가혹하게 진압했다. 오바마 대통령이 미국의 인권 탄압과 과오를 인정한 대표적 사례다.

오바마 대통령의 고별 연설.

의 능력을 보여주었고, 우리를 따르는 이들이 보다 나은 삶을 영위할 수 있도록 해주었습니다. 물론 우리들의 진보가 일정하지는 않았습니다. 민주주의는 언제나 어려운 문제였고, 논쟁으로 점철되었으며 가끔은 피를 흘렸습니다. 우리는 두 걸음 앞으로 나아가면서도 한 걸음 뒤로 물러나는 것을 느끼기도 합니다. 그러나 긴 시간을 돌이켜보면 미국은 전진해왔습니다. **일부가 아닌 모두를 포용하겠다는 건국이념도** 끊임없이 확대되었습니다."

미국예외주의의 역사에서 그는 종종 레이건 대통령과 비교된다. 두 사람 모두 정치, 경제적으로 어려운 시대에 취임했고 재선에 성공했다. 그리고 퇴임 후에도 인기를 누렸다. 다만 레이건이 고전적 미국예외주의의 생명을 연장시켰다면, 오바마는 미국예외주의를 현실에 맞게 새롭게 해석하고 모든 미국인을 예외주의의 주인공으로 만들고자 했다. 역설적이게도 미국예외주의에 비판적이었던 오바마가 역사상 가장 빛나는 예외주의를 만든 셈이다.

미국허무주의의 시대

하지만 2016년 대통령 선거는 미국예외주의의 식어가는 인기를 보여주었다. 오바마의 새로운 해석을 계승하려는 후보도 없었고, 그나마 고전적인 미국예외주의를 주장하는 후보들 역시 유권자들의 관심을 끌지 못했다. 오히려 좌우 양극단에 서서 미국예외주의를 비판하거나 부정했던 버니 샌더스Bernard Bernie Sanders와 트럼프Donald Trump가 주목을 끌었다. 민주당의 힐러리Hillary Rodham Clinton 후보는 미국예외주의의 복원을 주장하면서 트럼프를 공격했지만, 정치평론가들은 힐러리가 미국 유권자의 심리를 외면했다고 평가했다.

반면 트럼프는 미국과 미국인이 얼마나 고통받고 있는지를 끊임없이 토로했다. 그가 처방으로 제시한 것들은 도덕적 가치와는 무관했다. 트럼프의 미국우선주의America First는 관념적이지 않았다. 도덕적 굴레를 집어던지고 미국인의 현실적인 고통을 먼저 치유하겠다는 그의 주장은 유권자들의 뇌리에 훨씬 선명하게 남았다. 특히 세계화와 자유화로 인해 불이익과 피해를 입었다고 생각하는 유권자들은 충성도 높은 트럼프 지지자가 되어갔다.

트럼프는 일관되게 미국에 덧칠된 도덕의 색깔을 지우려 했다. 미국이 러시아와 다를 게 없다거나 푸틴을 존경한다는 그의 발언4은 논란을 일으켰다. 8년 전 공화당은 미국의 예외주의를 영국과 그리스의 그것과 동일시했던 오바마에게 강력한 비판을 보냈다. 그러나 이제 자신들의 당에서 나온 대통령이 미국과 러시아의 도덕성을 동일시한 것을 보고 할 말을 잃었다.

---

4   트럼프 대통령은 당선 이후 "나는 푸틴을 존경한다. 세상에는 수많은 살인자가 있고, 미국에도 많다. 미국이 무죄라고 말할 수 있나?"라고 말했다.

리투아니아 수도 빌뉴스Vilnius의 어느 거리에 그려진 트럼프와 푸틴.

반이민 정책, 멕시코 국경 장벽 건설, 오바마케어Obama Care 폐지를 위한 행정명령, 파리 기후변화협약 탈퇴, 무역수지 적자 해소를 위한 무역협정 재검토 역시 모두 탈도덕적인 미국우선주의 정책들이다. 이로 인해 미국에 대한 존경이 식어가는 것쯤은 의식하지 않는다.[5] 국민들은 언론을 적대시하거나 기자들에게 험한 말을 내뱉는 대통령을 보며 "미국의 지도자가 역사적인 미국 수정헌법 제1조The First Amendment의 정신[6]조차 모른다"고 비난했지만, 트럼프 대통령은 전혀 개의치 않았다.

5 2016년 미국 대선 당시, 갤럽Gallop은 46개국을 상대로 여론조사를 했다. 45개국의 국민은 힐러리를 선호했고 러시아 국민만이 트럼프를 지지했다. 한편 트럼프 대통령이 취임했던 주간에 전세계적으로 600건의 트럼프 반대집회가 있었다.

6 1791년 미국의 수정헌법 제1조는 언론, 출판, 집회의 자유를 막는 법을 금지한 미국 최초의 헌법 개정이다.

오히려 지지자들은 트럼프의 반지성적인 모습에 더욱 열광한다. 이로 인해 정치학자들은 트럼프의 당선이 미국예외주의의 종말이자 잭슨주의자 Jacksonian의 부활이라고 해석한다. 잭슨주의자란 미국의 7대 대통령 잭슨Andrew Jackson을 지지하는 정치 집단을 말한다. 이들은 미국이 이념과 사상으로 탄생한 국가가 아니라 그저 하나의 민족국가일 뿐이라고 본다. 따라서 미국의 도덕과 가치를 세계에 전파하는 일은 불필요하기도 하거니와 해서는 안 된다. 정부는 오직 미국 국민의 풍요와 안전을 보장하면 되는 것이다.

잭슨 대통령은 미국이 부강해지면 저절로 다른 나라의 존경을 받을 것이라 믿었다. 트럼프 역시 취임 연설에서 "미국은 미국적인 삶의 방식을 타인에게 강요하지 않으며, 다만 그들이 따를 수 있도록 스스로 빛날 것"이라고 말했다.

잭슨주의자들이 미국 사회에 불안 요소가 되는 이유는 무엇보다도 이들이 미국을 '백인의 공동체'라고 생각하기 때문이다. 이는 유럽의 청교도들이

왼쪽: 미국 제7대 대통령 앤드류 잭슨. 그는 귀족 출신의 정치가가 대통령이 되어온 역사를 깨고, 1829년 최초의 평민 출신 대통령이 되었다. ⓒWikipedia.
오른쪽: 연방은행 설립 허가를 거부하는 잭슨 대통령. 은행의 특혜 융자를 받아온 기득권층은 살길을 찾아 도망가고 있다. 잭슨은 제도권과 기득권층을 불신했다.

미국을 세웠으며, 이후 노예를 소유한 백인 기독교인이 미국의 정체성을 주도해왔다는 역사적 사실에 근거한 것이다. 아일랜드계 이민자이자 자수성가형 농장주였던 잭슨은 모든 백인 성인 남성에게로 참정권을 확대했고, 인디언들의 토지를 몰수해 백인들의 농장으로 만들었다. 최초의 평민 출신 대통령으로서 대중민주주의의 서막을 열었던 잭슨 대통령이지만, 잭슨주의자들은 그의 인종적이고 백인 중심적인 정책에 향수를 느낀다.

하지만 지금은 1830년대가 아니다. 200년 가까이 지난 지금 노예의 후손들은 미국 시민이 되었고, 백인 기독교인은 이미 소수자가 되었다.[7] 미국인의 절반 이상이 미국과 유럽이 아닌 곳과 인연을 맺은 사람들이고, 미국은 범세계적 성격을 벗어날 수 없는 나라가 되어버렸다.

이는 정체성의 위기를 가져왔다. 세계 각지에서 온 이민족과 이교도, 심지어 성소수자들마저 자신들의 정체성과 결속력을 강화하고 있지만 정작 미국의 주인이라고 생각하는 백인 기독교인들의 소속감은 약화되어왔다. 아일랜드계 미국인, 이탈리아계 미국인처럼 자신 또는 선조들의 고향을 공통분모로 하는 집단이 존재했지만 세대가 지날수록 그 공동체의식도 희미해졌다.

소속감의 상실은 위험한 징조였다. 특히 경제적 타격을 입은 백인 기독교인들은 외부인들이 자신들의 가치와 이익을 위협해왔음에도 기성 정치권이 이를 외면해왔다고 여겼다. 미국 민주주의를 불신하는 것도 이러한 피해의식에서 비롯된다. 미국 민주주의는 잘못 작동하고 있는 것이 아니라 지나치게 잘 작동하고 있어서 아시아계, 중남미계, 심지어 무슬림의 권익마저도 보장하고 있지만 정작 미국의 주인들은 홀대를 받아왔다고 생각한다.

---

7 미국인 가운데 백인 기독교인의 비율은 2008년 54퍼센트에서 2017년 43퍼센트로 떨어졌다.

애국적 가치관 역시 냉소의 대상이 되었다. 민주당이든 공화당이든 기성 정치인들은 위선 가득한 구호를 외칠 뿐이었다. 이들이 말하는 애국심은 사실 미국에 대한 것이 아니라 미국을 지배하는 기득권 엘리트에 대한 충성을 의미하는 것으로 여겨졌다.

이들에게 트럼프는 너무나도 이상적인 정치인일 수밖에 없다. 그는 잭슨 대통령과 같은 '아웃사이더' 출신 정치인으로서 기득권의 권위를 부정한다. 또한 미국예외주의처럼 위선적인 국가관을 제시하지도 않는다. 오히려 미국예외주의의 허상에 사로잡혀 국내보다는 국제 문제에 국력을 낭비했던 이전의 정치인들과는 달리 미국의 이익을 최우선시했다. 트럼프 대통령은 무너져가는 백인 공동체를 회복시킬 수 있는 지도자로 여겨졌다. 비록 세계적인 비난의 대상이 되기는 했지만, 멕시코 국경에 장벽을 세우는 것은 잭슨주의자들이 상상하는 이상적인 국가 이미지 가운데 하나다.

트럼프의 당선은 마치 판도라의 상자가 열린 것 같은 느낌을 준다. 그간 미국 대통령들은 미국의 주인이 누구인지, 미국은 어떤 나라여야 하는지와 같은 근본적인 질문에 대한 해답을 미국예외주의를 통해 제시해왔다. 하지만 이제 미국예외주의가 무너져 내리기 시작한 이상 그 해답들은 쓸모가 없게 되었다. 미국은 새로운 해답을 찾고 사회적 갈등을 봉합해야 한다. 이에 실패한다면 미국허무주의American Nihilism 시대가 이어질지도 모른다.

한편 트럼프의 당선과 미국우선주의로 인해 철학자 한나 아렌트Hannah Arendt가 다시 주목을 받고 있는데, 현재 미국의 정치적 상황이 전체주의와 독재자가 등장했던 시대의 상황과 유사하다는 그의 분석 때문이다. 평소 정치에 관심이 없으며 조직화되지도 않았던 대중들도 극도의 피해의식과 박탈감을 느끼면 정치 집단으로 발전할 잠재성이 있다. 이들은 기성 정치와 제도에

버지니아주 샬로츠빌에 등장한 나치 깃발. 2017년 8월 12일 미국의 백인우월주의자들은 횃불 시위를 하며 행진을 했다. 행진은 유색 인종을 향한 폭력 사태로 발전했지만, 트럼프 대통령은 자신을 지지하는 이들에 대한 비판을 자제함으로써 국제적 비난을 샀다. ⓒWikipedia.

의지하지 않고 새로운 세상을 약속하는 지도자에 매료되는데, 나치즘이 그런 사례에 해당된다. 2017년 여름, 미국 버지니아주 백인우월주의자들이 손에 쥔 나치 깃발은 그래서 더욱 섬뜩하다. 부디 미국이 80여 년 전 인종주의의 망령에 사로잡혔던 디스토피아를 추구하지 않기를 바란다.

미국우선주의의 기원

미국인으로서 미국우선주의를 외치는 것이 당연해 보일 수도 있지만, 사실 그 기원과 역사는 그렇게 간단하지만은 않다. 미국우선주의는 루스벨트Franklin Roosevelt 대통령의 뉴딜New Deal 정책 및 국제주의에 대한 비판과 함께 1930년대에 처음 등장했다. 이후 미국의 2차 세계대전 참전 여부가 사회적 문제로 부각되자 미국우선주의자들은 1940년 미국우선주의협회American First Committee를 설립하고 참전 반대 여론을 조성한다. 이들에게 미국우선주의란 '미국을 우선 지켜라Defend America First'를 의미했다.

이 단체는 한때 80만 명의 회원을 모집했고, 그중에는 보수주의자, 사회주의자, 반유대주의자도 포함되어 있었다. 하지만 가장 큰 영향력을 행사한 인물은 협회의 대변인인 찰스 린드버그Charles Lindbergh였다. 미국 공군 장교였던 그는 대서양을 중간 기착 없이 횡단한 최초의 조

왼쪽: 미국을 우선 지킬 것을 요구한 미국우선주의협회.
오른쪽: 백인우월주의자 단체 KKK단의 미국우선주의 집회.

종사로서 명성을 쌓았다. 2차 세계대전에 앞서 미국 정부는 그를 독일에 파견해, 당시 독일 공군의 실상을 파악하게 한다.

　1936년부터 1938년까지 수차례 독일을 방문하면서 린드버그는 유럽 정치의 운명에 대해 스스로 결론을 내렸다. 서유럽 민주주의는 이제 수명을 다한 것 같았고 히틀러와 나치의 힘을 막기에 역부족으로 보였다. 그는 미국이 나치에 맞서 싸우기보다는 오히려 그 존재를 인정하고 함께 공산주의에 대항하는 편이 낫다고 생각했다. 그래서 히틀러를 두둔하면서 미국의 참전을 반대한다. 1938년 독일 공군 참모총장 헤르만 괴링Herman Goering은 히틀러를 대신해 그에게 메달을 수여했는데, 이는 당시 독일 정부가 린드버그를 어떻게 여기고 있었는지를 가늠하게 한다.

　이후 미국우선주의협회의 대변인이 된 린드버그는 2차 세계대전 참전 반대를 열변한다. 그는 유대인들이 미국의 참전을 선동하고 있으며, 이들에 대한 관용을 거두어야 한다고 주장했다. 또한 그는 히틀

독일 나치 정부로부터 메달을 받는 찰스 린드버그. ⓒWikipedia.

러를 두둔했는데, 만약 미국이 참전해 히틀러를 분쇄한다면 이후 소련과 공산주의자들이 유럽을 적화할 것이라고 주장했다. 린드버그는 아예 독일과 영세중립조약을 체결하라고 제안하기도 했다.

몇 달 뒤 일본의 진주만 공습으로 미국의 여론은 급선회했고 미국우선주의협회는 해산되었지만, 린드버그의 주장은 많은 지지자들을 흡수했으며 협회 해산 이후에도 비판을 받지 않았다. 근본적으로 그는 유럽의 백인 혈통을 신봉하는 인종주의자였으며 반공주의자였다.[8]

미국우선주의가 또다시 주목을 받은 것은 그로부터 60년 뒤인 2000년 미국 대통령 선거 때였다. 당시 개혁당Reformist Party 대선 후보였던 팻 뷰캐넌Pat Buchanan이 미국의 2차 세계대전 참전은 쓸데없는 전쟁이었다고 비판한 것이다. 당시 개혁당 대선 후보 경선에 뛰어들었던 트럼프는 뷰캐넌을 나치주의자라고 비난했다.

하지만 16년 뒤 대통령이 된 트럼프는 미국우선주의를 다시 꺼내 들었다. 트럼프의 측근은 그가 말하는 미국우선주의가 과거의 것과 다르다고 말했다. 그러나 당선 이후 그가 보여준 정치적 행보, 특히 자신의 반대파를 포용하지 않는 모습이 미국우선주의협회의 기억을 떠올리게 함은 부정할 수 없는 사실이다.

트럼프 대통령은 선거 과정에서 미국은 무수한 위협에 직면해 있으며, 미국인이 그 고통을 감내하는 것은 부당하다고 주장해왔다. 미국

---

8   독일과의 전쟁에 반대했던 그는 일본과의 전쟁에 참여하기 위해 미국 공군에 다시 입대하고자 했다. 그러나 미국 정부는 이를 거부했고, 린드버그는 사설 항공업체의 비행 컨설턴트로서 간접적으로 태평양 전쟁에 참여했다.

우선주의는 본질적으로 과장된 위기의식과 쌍을 이룬다. 그 결합은 어떤 도덕과 가치에도 구애받지 말고 미국만을 지켜내면 된다는 반지성적 모티브를 배태한다.

이와 같이 미국우선주의를 그저 단순한 애국심이라고 보기에는 어두운 그늘이 너무나도 많다. 오늘날 미국인들은 미국우선주의가 어디로 가는지 알지 못한 채 열광하는 것은 아닌지 우려스럽다.

|02|

중국: 공산당은 무엇으로 사는가

중국 공산당 최대의 위기

100년 가까운 역사를 가진 중국 공산당은 오늘날 최전성기를 누리는 듯하다. 1980년대 이후의 개방과 경제성장은 중국을 미국과 더불어 세계 경제의 양대 축으로 만들었고, 강대국으로서의 비전인 '중국의 꿈中国梦'도 당당하게 제시할 수 있게 했다. 2017년 10월 2기 집권 출범뿐 아니라 3기 집권의 가능성까지 열어놓은 시진핑習近平 주석과 공산당을 향한 중국 국민들의 지지도 견고해 보인다.

사실 중국 공산당의 역사는 순탄하지 못했다. 중국 현대사는 곧 공산당 생존을 위한 투쟁사라고 할 만큼, 공산당은 끊임없는 위기 속에서 생존해왔다. 당은 생존을 위해 할 수 있는 것을 다 해야 했고, 사회주의의 적인 자본주의 경제 제도도 받아들였다. 그 결과 오늘날 중국에서는 27년째 주식 시장이 열리고 있고, 대★ 자본가와 세계적 기업이 탄생했다.

여전히 중국은 공식적으로 공산주의 국가다. 하지만 중국에서 공산주의는 그저 침입자로부터 집을 지키는 개의 역할 정도만 하고 있다. 공산주의는 서구식 민주주의의 확산을 막기 위해 이념적 방패로만 활용될 뿐, 혁명적 이념으로서의 순수성은 잃은 지 오래라는 의미다.

과거 공산당이 처했던 위기들 가

상하이 증권 시장.

운데 가장 심각한 것은 1989년 천안문 광장 사건이었다. 오늘날 전성기를 구가하는 그들의 속사정과 고민을 알기 위해서는 먼저 이 사건의 배경과 후유증을 반드시 짚고 넘어가야 한다.

중국 공산당은 독재자 마오쩌둥毛澤東이 사망한 1976년부터 새로운 길을 찾아야 했다. 당시 중국인들은 문화대혁명文化大革命이라는 이름으로 1966년부터 10년이나 자행된 극단적 사상 투쟁과 처형, 문화 파괴에 지쳐 있었다. 새 지도부는 마오쩌둥 시대를 청산하고 국민들의 지지를 회복하기 위해 새로운 길을 모색했다. 이념적 순수성과 도그마에 매몰된 사회주의 체제를 반성했고, 후진적 상태에 머문 경제와 산업 역시 일으켜야 했다. 덩샤오핑鄧小平은 탈이념과 실용주의, 개방을 선택했고 공업, 농업, 국방, 과학기술 분야의 4대 현대화 정책을 전면에 세운다.

이로써 정치와 경제는 분리되기 시작했다. '검은 고양이든 흰 고양이든 쥐만 잘 잡으면 된다'는 덩샤오핑의 흑묘백묘론黑猫白猫論은 사실 공산주의 포기 선언과도 같았다. 정치는 공산당 일당독재체제를 유지하되 경제는 자본주의 방식을 택하겠다는 것이다. 덩샤오핑은 마오쩌둥의 시대를 극복하기 위해 경제적 번영을 택했는데, 생산력이 증대하고 국민들의 소득이 오르면 정치도 안정되고 당의 정당성도 강화될 것이라고 믿었기 때문이다.

그러나 이러한 이중적 가치 체계는 치명적인 한계를 내포하고 있었다. 경제적 성장은 부패와 실업, 빈부격차 확대를 낳았고 이러한 사회적 모순과 문제점을 고민하는 시민적, 정치적 의식도 잉태했다. 아울러 문화대혁명의 혹독한 시절을 기억하는 지식인들은 일당독재의 근본적 문제점을 인식하면서 민주화를 요구하기 시작했다.

공산당은 위기를 느꼈다. 개혁의 속도를 늦추고 당의 지배력을 강화시키려는 보수파는 정치투쟁에서 밀리지 않으려 했으며, 그 과정에서 개혁과 민주화에 동조적이었던 후야오방胡耀邦 당 서기가 1987년 실각했고 2년 후 심장마비로 사망했다. 대학생들과 지식인들은 후야오방의 추모와 명예회복을 위해 1989년 4월 17일 천안문 광장에 모였고, 이 집회와 행진은 단순한 추모 행사가 아닌 민주화 운동으로 발전했다. 이후 비극의 6월 3일 학살이 있기까지 50일에 가까운 민주화 투쟁이 전개되었다.

시위 초기 당은 무력 진압을 주저했다. 학생들은 평화적이었고, 심지어 집회에 출동한 경찰들과 음식을 나눠 먹기도 했다. 그러나 시위가 1달 가까이 지속되고 자오쯔양趙紫陽 총리가 해산하라고 설득해도 소용이 없자, 당은 계엄령을 선포했다. 당은 천안문 광장의 사정을 전혀 모르는 지방 출신의 인민해방군을 투입했다. 학생들은 굴하지 않았고 자유의 여신상을 본뜬 민주주의의 여신상을 세웠다. 여신상은 천안문 광장의 마오쩌둥 대형 초상화를 정면으로 바라보았다.

결국 6월 3일 밤, 당은 시위대 무력 진압을 결정했다. 탱크는 천안문 광장의 시위대를 무자비하게 유린했고, 기관총이 무차별적으로 난사되었다. 석고와 플라스틱으로 제작된 민주주의의 여신상은 처참하게 무너졌고, 많게는 2,000여 명이 사망했다. 당은 시위를 주도했던 학생들을 체포하고 공안 통치를 강화했다. 집회와 시위의 자유는 물론이고 언론, 학문, 교육 등 모든 부분에서 통제 수준을 높여야 했다. 국제 사회의 비난과 제재에도 불구하고 당은 생존을 위해 이를 감수했다.

천안문 광장 사건은 중국 공산당 100년 역사를 통틀어 최대의 위기였다. 공산당은 1927년 장제스蔣介石의 북벌과 이로 인한 대장정, 중일전쟁, 대약진운동大躍進運動의 참담한 결과와 같은 무수한 위기를 겪었지만, 당의 정당성은 흔들리지 않았다. 그러나 천안문 광장 사건은 달랐다. 시위대에는 학생 외에도 근로자와 농민이 포함되어 있었을 뿐 아니라, 문화대혁명 당시의 피해자와 정치범도 가세했다. 이들은 독재 타도를 외쳤다. 비단 천안문 광장에서만 벌어진 일도 아니었다. 공산당과 마오쩌둥에 반대하는 목소리는 지방으로까

왼쪽: 천안문 광장 시위 현장.
오른쪽: 탱크가 진압한 천안문 광장.

마오쩌둥을 바라보는 민주주의의 여신상.

지 확산되었다.

　이후 공산당은 깊은 고민에 빠졌다. 이제 무엇으로 중국인을 통치할 것인가? 마오쩌둥 시대의 사회주의 이념과 계급 투쟁은 4,000만 명에 가까운 중국인을 죽음으로 내몰았고, 중국인들은 이에 극도의 반감을 가졌다. 그래서 변화를 꾀하고자 경제 성장과 개방 노선을 택했지만 결과는 독재 타도와 민주화를 외치는 천안문 광장의 목소리 그리고 잔인한 군사진압이었다.

　구시대적인 이념의 길로 회귀할 수도, 개혁과 개방을 멈출 수도, 그렇다고 민주주의의 길로 나설 수도 없는 진퇴양난의 상황이었다. 때마침 소련을 비롯한 공산주의 진영은 몰락의 길을 걷고 있었다. 이념의 진공 상태를 걱정한 당은 새로운 생존 수단을 선택하게 된다. 그 첫 단추는 애국주의였다.

치욕을 잊지 말자

이후 중국 공산당은 애국주의, 민족주의를 정책의 최우선 가치로 내세운다. 물론 애국 교육을 강화해야 한다는 주장은 이미 1980년대에도 있었다. 문화대혁명과 공산당 지배에 대한 반감을 희석시키기 위해 중국인의 애국심에 호소하려 했던 것이다. 그러나 덩샤오핑은 80년대의 교육을 최악의 실수로 보았다. 과거 중국이 얼마나 가혹한 시련을 겪었는지를 학생들과 일반인들에게 제대로 알리지 못했다는 것이다.

덩샤오핑은 근본적인 교육 개혁을 지시했고 공산당은 1991년부터 대대적인 애국 교육 캠페인에 나섰다. 캠페인의 핵심은 중국이 외세의 피해자이며, 중국 현대사는 치욕의 역사임을 국민들에게 알리는 것이었다. 이를 위해 90년대 초반 수정된 중, 고교 역사 교과서는 1840년 아편전쟁으로 시작된 서구 제국주의의 침탈과 일본의 만주 침략, 중일전쟁과 1949년 중국 국민당의 패퇴까지를 백년국치百年國恥의 시대로 새롭게 설정했다.

크게 달라진 점은 우선 중국 현대사가 승리의 역사가 아닌 패배와 치욕의 역사로 묘사되었다는 것이다. 종전의 교과서는 중국 현대사가 부르주아와의 계급 투쟁에서 승리한 혁명의 역사임을 찬양했으나, 새 교과서는 민족 간의 투쟁에서 고통받은 중국의 구원자로서 공산당의 업적을 강조한다. 사회주의 이념 대신에 민족주의적 관점을 투영한 것이다.

이런 기조에 따라 역사 교과서의 상당 부분이 다시 쓰였다. 기존의 계급주의적 해석은 삭제되거나 분량이 줄어들었고, 외세의 침입을 막은 영웅적 인물에 대한 기술은 늘었다. 1850년 '태평천국의 난'은 그 대표적인 예인데, 종전 교과서는 봉건 제도에 맞선 프롤레타리아의 영웅적 저항이라고 기술했지만 새 교과서는 이를 거의 언급하지 않았다. 반면 난을 진압했던 쭤쭝탕左宗棠은 악인에서 영웅으로 둔갑했는데, 그가 신장新疆 지역의 반란을 진압하고 러시아군을 몰아냈기 때문이었다.

피해의식을 강조하려다 보니 자연스럽게 중일전쟁과 그 당시 일본군의 잔혹한 면모도 부각되었다. 종전의 교과서는 중일전쟁에 많은 부분을 할애하지 않았다. 전쟁 중 국민당의 무능과 부패를 비난하면서 공산당의 업적을 상대적으로 돋보이게 하는 것이 교육의 목적이었다. 즉 일본이 아니라 국민당을 비난하기 위한 교육이었다.[9]

그러나 새 교과서에서는 중일전쟁이 외세를 물리친 중국 민족 최초의 항전이자 일본에 대한 승리로 격상되었다. 또한 그 기술도 훨씬 상세해져, 난징대학살과 731화학부대의 참혹한 사진도 수록되었다. 이는 1980년대 일본 우익의 2차 세계대전 범죄 축소와 은폐 시도에 맞서 중국 역사학자들이 중일전쟁 연구에 힘을 기울인 결과이기도 했다. 새 교과서는 분명 중일전쟁의 역

왼쪽, 오른쪽 위: 난징 대학살.
오른쪽 아래: 731부대의 생체실험.

9 　중국과 일본 양국은 1972년 외교를 수립한 이후 대체로 우호적인 관계를 유지했다. 1982년 일본 교과서의 중일전쟁 부분 축소, 은폐와 1985년 나카소네 야스히로中曾根 康弘 총리의 야스쿠니 신사 참배 당시 공산당은 반일 캠페인을 벌였지만 매우 조심스러워했다. 당시 중국 〈인민일보〉는 비난의 화살을 일본의 소수 엘리트에게 돌렸을 뿐, 일본 국민 전체에 대한 비난은 자제했다.

사적 사실을 기록한 것인 동시에 반일 교육을 최초로 제도화한 것이었다.

또 진실에 가까워진 것들 중 하나는 중일전쟁 당시 국민당의 저항에 관해서였다. 기존 교과서는 국민당의 희생을 거의 기록하지 않았다. 그러나 새 교과서는 국공합작과 국민당의 저항을 어느 정도 인정했다. 물론 이러한 기술은 국민당을 칭찬하기 위한 것이 아니라 일본에 대한 초당적인 반감과 증오를 가르치려는 것이었다. 다만 당시 중국인의 단결을 주도하고 전쟁을 승리로 이끈 것은 국민당이 아닌 공산당이라는 왜곡된 서술만큼은 유지했다. 결국 중국인의 치욕을 종식시킨 주인공은 공산당이어야 했기 때문이다.

덩샤오핑의 새로운 애국적 교육 정책은 교과서 개정에 그치지 않았다. 아편전쟁과 같은 치욕의 장소에 기념비가 건립되었고, 대중매체에서는 대대적으로 외세의 침탈, 특히 중일전쟁의 참상을 담은 영상물이 방송되었다. 중일전쟁에 관한 정부의 영상물이 1990년대 무수히 제작되었고, 학생들은 이를 보고 감상문을 과제로 제출해야 했다.

이러한 애국주의 교육은 덩샤오핑 이후의 지도자들도 계승했고 현재까지 상당한 성과를 거둔 것으로 보인다. 2000년대 이후 끊임없이 이어져온 중국 내 반일 시위대의 절대다수가 청년들로 구성되어 있다는 사실이 1990년대 애국 교육의 성과를 입증한다. 소위 제4세대[10]라고 불리는 이 청년들은 실제로 중일전쟁의 참상도, 대약진운동과 문화대혁명의 고난도 경험하지 못했다. 오히려 덩샤오핑 시대의 경제성장으로 비교적 물질 면에서 풍요를 누리며 자

---

10 흔히 중국 현대사에서 제1세대는 중일전쟁을, 제2세대는 대약진운동을, 제3세대는 문화대혁명을 경험한 세대를 일컫는다. 이후 제4세대는 고난과 혁명의 시련을 겪지 못하고 물질적 풍요를 누린 세대로 인식된다.

란 세대다. 그럼에도 불구하고 '분노한 청년憤靑'이라 불리는 이들이 구세대들보다 더 적극적인 반일 감정을 갖고 있으며, 영토 수복과 일본 상품 불매 운동을 벌이는 것은 1990년대 이후 교육의 성과임이 분명하다.

물론 일본은 중국이 정치적 의도로 반일 교육을 벌임으로써 반일 감정을 강화했다고 비난해왔다. 일본 우파 집단의 역사 수정과 맞대응 역시 끊이지 않았고 최근에는 영토 분쟁과 결부되어 중일 양국민 간의 감정은 최악으로 치닫고 있다. 어느 쪽이건 지도자의 근본적인 정책 변화가 없는 한 이러한 상태는 지속될 것으로 보인다. 굳이 비교해야 한다면, 중국에서의 변화 가능성이 좀 더 희박해 보인다. 중국이 일당독재체제인 데다 언론과 표현의 자유, 시민사회의 자율성마저 억제하고 있기 때문이다.

기억상실증에 걸린 중국인

중국 공산당의 또 다른 생존 전략은 마오쩌둥 시대에 대한 기억을 지우는 것이었다. 마오쩌둥이 중국 본토를 지배한 1949년부터 사망한 1976년까지는 백년국치에 못지않은 고통의 시기였다. 그는 1958년 중국의 현실을 무시한 대약진운동을 시작했고(마오쩌둥은 영국의 철강 산업을 따라잡으려 했다), 이로 인해 3,000만 명에 가까운 사람들이 굶어 죽었다. 비판이 일자 마오쩌둥은 1966년부터 10년간 문화대혁명이라는 가혹한 계급 투쟁을 통해 정적을 제거하고 중국 전체를 사상적 투쟁으로 내몰았다. 마오쩌둥의 선동으로 조직된 젊은 홍위병紅衛兵들은 사회주의라는 적을 처단하기 위해 전국을 누볐고, 그들의 광기로 인해 10년간 약 300만 명이 죽임을 당하거나 농촌으로 끌려

가야 했다. 문화유적은 파괴되고 소수민족은 박해를 받았으며, 국가 전체의 혼란으로 경제마저 무너져 민생고는 가중되었다.

마오쩌둥 사망 이후 공산당 지도부는 이 시대의 고통을 어떻게 설명해야 할지 고민했다. 백년국치는 서구 열강과 일본 제국주의의 침입을 막지 못한 무능한 부르주아 국민당 탓으로 돌릴 수 있지만, 마오쩌둥 시대의 고통은 바로 중국 공산당과 그 지도자가 초래한 것이기 때문이다.

공산당은 이 모든 것을 마오쩌둥 개인의 책임으로 치부하고 그를 비판할 수도 있었다. 문화대혁명 직전 마오쩌둥과는 정치적 라이벌이었던 덩샤오핑은 그럴 만도 했다. 하지만 그는 마오쩌둥에 대한 비판을 최대한 자제했다. 1981년, 공산당은 마오쩌둥 사망 5년 만에 문화대혁명과 마오쩌둥 시대에 대한 공식적인 평가를 내렸다. 문화대혁명이 마오쩌둥의 정책적 과오임을 인정하면서도, 문화대혁명 시절에 권력을 휘둘렀던 4인방[11]에게 더 큰 책임을 돌렸다. 반면 마오쩌둥에 대해서는 비록 잘못한 것이 있지만 위대한 업적이 이를 능가한다고 평가했다.

이는 소련 시절 흐루쇼프Nikita Khrushchyov가 스탈린 격하 운동을 벌인 것과는 너무나도 달랐다. 중국에서 마오쩌둥은 오히려 국부의 지위를 유지하고 있다. 마오쩌둥은 중국의 가장 큰 화폐단위인 100위안 지폐의 주인공이며, 그의 시신은 영구보존 처리되어 천안문 광장에 안치되었다. 시진핑 주석 역시 그의 부친과 함께 문화대혁명 시절 탄압을 받았지만 마오쩌둥을 찬양한다.

---

11   마오쩌둥의 부인인 장칭江青과 공산당 고위직인 왕훙원王洪文, 장춘차오張春橋, 야오원위안姚文元을 문화대혁명의 4인방이라고 부른다. 1976년 9월 이들이 체포되면서 문화대혁명 시대는 종결되었다.

위: 베이징 천안문 광장의 마오쩌둥 기념관.
아래: 100위안 지폐에 그려진 마오쩌둥.

　이렇듯 당이 마오쩌둥을 보호하는 이유는 공산당의 생존을 위해 그가 필요하기 때문이다. 마오쩌둥은 중국 공산당과 인민해방군, 중화인민공화국의 창시자이며 그의 이념은 곧 국가 이념이다. 소련은 스탈린을 격하해도 레닌이라는 존재가 있지만, 중국에게 마오쩌둥은 레닌과 스탈린을 합친 존재다. 그와 그의 치세를 부정하는 것은 너무나도 위험하다. 공산당 일당지배의 정당성을 스스로 부정하는 꼴이 되기 때문이다. 아울러 마오쩌둥의 잘못을 부각시킨다면 그의 지시를 이행했던 공산당의 과오 역시 스스로 인정하게 되는 셈이다.

결국 당이 선택한 방법은 '침묵의 강요'였다. 마오쩌둥 사후 공산당은 문화대혁명을 포함한 중국 현대사에 대한 연구와 토론을 통제했다. 역사 교과서는 대약진운동 실패의 원인이 가뭄이라는 식으로 얼버무렸고, 문화대혁명에 관해 당의 공식적인 평가와 다른 견해를 가진 학자들을 탄압했다. 당의 검열을 통과한 연구 결과는 모두 문화대혁명의 책임을 4인방에게 돌리는 내용이었다. 당은 더 이상의 연구를 막기 위해 마오쩌둥 시대의 기록물을 비밀로 지정해 학자들의 접근을 아예 차단해버렸다. 그저 과거를 잊으라는 것이다.

이러한 공산당의 과오 감추기 역시 마오쩌둥의 지침에 따른 것이다. 1942년 마오쩌둥은 자신의 권력을 강화하고 당원들의 이념적 순도를 높이기 위해 정풍운동整風運動[12]을 전개했다. 3년 뒤 정풍운동을 평가하면서 공산당은 '약간의 역사 문제에 대한 결의關于建國以來黨的若干歷史問題的決議'를 채택했는데, 이 결의는 당의 과오를 반면교사로 삼아 사회주의 이념의 실천과 성공을 앞당기자는 내용을 담고 있었다. 당과 마오쩌둥의 지도를 스스로 정당화한 것이었다. 하지만 보다 중요한 점은 당이 역사 해석을 독점하는 근거를 마련했다는데 있다. 오직 공산당만이 공식적인 역사적 해석과 평가를 내릴 수 있고, 이에 반대하는 의견은 제거되어야 했다.

1945년 결의는 이후 중국 공산당이 역사를 일당독재에 이용할 때마다 지침이 된다. 역사적 사실을 공산당 통치에 좋고 나쁜 것으로 단순화할 것, 나쁜 일은 최대한 은폐하고 좋은 일은 최대한 과장해 극찬할 것. 이러한 불문

---

12 '삼풍정돈三風整頓'의 줄임말로, 당원을 교육하고 당의 조직을 정돈하며 당의 기풍을 쇄신한다는 것이다.

율은 오늘날까지 변함없이 지켜지고 있다. 이로 인해 중국인들은 마오쩌둥 시대의 수난을 잊고 오히려 그를 국부 이상으로 찬양하고 있다. 수많은 중국인들을 굶주려 죽게 하고 사회주의 이념의 광기로 중국인들끼리 서로 증오하게 만들었던 최악의 독재자가 오늘날 중국의 아버지로 추앙받는 현실은 모순 그 자체다.

하지만 중국 공산당의 기억상실증 전략이 성공적이었다는 점을 부인할 수는 없을 것 같다. 마오쩌둥 시대를 경험하지 못한 세대가 이미 중국 인구의 절반을 넘었고, 이들은 공산당에 의해 은폐된 역사를 배웠다. 만약 이들에게 마오쩌둥에 대한 평가를 물으면 대부분은 아마 이렇게 대답할 것이다. "마오쩌둥은 치욕의 100년을 끝냈다. 비록 말년에 잘못 판단한 것들이 있었지만, 그럼에도 불구하고 그가 없었다면 오늘날의 중국도 없었을 것이다(이는 당의 공식적인 역사 해석이다)."

2013년 마오쩌둥 탄생 120주년을 맞아 중국 사회는 마오쩌둥 찬양 열기에 휩싸였다. 문화대혁명 시절 박해를 받았던 시진핑 주석도 그의 실용적 이

탄생 120주년을 기념해 중국 각지에서 세워지고 있는 마오쩌둥 조형물.

넘과 독자노선을 찬양했다. 국제 역사학계는 중국 공산당의 역사 은폐와 왜곡을 비판했지만 이러한 목소리는 중국 시민들에게 전달될 수 없었다. 철저한 언론, 통신 검열 때문이었다.

위험한 명예 회복

대조적으로, 중국 정부가 역사 바로 세우기에 적극적으로 나서는 부분도 있다. 그들은 중일전쟁 당시 중국인이 치렀던 막대한 희생이 서구 국가로부터 정당한 평가를 받지 못했다고 여기고 이를 시정하려 한다. 중일전쟁은 2차 세계대전의 일부였으며, 이로 인해 중국은 1,300만 명의 사망자와 1억 명의 난민이라는 고통을 겪었다. 하지만 중국인들은 그 희생이 2차 세계대전의 승리에 기여했음을 인정받지 못한 것에 대해 좌절감을 느끼기 시작했다.

논란의 여지가 있긴 하지만, 이러한 주장에도 설득력은 있다. 당시 열악했던 국민당과 공산당 군대는 압도적인 일본군에게 상대가 되지 못했고, 1937년 개전 5개월 만에 중국 동부 대부분과 수도 난징이 유린되었다. 하지만 중국은 항복하지 않고 8년 동안이나 저항했다. 역사에 가정은 없지만, 만약 중국이 항복했더라면 일본은 중국에 괴뢰정부를 세웠을 것이고, 60만 일본군과 징집된 중국군은 인도 또는 러시아로 진군했을 것이다. 중국인의 저항은 분명 일본군의 진로를 억제하는 효과가 있었다.[13]

하지만 2차 대전 직후 중국은 전승국으로서 목소리를 내지 못했다. 1945년

---

13   최근 서구에서도 이에 공감하고 중일전쟁의 의미를 다시 연구하려는 경향이 있다.

8월 미군이 원자폭탄을 투하하면서 일본은 항복했지만, 중국은 평화를 누릴 틈이 없었다. 일본군이 물러나자 국민당과 공산당이 국공합작을 깨고 대륙의 주인을 가리기 위해 다시 총을 겨누었기 때문이다. 내전이 공산당의 승리로 끝나면서 이후 마오쩌둥 시대의 중국은 국제사회와 단절되었다. 서구 학자들의 접근과 연구는 불가능했고, 결국 2차 세계대전은 서구 전승 연합국의 시각으로 기술되었다. 연합국의 일원이었던 중국의 희생을 의미 있게 다루는 역사가는 거의 없었다.

중국의 입장에서 이것은 또 다른 치욕이다. 위대한 중국의 부흥을 위해서도 반드시 바로잡아야 할 부분이었다. 시진핑 주석은 2014년 학자들에게 중일전쟁에 대한 연구를 직접 지시했고, 정부는 이를 소재로 한 각종 영화와 영상물을 제작했다. 전승절인 9월 3일은 공휴일로 지정되었고, 이듬해 천안문 광장에서 세계 주요 정상들과 함께 전승 70주년 행사가 개최되었다. 중일전쟁을 단지 중국과 일본 간의 전쟁이 아닌, 파시즘을 물리친 위대한 전쟁으로 승격시키려는 대대적인 노력이었다.

하지만 중국 공산당의 역사 규명에 어느 정도 진정성이 있는지는 의문이

중국의 전승 70주년 기념식.

다. 전쟁 당시 공산군은 한 것이 거의 없을 뿐만 아니라, 오히려 중국을 더 위태롭게 만들었다. 실제로 마오쩌둥 시절 공산당이 중일전쟁 연구에 소극적이었고 일본에게도 우호적이었던 것은 마오쩌둥 스스로가 공산당의 과거 행적을 너무나도 잘 알고 있었기 때문이다.

일본군에 맞서기 위해 1937년 제2차 국공합작을 맺었음에도 불구하고, 공산군은 일본군과의 전투를 회피했다. 마오쩌둥은 공산군의 전력을 은폐했고 비밀리에 소련군의 지원을 받아 인민군의 전력을 증강했다. 국민당이 일본과 교전하며 궁지에 몰리는 상황을 이용한 것이다. 이는 외교문서로도 확인이 된다. 당시 소련 군사고문은 인민군이 일본군과 교전하는 것을 적극 말렸다. 1940년 1월 저우언라이周恩來는 스탈린에게 보낸 비밀 편지에서 일본군과의 교전으로 사망한 공산군은 3퍼센트밖에 되지 않는다고 전했다.

또한 1940년 펑더화이彭德懷가 이끄는 팔로군八路軍은 화북 지역에서 일본군에 대승을 거두었는데, 정작 마오쩌둥은 인민군의 전력을 노출시켰다며 펑더화이를 문책했다. 결국 이 승리는 1966년 문화대혁명 당시 마오쩌둥이 펑더화이를 반동분자로 처벌하는 구실 가운데 하나가 되었다.

중국인민지원군 총사령관으로 한국전쟁에 참전했던 펑더화이. 그는 문화대혁명 시절 비참하게 숙청된다.

사실 1937년 중일전쟁은 궤멸 직전의 공산당을 살렸다. 공산당도 일본군과의 교전으로 궁지에 몰린 국민당을 이용했다. 1934년 70만 국민당군의 공격으로 공산군은 절체절명의 위기에 빠졌고, 결국 8만 명이 약 1년 동안 1만 킬로미터를 걷는 '대장정大長征' 끝에 포위를 뚫고 옌안延安으로 도망친다. 살아남은 3만 명의 공산군은 산속에 숨어들어가 재기를 노려야 하는 상황이었다.

국민당 총사령관 장제스는 장쉐량張學良에게 공산군 토벌을 명했지만 실패했다. 공산당은 장쉐량에게 당시 만주를 점령하던 일본에 대항하기 위한 국공합작을 제안했고, 이에 설득당한 장쉐량은 1936년 12월 시안西安에서 장제스를 감금하고 같은 편으로 끌어들였다. 이로부터 7개월 후 일본은 중일전쟁을 일으켰고, 국민당은 총부리를 공산당이 아닌 일본군에게로 돌린다. 공산당은 극적으로 생명을 이어간다.

이러한 이유로 마오쩌둥은 일본에 빚을 진 셈인데, 실제로 그는 일본에 관대했다. 그는 1972년 일본과 수교를 맺었고 당시 다나카田中 角榮 수상을 북경으로 초청했다. 이 자리에서 있었던 대화가 마오쩌둥의 주치의를 통해 알려졌다. 마오쩌둥은 다나카에게 "과거 일본이 중국을 침략한 것에 대해 미안해할 필요 없다. 일본의 침략이 없었다면 중국 공산당의 승리도 없었을 것이고 오늘 양국 정상의 만남도 없었을 것"이라고 말했다.

마오쩌둥과 다나카 수상. 마오쩌둥은 "일본의 침략이 없었다면 중국 공산당의 승리도 없었을 것"이라고 말했다.

중국을 침략한 것에 대해 관대했던 이 말이 진심이었는지, 그는 일본이 제시한 전쟁배상금도 받지 않았다고 한다.

이렇게 이율배반적인 중국 공산

영화 〈카이로 선언꿔罗宣言〉. 2015년 중국 국방부의 투자로 제작된 이 영화는 마치 마오쩌둥이 루스벨트 대통령, 처칠 수상과 함께 1943년 '카이로 선언'에 결정적 역할을 했다는 착각을 불러일으켰다. 사실 태평양 전쟁의 전후 처리를 다룬 '카이로 선언'에는 국민당의 장제스가 참석했고, 마오쩌둥은 아무런 역할을 하지 않았다.

당의 '배신의 역사'는 당연히 중국 내에서는 금기사항이다. 공산당은 일관되게 국민당과 공산당이 함께 항일전쟁에 매진했고, 두 당 모두 승리의 주역이라는 입장을 유지하고 있다. 대만뿐만 아니라 국제 역사학자들은 중국 공산당의 공식 입장을 역사 바꿔치기라고 비판하고 있지만, 정작 중국인들에게는 이러한 목소리가 전해지지 않는다. 인터넷은 차단되어 있고, 외국의 서적도 세관에서 검열을 받기 때문이다.

시진핑 주석은 이미 2013년 중국 공산당의 역사 보호를 위한 투쟁에 나섰다. 그는 내부와 외부의 적들이 중국 공산당과 사회주의 체제를 무너뜨리기 위해 중국 현대사를 끊임없이 모독하고 있다고 보았다. 소련이 붕괴한 것도 서구가 퍼뜨린 역사허무주의歷史虛無主義[14] 때문으로 돌렸다. 고르바초프Mikhail

---

14   시진핑이 말하는 역사허무주의는 공산혁명과 공산당 통치의 당위성을 의심하고, 공산당이 국민들을 더 불행하게 만들었다고 확신하는 의식을 뜻한다. 이에 따르면 공산당의 숱한 잘못은 거짓에 의해 은폐되어왔다고 생각하며 공산당의 역사를 부정하게 된다.

Gorbachev의 개방으로 공산당에 대한 숱한 비판이 소련에 전파된 이후, 러시아인과 소련 국민들의 공산당 통치에 대한 신뢰도 급속히 무너져 내렸음을 시진핑은 꿰뚫어 본 것이다.

이로 인해 중국에서는 당의 공식적 해석을 벗어난, 자학적이고 자기비판적인 역사 해석은 허용되지 않는다. 2013년 역사가 훙전쿼이洪振快에 대한 재판이 이를 잘 보여준다. 공산당은 오래전부터 중일전쟁 당시 자살한 5명의 공산군을 영웅시했고 학생들에게도 이들에 대해 가르쳤다. 이들은 일본군의 수색을 피해 산으로 도주했고 10여 명의 일본군을 죽인 뒤 절벽에서 스스로 투신했다. 일본군의 포로가 되기보다는 죽음을 택했고, 최후의 순간에 "중국 공산당 만세!"라고 외쳤다고 한다.

하지만 훙전쿼이는 역사적 고증을 바탕으로 이 영웅담이 조작된 것이라고 밝혔다. 당은 그를 고소했고 법원은 공산당 영웅 모독죄를 인정했다. 훙전쿼이는 법원의 결정에 불복했지만 항소심 역시 결과는 동일했다. 법원의 판단 기준이 당의 공식적 역사 해석이라는 사실이 재확인되었다.

중일전쟁에 대한 연구를 강화하라는 시진핑의 지시 역시 역사허무주의에 대비한 것이다. 중일전쟁 당시 벌어졌던 공산당의 반민족적인 행위는 은폐하는 동시에, 진실이든 거짓이든 공산당이 항일전쟁을 주도했음을 뒷받침하는 사례를 축적하려는 것이다. 공산당은 이처럼 중국인의 희생을 헛되이 하지 않으려 노력하고 있지만, 역설적이게도 이 노력은 공산당에게 너무나 위험하다. 이를 알기에 당은 마오쩌둥의 교시대로 집단의 기억을 독점하거나 창조하려 한다. 오늘날 중국 공산당에게 가장 위협적인 적은 미국도 일본도 아닌 중국 현대사의 진실인지도 모른다.

중국의 꿈과 중국예외주의

시진핑 주석이 제시한 '중국의 꿈'은 전혀 새로운 무언가가 아니다. 민족주의의 또 다른 표현일 뿐이다. 쑨원孫文 이후 거의 모든 중국 지도자들은 중국 민족의 부흥을 외쳤다. 과거 위대한 제국과 문명을 건설했던 중국인들의 능력과 운명에 대해 긍정적인 확신을 줌으로써 중국 민족이 고통스러운 현실을 이겨나가길 바랐다.

　다만 시진핑 주석의 슬로건이 과거와 다른 점은 중국의 부흥을 대외적으로 알리고 이를 인정받고자 한다는 것이다. 그의 정상 외교에는 항상 '중국의 꿈'에 대한 언급이 포함되어 있다. 이는 성장한 국력에 대한 자신감의 방증이기도 하고, 국제사회로부터 이에 상응하는 대우와 존경을 받는 중국을 만들겠다는 의지의 표현이기도 하다.

　중국의 꿈은 이미 중국의 적극적인 대외 정책에 반영되어 있다. 이로 인해 중국이 현재의 국제 정치 구조와 질서를 재편하려 한다는 해

'중국의 꿈'을 상징하는 포스터. 시진핑 시대의 선전은 이전의 것보다 감성적이다. 행복한 꿈을 꾸는 어린 소녀부터 바다와 우주를 호령하는 중국의 국력 모두 선전 소재가 된다. ⓒTheDiplomat(왼쪽).

석을 낳고 있다. 중국의 꿈은 과거 중국이 누렸던 동아시아 패권국가로서의 지위 복원을 추구한다. 그러므로 그 과정에서 미국뿐만 아니라 다른 동아시아 국가들과도 갈등과 대립을 빚을 것이라는 우려스러운 예상도 있다.

하지만 중국의 관변 지식인들은 소위 '중국예외주의Chinese Exceptionalism'를 주장하며 이를 부인한다. 중국예외주의는 무력과 전쟁으로 헤게모니를 쟁취하고 유지했던 서구 국가들과 중국이 근본적으로 다르다는 주장이다. 중국은 역사적으로 늘 평화를 사랑하고 자비로운 국가였다고 주장하며, 유교적 기준에 따라 정당한 전쟁 또는 방어적 전쟁만을 수행한 전통을 그 근거로 제시한다. 장차 중국이 부상하는 과정 역시 힘에 의한 패권 추구가 아니라 평화롭고 조화로운 방식으로 이루어진다는 것이다.

이 주장의 옳고 그름을 떠나 분명한 사실은, 오늘날 거의 모든 국가와 민족 들이 평화 애호의 전통을 가지고 있다고 주장한다는 것이다. 현대사에서 가장 많은 전쟁을 치른 미국 역시 평화 애호의 전통을 내세운다. 루스벨트 대통령은 정당한 전쟁이 엉터리 평화보다 낫다며 최후 수단으로서의 전쟁만을 옹호했다. 정당한 전쟁을 누가, 어떤 기준으로 평가하는지에 대한 반론이 있을 수 있겠지만, 미국인 역시 뿌리 깊은 미국예외주의에 따라 자국의 도덕적 우월성을 확신해왔다. 이렇듯 중국예외주의는 미국예외주의와 크게 다르지 않을 뿐만 아니라 예외적인 것도 아니다.

15세기 명나라의 해군 제독 정허鄭和가 중국예외주의의 상징으로 부각되고 있다는 사실도 흥미롭다. 정허는 영락제와 선덕제의 명을 받

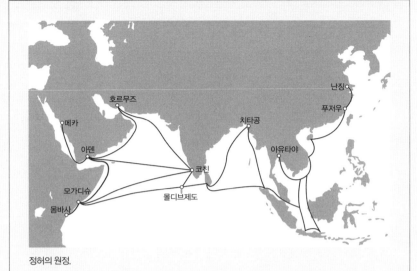

정허의 원정.

아 7차례에 걸쳐 동남아시아와 아라비아 반도, 아프리카 동해안까지 항해했다. 선단의 규모도 그 당시로서는 어마어마한 수준이었다. 1차 원정 당시 정허는 300여 척의 함선과 3만 명 가까운 해군을 이끌었다고 한다. 원정의 목적에 대해서는 논란이 있으나, 중국은 원정이 평화적인 문물 교류 활동이라고 해석한다. 원정 과정에서 군사 활동이 없었다는 게 그 근거다.

하지만 반론도 만만치 않다. 당시 최신 무기를 구비한 300척의 선단이라면 보는 이에게 공포심을 불러일으키기에 충분했고, 사실상의 무력시위나 마찬가지였다. 원정 과정 내내 정허가 중국에 대한 조공을 받아낸 것도 어마어마한 해군의 위세 때문에 가능했을 것이다. 실제로 정허는 3차례 군사 진입을 했고, 스리랑카의 왕은 사로잡혀 영락제에게 바쳐졌다(중국에서는 그가 중국 함대의 보물들을 약탈하려 했다고 기록되었다). 즉 당시 영락제는 몽골과 베트남, 여진과 같이 중국 국경 근처의 민족을 무력으로 진압한 반면, 중국과 거리가 먼 지역의 민족들에 대해서는 함포 외교로 중국 중심의 질서를 수립하려 했다는 게 반론의 요지다.

중국의 학자들은 이러한 주장이 서구 중심의 시각이라며 반박한다. 하지만 중국의 사서가 원정의 결과로 조공을 바치는 국가가 늘었다고 기술한 것에 비추어 볼 때, 당시 영락제가 단순한 문물 교류를 위해 거액의 국가 재정을 들인 것 같지는 않다. 중국은 과거 조공 체제가 국제 평화를 유지하는 수단이었다고 주장하지만, 오늘날 과거의 위계질서를 긍정적으로 보는 아시아 국가는 없다. 그런 면에서 정허에 대한 중국의 주장이 중국 밖에서도 환영받을지는 의문이다.

| 03 |

러시아: 달콤한 악몽

배신의 세월

1990년대 초반 소련의 해체 이후 26년이 흘렀다. 당시 냉전의 종식을 재촉했던 페레스트로이카Perestroika와 글라스노스트Glasnost의 정신[15]은 국제사회로부터 많은 기대를 받았다. 러시아에게는 자유주의와 민주주의를, 국제사회에게는 화해와 협력을 약속하는 상징들이었기 때문이다.

하지만 오늘날 러시아와 서구의 관계는 역사상 최악이라고 해도 과언이아니다. 오히려 냉전 시대의 관계보다 더 감정적인 데다가 복잡하게 꼬여 있

---

15 페레스트로이카는 소련의 미하일 고르바초프가 실시한 개혁 정책으로, 문화 자유화와 복수 정당제, 대통령 권력 강화 등을 포함한다. 글라스노스트는 페레스트로이카에 포함된 정책 중 하나이며 '개방'을 의미한다.

다. 2016년 10월 주UN(국제 연합) 러시아 대사는 양국의 관계가 제4차 중동 전쟁으로 러시아와 미국이 대립했던 1973년 이후 역대 최악이라고 평가했다. 러시아에 우호적인 트럼프 대통령의 취임으로 관계 개선을 기대했지만, 미국의 외교 정책이 대통령 1명의 힘만으로 바뀔 수 있는 것은 아니었다.

사실 러시아와 서구의 갈등은 냉전이 끝나던 시점부터 예정되어 있었다. 원인은 냉전 종식에 대한 시각의 차이였다. 서구는 이 역사적 사건을 자신들의 완벽한 승리로 이해했지만 러시아는 달랐다. 이들은 서구와의 대결에서 패배했다기보다는 비효율적이고 무능한 공산주의 체제를 스스로 극복했다고 생각했다. 승자는 바로 서구가 아니라 러시아인 것이다. 그러나 서구는 이를 축하하기는커녕 승리감에 도취해 러시아를 패배자로 바라보았다.

이러한 인식 차이는 극복되지 못했다. 1990년대 푸틴은 러시아의 자존심이 무너져 내리는 모습들을 지켜보아야 했다. 옐친Boris Yeltsin과 클린턴Bill Clinton 두 대통령은 냉전의 굴레를 벗고 새로운 시대의 동반자가 될 것을 약속했다. 하지만 푸틴의 눈에는 미국이 구상하는 국제 질서에 러시아가 그저 고분고분 따라가는 모습으로 보일 뿐이었다.

술에 취한 채 기자회견을 하는 옐친 대통령(왼쪽). 옐친은 심각한 알코올 중독자였으며 해외 순방에서 갖가지 추문을 남겼다.

당시 클린턴은 NATO(북대서양조약기구)의 확대를 제안했고 옐친은 반대하지 않았다. 갑작스런 자본주의 도입으로 혼란을 겪던 러시아에게는 미국의 재정적 지원이 필요했다. 푸틴은 러시아가 세계적 제국으로서의 자존심을 팽개치고 미국의 예스맨이 되어가고 있다고 생각했다.

한편, 사상 최초로 자유주의를 도입한 러시아는 험난한 길을 걷고 있었다. 경제는 내리막을 걸었고 사회는 혼란스러워졌다. 급기야 1998년 외환위기가 닥쳐 채무지불정지와 루블화 평가절하를 선언해야 했다. 개방을 추구한 지 불과 10년이 되지 않아 러시아는 깊은 좌절을 맛보았다.

이는 사실상 자유주의의 종언이었다. 국민들은 공산주의 시절을 그리워했고, 소련과 러시아의 몰락 배후에 미국이 있다는 그럴듯한 음모론이 떠돌았다. 물론 금융 위기는 러시아 내부의 문제이기도 했다. 하지만 그간 시장경제의 도입을 위해 서구가 권했던 처방들에 대한 적개심이 퍼졌다. 국제 정세 역시 러시아의 기대를 저버리고 있었다. 1999년 NATO는 모스크바와의 상의 없이 유고슬라비아 내전에 개입했다. 발칸 문제는 슬라브인의 문제이기도 했고, 러시아는 구소련 시절 이 지역에 영향력을 행사했었지만 미국의 팍스 아메리카나에 아무런 저항을 하지 못했다.

푸틴이 대통령으로 취임한 2000년부터는 4년간 유고 연방, 조지아, 우크라이나, 키르기스스탄에서 권위주의 체제에 거부하며 민주화와 자유화를 외치는 소위 '색깔혁명Color Revolution'16이 이어졌다. 미국은 시민들의 자유화 요구를 응원했다. 크렘린궁에서는 구소련 위성국가의 자유화 움직임이 미국과 서구의 사주에 의한 것이라 여기기 시작했다. 50년 전 미국이 철의 장막 속

---

16 2000년대 구소련과 발칸반도 국가들에서 연쇄적으로 일어났던 시민들의 시위를 의미한다. 이들은 정부의 부패, 무능, 권위주의를 비판하고 공정선거와 민주화, 자유화를 요구했다. 시위에 참가한 시민들은 특정 색깔의 물건이나 꽃을 혁명의 상징으로 활용했다. 2003년 조지아 장미혁명, 2004년 우크라이나 오렌지혁명, 2005년 키르기스스탄 튤립혁명, 2006년 벨라루스 청바지혁명 등이 색깔혁명의 대표적 사례다.

에 소련을 봉쇄하려 했던 시기를 떠올린 것이다.

2004년은 푸틴 대통령에게 치욕의 해였다. 구소련 연방이나 위성국가들이 NATO와 EU에 가입했다. 크렘린궁에서는 이를 NATO의 동진東進이라고 표현하며 불쾌한 감정을 감추지 않았다. 원래 NATO는 공산주의 진영과의 대결 구도에서 형성된 군사 동맹이었으니, 러시아의 입장에서 볼 때는 냉전 종식과 함께 NATO 역시 그 역할을 다하고 소멸했어야 했다. 하지만 NATO는 오히려 구소련 연방 국가 또는 위성국가들을 집어삼키면서 러시아를 포위해오고 있었다. EU의 확대 역시 러시아에게는 달갑지 않았는데, 동유럽 국가의 대對러시아 무역의존도와 러시아의 입지가 함께 낮아질 것을 암시했기 때문이다.

이 시기, 부시 정부의 일방주의 강압외교 역시 푸틴 대통령의 심경 변화에 상당히 큰 역할을 했을 것으로 추정된다. 부시 대통령의 집권을 계기로 미국 조야에는 '압도적 힘을 통해 불량국가와 위협적인 세력들을 제거하고 국제 질서를 재편해야 한다'는 네오콘Neocons의 입지가 강화되었다. 미국은 기후변화협약(교토의정서), 포괄적핵실험금지조약CTBT, 국제형사사법재판소ICC 설립 협정과 같은 다자규범을 거부했고, 세계의 경찰을 자처하면서 테러와의 전쟁을 개시했다.

국제 언론은 "미국이 NATO의 확장을 통해 러시아를 포위한 것처럼 석유 자원의 보고인 중동과 중앙아시아 역시 미국의 영향권에 들어갈 것이며, 그 피해자는 무기력한 러시아"라고 보도했다. 푸틴이 느끼는 모욕감과 좌절감은 커져갔다. 미국은 러시아를 강대국으로 인정하지 않을 뿐만 아니라 러시아의 국익과 이해관계에는 관심이 없어 보였다.

푸틴은 민주주의의 고향이라고 뽐내는 미국의 위선을 깨달았다. 그가 보기에 정작 국제 정치에서 미국은 결코 민주적이지 않았기 때문이다. 러시아의 자존심과 푸틴의 지지율도 하락하고 있었다. 2004년 재선에 성공한 푸틴은 러시아의 명예회복을 위한 무엇인가가 필요하다고 생각했다.

목성에서 태양으로

우선 푸틴은 소련 시절의 향수를 놓치지 않았다. 2005년은 2차 세계대전 승리 60주년이었고, 정부는 대대적인 기념행사를 준비했다. 1945년 승리의 주역이었던 참전용사들은 영웅시되었고, 그들의 무용담과 고통이 재조명되었다. 공산군의 군복을 비롯한 갖가지 상징물이 전시되었지만 이것들은 시민들에게 아무런 거부감을 주지 않았다.

이러한 사회적 분위기에서 푸틴은 이후 러시아의 역사적 정체성을 결정짓는 발언을 한다. 2차 세계대전 승리 60주년 행사를 2주 앞둔 2005년 4월 25일,

왼쪽: 2005년, 러시아의 2차 세계대전 전승 60주년 기념식.
오른쪽: 같은 해 5월, 부시 대통령을 비롯한 서양 지도자들과 있는 푸틴 대통령. ⓒKremlin.ru.

그는 의회 연설에서 소련의 붕괴를 "20세기 최대의 지정학적 재앙"이라고 규정했다. 또한 그 재앙의 대표적인 피해자로 러시아 영토 밖, 구소련 지역의 해외동포들을 지목했다.

푸틴의 이 연설에는 2가지 의미가 있었다. 우선 국내적으로 과거 전체주의 시절에 대한 복고적 향수를 자극하면서 민주화와 자유화에 대한 열망을 완화시키는 것이었다. 이러한 메시지는 사회주의 시절의 안정된 삶과 소련 몰락 이후의 좌절을 모두 경험해본 장년층 이상에게 잘 흡수되었다. 푸틴은 이러한 심리를 잘 알고 있었고, 민주화보다는 경제회복이 더 시급한 과제라고 말했다.

또한 이는 대*러시아주의에 관한 선언이기도 했다. 소련 붕괴와 분리독립으로 1,500만 명에 상당하는 러시아인은 구소련 지역 국가에서 소수민족이 되었다. 푸틴은 러시아 동포들이 차별받지 않도록 보호할 의지를 표명했는

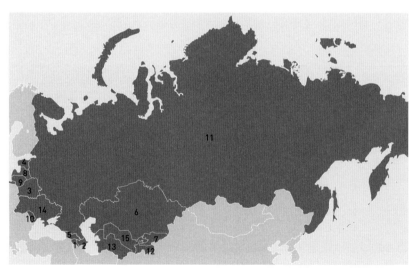

냉전 시대의 초강대국 소련은 15개의 주권국가로 분리되었다.

데, 이는 러시아 재외동포의 분리주의 운동을 자극하면서 궁극적으로 러시아의 영토 확장을 도모하는 것이었다.

때마침 국제유가 상승으로 러시아 경제는 회복세에 접어들었고, 2005년 10월 러시아는 외채 150억 달러를 예정보다 일찍 상환할 수 있었다. 특히 2006년에는 정치적으로 이용할 수 있을 만한 무기 하나를 발견했다. 바로 천연가스였다.

2005년 러시아는 우크라이나에 공급하던 천연가스 가격의 인상을 요구했다. 그러나 연말까지 합의를 보지 못하자, 러시아는 해를 넘긴 2006년 1월 1일에 우크라이나로 가던 천연가스 파이프의 밸브를 잠가버렸다. 이 파이프는 우크라이나뿐만 아니라 서유럽에도 천연가스를 공급하던 대동맥이었다. 순식간에 유럽에는 에너지 위기가 닥쳤고, 유럽 국가들은 러시아와 우크라이나의 재협상을 독려했다. 비록 양측 주장이 절충되어 사흘 만에 가스 공급은 재개되었지만, 친서방 정책을 놓고 러시아와 갈등을 빚었던 우크라이나는 러시아의 힘에 굴복해야 했다.

힘을 확인한 푸틴은 러시아 중심의 세계가 복원되어야 한다고 믿었다. 국제정치학자들은 냉전 시절 2개의 태양계가 존재했다고 믿었다. 미국과 소련이라는 2개의 태양은 각자 다수의 위성을 거느리고 있었다. 하지만 1991년 이후 미국이 중심이 된 태양계만이 살아남았고, 싫든 좋든 러시아는 여기에 편입되었다.

이후 15년 만에 학자들은 러시아가 태양과는 멀리 떨어져 있지만 거대한 중력을 행사하는 목성 정도의 위치에 있으며, 곧 궤도를 이탈해 또 다른 태양계를 형성할 것이라고 예측했다. 이미 러시아는 구소련과 동구권에서 영향력 복원을 시도하고 있었고, 중국과 함께 반서방 진영의 결속을 준비하고 있었다. 2006년 이란 핵무기 개발 위기에서도 러시아는 서방 국가와는 확실히 다른 목소리를 내고 있었다.

서구 역시 러시아가 다른 길을 가고 있음을 조용히 바라보지만은 않았다. 2007년 미국 공화당 대통령 후보 매케인John McCain은 러시아의 반민주적, 반시장적 행태에 독설을 퍼부었다. 그는 러시아의 비밀공작정치가 민주주의와 정치적 자유를 압살하고 있으며, 자원을 무기로 이웃 국가를 협박해왔다고 비판했다. 대통령에 당선되면 러시아를 G8에서 축출하고 대신 인도나 브라질을 포함시키겠다고 공약했다.

물론 푸틴은 이러한 서구의 비판을 예상하고 있었고 크게 신경 쓰지도 않았다. 어차피 서구식 민주주의는 러시아의 길이 아니라는 것을 알았고, 대신 다른 길을 선택해야 했다. 다만 이를 입증하기 위해서는 러시아의 역사를 다시 해석할 필요가 있었다.

위대한 애국전쟁의 신화

지난 2014년 러시아의 여론조사 결과[17]는 2007년부터 본격화된 푸틴의 과거사 왜곡 노력이 성공했다는 점을 증명했다. 응답자의 86퍼센트가 러시아 역사상 가장 중요한 사건으로 '2차 세계대전의 승리'를 꼽은 것이다.

이 수치는 놀라울 수밖에 없었는데, '나폴레옹 전쟁의 승리'나 '러시아 혁명'과 같은 사건들에 비해 압도적으로 높았기 때문이다. 물론 2차 세계대전

---

17   본 장에서의 여론조사는 모두 모스크바 소재 레바다 센터Levada Center에 의해 이루어졌다.

에 대한 기억은 다른 사건들에 비해 최근의 일이어서 비교적 생생한 기억으로 남아 있을 것이다. 또한 3,000만에 가까운 소련인의 희생으로 승리한 전쟁이기에 애착을 가지는 것도 큰 무리는 아닌 듯하다.

하지만 문제는 정부가 강요하는 내용과 역사적 시각이다. 정부는 2007년부터 2차 세계대전이 독일 나치에 대한 승리인 동시에 서구에 대한 승리임을 학생들과 국민들에게 주입해왔다. 소련이 아니었다면 그 누구도 나치를 꺾지 못했을 것이며, 따라서 2차 세계대전은 미국과 서유럽의 승리가 아닌 소련의 승리로 기억되어야 한다는 것이다.

그러나 이는 2차 세계대전의 무수한 전선 가운데 동부전선의 전개 과정만을 기초로 한 해석이다. 실제로 소련의 시각에서만 본 2차 세계대전의 전개 과정은 이렇다. 개전 초기 프랑스는 큰 저항도 없이 허무하게 나치에게 점령당했다. 33만 명의 영국·프랑스 군대는 프랑스 북부 됭케르크Dunkerque에서 무기와 군 장비를 버린 채 치욕적으로 탈출했다. 서유럽을 점령한 히틀러는 동쪽으로 진격했고, 소련은 막대한 희생을 감내하면서도 모스크바를 지켜냈다. 소련군은 1943년 1월 스탈린그라드Stalin grad에서 독일군의 무패신화를 무너뜨렸고 베를린을 향해 진격했다. 그리고 2년 뒤 소련군에 포위된 히틀러는 자살을 선택했다.

그럴듯해 보이는 이 전쟁사는 절반의 진실일 뿐이다.

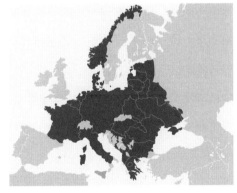

나치가 소련에 패하기 전인 1940년, 독일이 점령하고 있던 지역. 2차 세계대전 초기, 독일은 말 그대로 파죽지세였다.

연합군의 됭케르크 탈출 장면. 역사에 가정은 없지만, 이 탈출이 실패했다면 2차 세계대전의 결과는 달라졌을지도 모른다.

물론 동부전선으로의 진격은 히틀러의 패착으로 손꼽히는 것이다. 하지만 무솔리니의 오판[18]과 미국의 참전을 배제한 채 소련이 서유럽을 구했다는 식의 서술은 진실의 전부를 담지 못한다.

이와 함께 푸틴은 2차 세계대전이 방어적 성격의 전쟁임을 강조한다. 러시아 정부가 2차 세계대전에 붙인 또 다른 공식 명칭은 '위대한 애국전쟁'인데, 여기에는 소련이 나치의 침공에 맞서 방어적 전쟁만을 치렀다는 전제가 깔려 있다. 즉 소련은 나치의 피해자이며 2차 세계대전은 조국을 방어하기 위한 애국전쟁이라는 뜻이다. 이와 같은 애국주의적 화법은 러시아인들이 역사적, 민족적 정체성을 형성하는 근원이 되었다. 푸틴이 만들어낸 신화는 러시아가 도덕적으로 흠결 없는 승리자였으며, 미래에도 그렇게 될 운명임을 암시한다.

하지만 이는 전형적인 기억의 은폐와 축소다. 푸틴은 2차 세계대전을 선과 악의 이분법적인 대립 구도로 단순화하면서 소련의 선한 이미지를 강조하지

---

18 히틀러와 동맹을 맺었던 무솔리니는 숱한 오판으로 히틀러에게 부담을 주었다. 이에 대해서는 이 책의 196쪽부터 상세하게 다루었다.

만, 당시 소련의 행태에는 선과 모순되는 점들이 있었다. 그러나 그는 이에 대해서는 침묵할 뿐이다.

우선 소련은 히틀러의 집권을 돕거나 방조한 책임이 있다. 모스크바(코민테른Comintern, Communist International)는 나치즘이 자본주의의 최후 단계인 독일의 프롤레타리아 혁명을 앞당겨줄 것이라고 생각하고 히틀러의 집권을 방치했다. 반면 독일 사민당은 자본주의의 분파라고 보고 공산주의의 적으로 규정했다. 물론 히틀러에 대항하기 위한 공산당과의 연합을 거부한 데는 사민당의 책임도 있다. 하지만 모스크바의 근본적인 입장은 히틀러의 집권 자체를 내버려두는 것이었다.

1939년 독일과의 불가침 조약 역시 위대한 애국전쟁의 신화 뒤에 가려져 있다. 사실 나치즘과 공산주의는 서로 타협이 가능한 관계가 아니었다. 히틀러 역시 집권하자마자 독일 공산당을 불법화하고 활동을 금지시켰다. 하지만 히틀러가 가장 막고자 했던 일은 동부와 서부에서 동시에 공격을 받는 것이었다. 영국과 프랑스를 신뢰하지 못한 스탈린은 히틀러의 제안을 받아들였다. 절대로 극복할 수 없어 보였던 이념의 차이를 뛰어넘은 이 불가침 조약은 2차 세계대전 발발의 원인 중 하나가 되었다. 개전 초기에 히틀러가 안심하고 서부전선에 집중할 수 있는 기회를 만들어준 것이다.

하지만 러시아 정부는 이러한 진실을 불편하게 여겼다. 독·소 불가침 조약 70주년인 2009년 히틀러와 스탈린의 밀약에 대한 관심이 높아졌지만, 당시 정부는 관변학자를 동원해 이를 정당화하는 궤변을 늘어놓기만 했다. 나치와 싸우기 위해서는 시간을 벌 필요가 있었고, 불가침 조약은 소련의 국력을 기르기 위해 불가피한 선택이었다는 내용이었다.

오히려 푸틴은 1938년의 뮌헨협정Munich Agreement과 그 당사국인 영국, 프랑스를 비판했다. 당시 독일은 오스트리아를 병합한 다음 체코슬로바키아 수데테란트Sudetenland의 소유권을 주장했다. 전쟁을 원하지 않았던 영국과 프랑스는 유화 정책으로 히틀러의 요구를 들어주었다. 푸틴은 이러한 양보가 히틀러에게 잘못된 신호를 주었다고 비판했다.

이후 푸틴은 소련의 폴란드 침공에 대해서도 궤변을 늘어놓았다. 독·소 불가침 조약에는 양국이 동유럽을 어떻게 분할할지에 관한 밀약도 포함되어 있었다. 불가침 조약 체결 1주일 후 독일은 폴란드를 침공했고, 비밀 조항에 따라 소련군도 2주일 후 폴란드로 진격했다. 2달 후 폴란드는 독일과 소련에 의해 점령당했고, 소련 점령 지역은 사회주의화가 진행된다. 푸틴은 이것이 형제 슬라브인들을 나치로부터 보호하기 위한 조치였다고 주장한다. 1940년 소련의 발트해 3국 침략에도 똑같은 주장이 제시되었다.

폴란드를 공동으로 침공한 독일과 소련의 장교가 접경 지역에서 악수를 나누고 있다.

결국 푸틴과 러시아 정부가 원하는 것은 2차 세계대전 직전의 역사를 지우는 것이다. 스탈린이 히틀러와 공모했던 사실은 숨겨야 했다. 러시아 정부는 '위대한 애국전쟁'을 2차 세계대전과는 다른 전쟁으로 공식화하고, 정부의 해석과 다른 해석은 법[19]으로 금지했다.

독소 불가침 조약의 주역 히틀러와 스탈린의 밀월 관계를 풍자한 만화.

공식적으로 이 전쟁은 독일이 소련을 침공했던 1941년 6월 22일에 시작하는데, 이렇게 되면 그 이전에 있었던 히틀러와의 밀약과 주변 6개국 침략은 이 전쟁과 무관해진다. 국제 역사학계가 2차 세계대전의 시작을 독일의 폴란드 침공 시점인 1939년 9월 1일로 보는 것과는 대조적이다.

또한 위대한 애국전쟁은 죄 없는 러시아의 선량함을 미화한 표현이기도 하다. 원래 애국전쟁은 1812년 프랑스 나폴레옹의 침략에 맞선 제정 러시아의 항전을 의미하는 용어였다. 나치와의 전쟁을 위대한 애국전쟁이라고 공식화하는 것도 러시아가 역사상 끊임없이 유럽의 침략을 받아왔다는 사실을 도식화하려는 것이다.

2016년 라브로프Sergey Lavrov 러시아 외교장관은 〈파이낸셜 타임스〉 기고[20]에서 러시아의 역사를 죄 없는 희생양의 역사로 포장했다. 이 글에 따르면

---

19 나치즘 부활 금지법. 이에 대해서는 'Box Story'에서 자세히 다루었다.

20 Sergey Lavrov, "Russia's Foreign Policy in Historical Perspective", Russia in Global Affairs(2016/3/30).

편견에 가득한 서유럽은 언제나 러시아를 고립시키고 희생시키려 했다. 또한 그는 2차 세계대전을 유럽 열강의 반러시아적 열망이 빚어낸 참사라고 해석했고, 유럽이 나치의 힘을 빌려 러시아인과 사회주의 소련을 몰락시키려 했다고 주장했다(당시 서유럽과 미국에 극소수 극우주의자들이 있기는 했지만, 이 주장에 귀 기울이는 역사학자는 거의 없다).

이 모든 것은 소련 몰락 이후 발생한 이념의 공백을 무엇으로 채웠는지에 대한 문제로 귀결된다. 1990년대 러시아는 페레스트로이카와 글라스노스트로 새 시대를 선언했고 서구화의 길을 가고자 했지만 서구의 일원이 되는 데는 실패했다. 그렇다고 다시 사회주의로 되돌아갈 수도 없었다.

결국 푸틴이 국민들에게 선사한 것은 나치에 대한 승리의 기억이었다. 지도자로서 현명한 선택일 수도 있다. 국민들의 패배주의를 씻겨주고 자신감을 회복시켜줄 역사를 복원한 것이니 말이다. 그러나 그 의도는 너무나도 정치적이고 반역사적이었다. 소련 몰락 이후 러시아는 공산주의도, 사회주의도, 민주주의도 아닌 반서구주의로 채워지고 있는데, 그 도구로 왜곡되거나 축소된 2차 세계대전의 역사가 오용되고 있을 뿐이다.

스탈린의 부활

히틀러와의 공모 이외에도 위대한 애국전쟁 신화를 만드는 데 걸림돌은 또 있었다. 바로 역사상 가장 잔인한 독재자라고 할 수 있는 스탈린이었다. 스탈린 시절의 대숙청, 굴라크Gulag 수용소, 무리한 농업 체제 개편, 강제 이주 등으로 3,000만 명에 가까운 소련인들이 목숨을 잃었다. 또한 2차 세계대전 당시 판단 착오로 입은 병력 손실과 점령지에서의 반인륜적인 범죄 역시 빼놓을 수 없는 스탈린의 과오다.

이러한 이유로 집권 초기 푸틴은 스탈린과 어느 정도 거리를 두었다. 과거 희생자와 그 가족들이 여전히 생존해 있고, 스탈린의 종교 탄압을 생생히 기억하는 러시아 정교회 입장도 있어 노골적으로 스탈린을 옹호할 수만은 없었다. 그러나 서구화가 러시아의 길이 아님을 확신한 푸틴은 2007년부터 스탈린과 소련 시절의 역사를 미화하는 작업에 나섰다. 푸틴 대통령은 스탈린주의를 비판하는 서구를 못마땅해하면서, 역사학자들에게 현대사를 다시 쓰라고 지시했다. 역사학자들과의 자리에서 푸틴은 자신이 느낀 서구적 역사 서술에 대한 반감을 아래와 같이 토로했다고 한다.

"1930년대 스탈린의 공포통치가 가혹한 것은 사실이나 그런 통치는 다른 나라에서도 무수히 많았다. 러시아는 민간인을 상대로 핵무기를 사용한 적이 없다. 러시아는 미국처럼 베트남이라는 작은 나라에 2차 세계대전에 사용한 것보다 많은 폭탄을 퍼붓지는 않았다. 인명의 가치를 경시하고 세계에서 자신들이 가장 우월함을 주장하는 미국은 나치 독일과 다를 게 없다."

말하자면 스탈린도 과오가 있긴 하지만 미국은 더 나쁜 존재이며 따라서 소련과 스탈린 시대를 비난할 자격이 없다는 것이다. 이러한 푸틴의 역사 인식을 전제로 만들어진 것이 필리포프Alexander Filippov의《현대 러시아사 1945-2006: 교사용 매뉴얼The Modern History of Russia, 1945-2006: a Teacher's Manual》이다. 제목 그대로 이 책은 역사를 가르치는 교사의 교육 지침서였으며, 고학년용 역사 교재로도 활용이 가능했다.

흔히 "필리포프 매뉴얼"로 불리는 이 책의 가장 두드러지는 특징은 스탈린에 대한 변론이었다. 필리포프는 스탈린의 1930년대 공포통치가 필수불가결한 것임을 교사들에게 주지시키고자 했다. 당시 파시즘의 위협이 임박한 상황에서, 소련에게는 지도 체제의 불안정을 극복하고 신속하게 조국의 근대화를 달성하기 위한 대안이 공포통치밖에 없었다고 주장한다.

따라서 이 매뉴얼에서는 스탈린의 업적 2가지, 즉 위대한 애국전쟁의 승리와 소련의 산업화를 극찬한다. 2차 세계대전은 선과 악의 전쟁이었고 스탈린은 (당연히) 선한 세력의 지도자였다. 그러므로 스탈린의 범죄나 과오는 더더욱 당시 특수한 상황에 수반된 사소한 부작용쯤으로 평가되어야 했다.

이후 푸틴은 자신의 정치적 권위와 정당성을 강화하기 위해 스탈린을 활용했다. 교묘한 역사 기술을 통해 스탈린 시대와 오늘날의 유사점을 과장하며, 나아가 두 지도자의 사명 역시 유사함을 국민들에게 주입해왔다. "필리포프 매뉴얼"과 러시아 정부의 각종 매체는 나치와 서구에 맞서 싸웠던 스탈린 시대가 오늘날에도 재현되고 있는 것처럼 묘사하며, 스탈린이 그랬던 것처럼 푸틴 역시 고난을 극복하는 지도자로서 힘겨운 싸움을 하고 있다고 암시한다.

또한 후진적 농업 국가였던 소련이 단시간 내에 강력한 산업국가로 성장할 수 있었던 원인으로 스탈린의 강력한 리더십이 강조된다. 이는 푸틴 대통령의 집권 기간 동안 러시아 경제가 회복하기 시작했고 다시 경제대국의 길을 가고 있음을 은근히 대칭시킨 것이다. 민주주의나 서구적 가치를 억제하는, 그리고 전체주의적이고 권위주의적인 통치에 대한 국민들의 거부감을 희석시키는 효과를 염두에 둔 화법이다.

이와 함께 스탈린에 대한 호감을 유도하려는 시도들도 이어지고 있다. 필리포프는 스탈린을 독일 통일의 주역 비스마르크$^{Otto\ von\ Bismarck}$에 비유했다. 푸틴은 나폴레옹과 스탈린 모두 혁명의 소용돌이에서 지도자가 된 난세의 영웅이며, 이후 프랑스와 소련을 강대국의 지위에 올려놓았다는 지극히 단순한 공통점을 제시했다. 당의 선전기관들은 스탈린에 대한 비판이 러시아의 기반을 흔드는 서구의 음모라고 주장한다.

반면 스탈린 시대의 정치적 탄압에 대한 기억은 지워지고 있다. 집단 노동 수용소였던 굴라크로서 유일하게 그 흔적을 유지했던 페름36^{Perm36} 수용소는 1995년부터 박물관으로 개조되어 시민 인권단체와 외국 재단의 후원으로 운영되어왔다. 박물관은 스탈린 시대의 정치적 박해와 인권 탄압의 피해자 명단, 수용소에서의 가혹한 노역 등을 생생하게 들려주었다.

하지만 푸틴이 재집권했던 2012년부터 중앙정부는 페름36 박물관을 탄압하기 시작했다. 전기와 수도를 끊는가 하면 유네스코 문화유산에 등재하려는 노력도 방해했다. 결국 2015년 박물관은 지방 정부에 의해 몰수되었고, 수용소의 역사는 왜곡되기 시작했다. 정부는 페름36 수용소가 17세기부터

페름36 박물관과 스탈린 시대의 굴라크. 가혹했던 스탈린 시대의 굴라크로서 유일하게 원형을 유지해왔던 이 수용소는 2015년 정부에 의해 몰수되고 굴라크가 아닌 러시아 교정시설의 흔적으로 윤색된다.

존재해왔으며 소련이 단순히 이를 교정기관으로 활용했을 뿐이라고 기술했다. 물론 스탈린 시대의 탄압에 대한 내용은 삭제되거나 완화되었다. 박물관은 여전히 운영되고 있지만 당초 박물관 설립자들의 의도와는 완전히 다른 유물이 되어버렸다.

그간 러시아 정부가 소련 시대의 범죄에 대해 취해왔던 정책은 은폐를 통한 망각의 유도였다. 이는 소련 시절에도 마찬가지였다. 1956년 흐루쇼프 서기장의 충격적인 스탈린 격하 연설에도 불구하고, 공산당은 이를 공식적으로 채택하지 않았고[21] 스탈린의 범죄 행위에 대해서도 조사하지 않았다. 소련 붕괴 이후 스탈린 시대의 문서는 정보기관에 의해 철저히 밀봉되었으며, 굴라크와 같이 스탈린 시대의 과오를 드러낼 수 있는 유적들은 파괴되었다. 푸틴과 메드베데프Dmitry Medvedev 대통령 역시 스탈린 시대의 희생자를 추모하는 기념식에는 참석하지 않았다.

지난 10년간 정부가 행한 '스탈린 미화 정책'의 결과는 경악 그 자체다. 2017년 6월 여론조사는 러시아인 1,600명을 대상으로 세계사를 통틀어 가장 위대한 인물이 누구인지를 물었다. 스탈린은 38퍼센트로 1위에, 푸틴 대통령은 34퍼센트로 2위에 올랐다.[22] 전문가들은 스탈린과 푸틴에 대한 인기가 사실상 연계되어 있다고 본다. 스탈린의 인기가 오르면 푸틴의 인기도 동반상승한다는 것이다.

소련 몰락 이후 무너뜨렸던 스탈린 동상을 다시 세워야 한다는 여론도 현

---

21   소련 공산당 제20차 전당대회에서 행한 이 연설은 5시간 분량이었으나 공개되지 않았다. 미국
      은 정보기관을 통해 이 연설의 전문을 구해서 분석했다고 한다.

22   참고로 외국인 가운데는 나폴레옹이 14위, 아인슈타인은 16위, 뉴턴이 19위에 올랐다.

재 60퍼센트 이상을 넘고 있다. 푸틴 역시 지난 2014년 우크라이나의 크리미아Krimia를 병합한 이후 지지율이 80퍼센트 밑으로 떨어진 적이 없고 2018년 대통령 선거에서 네 번째 승리[23]를 장담하고 있다.

러시아인들은 이제 푸틴을 통해 스탈린 시절의 영광을 상상한다. 이는 뉘른베르크 법정이 나치의 범죄를 단죄했고 독일 스스로도 부끄러운 역사적 기억을 보존해온 것과는 너무나도 다르다. 스탈린이 저지른 범죄를 감춘 채 그와 그의 시대를 미화한다면 위험한 전통을 만들게 될 것이다. 물론 이 전통이 굳어갈수록 서구와의 화해 가능성도 희박해질 것이다.

---

[23] 러시아 헌법은 대통령의 연임은 허용하나 3선은 금하고 있다. 2000년에 대통령이 된 푸틴은 2008년까지 2번의 대통령 임기를 수행했고, 2008년 대통령 선거에서는 자신의 측근인 메드베데프에게 양보하는 대신 총리로서 막후 권력을 행사했다. 2008년 개헌으로 러시아의 대통령 임기는 4년에서 6년으로 늘어났다. 그는 2012년에 다시 대통령 선거에 나섰고, 압도적인 지지율로 당선되었다.

역정보의 제국

냉전이 끝난 지금, 푸틴 대통령은 미국의 정보기관뿐 아니라 러시아
와 유럽을 상대로 역정보^{disinformation}를 유포하고 있다. 유포하는 매체
도 KGB를 승계한 러시아연방안전국^{FSB}에만 국한되지 않고 텔레비전
방송국[24], 인터넷 언론사, 정부에서 고용된 인터넷 모니터 요원 등으
로 다원화되었다.

역정보란 진실을 호도하기 위해 고의적으로 흘리는 정보를 말한다.
치열한 첩보전에서 상대방의 오판을 유도하기 위해 잘못된 정보 또
는 불완전한 정보를 의도적으로 유포하는 경우가 있는데, 냉전 시대
미국과 소련은 무수한 역정보를 상대방에게 제공했다고 한다.

특히 방송국과 언론사 들은 러시아어 이외에 다른 언어로도 역정보
를 전하는데, 이러한 뉴스들은 대부분 크렘린궁의 지시에 따른 것으
로 보인다. 그 내용은 대체로 반서구적인 내용, 특히 음모론을 그럴듯
하게 포장한 것이다. EU의 분열을 조장하고 1,500만 러시아 해외 동
포의 피해의식을 자극하려는 의도가 엿보인다. 그 예는 아래와 같다.

"리투아니아, 폴란드, 스웨덴은 지금도 1709년의 패전[25]에 대한 복수를 꿈
꾸며 나치즘을 통해 힘을 길러오고 있다."

24　Spas, Zvezda, Russia Today 등의 방송국이 이에 해당한다.

"유럽의 극우주의자들은 나치주의자들이며 결국 그들의 총부리는 모스크바로 향하게 될 것이다."

"우크라이나 사태는 러시아 혐오주의Russophobe를 주장하는 나치 추종자들이 일으킨 것이다."

"1991년 이후 EU에 가입한 나라들은 모두 실패했다. 이들은 값싼 노동력을 제공하는 국가로 전락하고 말았다."

이러한 역정보들이 어떤 효과를 거두었는지 계량화할 수는 없다. 다만 2016년 스웨덴의 사례를 보면 러시아의 정보 작전이 사회를 혼란에 빠뜨릴 수 있음이 잘 드러난다. 당시 스웨덴은 러시아의 군사적 위협에 대비하기 위해 NATO와 협력 관계를 맺고자 했다.[26] 이 문제는 사회적 이슈가 되었다. 그런데 인터넷에 괴담들이 떠돌기 시작했다. "NATO와 협력 관계를 맺으면 미국이 핵무기를 스웨덴 영토에 반입할 것", "미국이 스웨덴과 상의 없이 러시아를 공격할 것", "NATO 군인들이 스웨덴 여성을 성폭행할 것" 등 정체불명의 글들이 마치 신뢰할 만한 정보인 것처럼 스웨덴 언론에 의해 보도되었다. 비록 러시아 정부는 부정하지만, 서방의 정보기관들은 이러한 역정보가 러시아의 요원들에 의해 유포되었다고 확신했다.

이외에도 러시아는 서구가 끊임없이 러시아를 위협하고 있다는 위

25   18세기 초 러시아와 스웨덴이 발트해의 지배권을 놓고 벌인 폴타바Poltava 전투를 의미한다. 이 전투에서 표트르 대제Pyotr the Great의 러시아군이 승리하면서 러시아가 유럽의 강국으로 부상하게 된다.

26   스웨덴은 NATO 회원국이 아니다.

기의식을 조장하면서 러시아 해외 동포의 피해의식을 자극해온 것으로 보인다. 또한 헝가리, 폴란드 등에서 반유럽 정서를 부추기는가 하면 무슬림 이민자들의 불만을 증폭시키기 위한 정보도 유포한 것으로 추정된다.

　논란은 미국과 프랑스 대통령 선거로도 확대되었다. 푸틴이 선호하는 후보를 위해 역정보를 흘렸는지에 대해서는 공식적으로 밝혀진 것이 없지만, 러시아가 미국 민주당 후보인 힐러리와 프랑스 총리 후보 마크롱Emmanuel Macron의 이메일을 해킹한 사실이 밝혀졌다. 치열한 선거 과정에서 후보자가 주고받았던 메일을 러시아가 해킹했던 이유에 대해서는 굳이 따로 설명할 필요가 없을 듯하다.

푸틴의 언론 조작을 풍자한 만화.

나치즘 부활 금지법

오늘날 러시아인에게는 아직 위대한 애국전쟁이 끝나지 않았다. 푸틴은 구소련 지역에서 일어나고 있는 모든 반러시아적 움직임을 나치즘의 부활로 낙인찍고, 이를 막기 위한 러시아의 투쟁을 독려하고 있다.

2007년 에스토니아 위기는 푸틴이 2차 세계대전의 역사를 얼마나 철저하게 남용하고 있는지를 보여주는 사례다. 소련은 독·소 불가침조약에 따라 1940년 에스토니아를 점령했다. 이후 히틀러가 불가침조약을 파기하고 소련을 공격하자 에스토니아인은 독일군을 해방군으로 여기고 독일군에 입대했다. 그러나 독일은 퇴각했고 소련은 다시 에스토니아를 점령한 후 소련에 편입시킨다. 1947년 소련은 에스토니아를 나치즘에서 해방시켰다는 의미의 동상을 세운다.

그런데 1991년 소련의 붕괴로 에스토니아가 독립하고 나자 이 동상의 철거 문제가 부각되었다. 에스토니아에 거주하는 러시아인과 모스크바의 반대로 인해 결정이 지연되었고, 결국 에스토니아 정부는 2007년 동상의 철거 대신 이전을 결정한다. 그 과정에서 러시아계 주민들이 격렬한 시위를 벌였고, 경찰이 시위를 진압하는 과정에서 수백 명의 부상자가 발생했다.

푸틴 대통령은 동상의 철거가 파시즘의 부활 조짐이며, 에스토니아 정부가 암묵적으로 이를 지원하고 있다고 주장했다. 에스토니아는 단지 치욕스러운 소련군 동상을 철거하려 했을 뿐, 나치즘과는 관런이 없다고 반박했다. 하지만 푸틴은 이들을 나치의 추종자로 낙인찍고 에스토니아에 대한 사이버 공격과 금수 조치, 외교 단절을 지시했다. 당시 모스크바의 에스토니아 대사관을 둘러싼 러시아 청년들은 반나치즘 구호를 외쳤다.

2014년 러시아의 크리미아 합병 과정에서도 나치즘이 원용되었다. 당시 우크라이나인들은 친러시아계 야누코비치Wiktor Janukowycz 대통령이 모스크바의 압력으로 돌연 EU 가입 협상을 중단하자, 그의 하야를 요구하며 시위에 돌입했다. 반정부 시위를 진압하는 과정에서 야누코비치는 발포를 지시했고 이로 인해 유혈사태가 일어났다. 그는 러시아로 망명해야 했고, 푸틴은 크리미아로 군대를 파견하며 파시즘을 진압하라고 지시한다. 실제로 러시아 군인들은 우크라이나와 러시아의 복잡한 민족 문제, 친유럽 정책과 이에 반대하는 러시아계 민족들의 갈등은 모른 채 그저 나치 추종자들을 처단하기 위해 참전했다고 말한다.

'위대한 애국전쟁'은 러시아 내부에서도 진행 중이다. 러시아 의회는 2014년 나치즘 부활 금지법Law against the Rehabilitation of Nazism을 통과시켰다. 이 법은 뉘른베르크 법원의 재판 결과를 부정하거나 2차 세계대전 당시 소련군의 활동에 대한 잘못된 정보를 유포하는 행위를 막기 위한 법이다. 이 법을 위반할 경우 최대 5년 이하의 징역이나 30만 루블 이하의 벌금형에 처해질 수 있다.

사실 이 법은 나치즘의 부활보다는 위대한 애국전쟁 신화를 비판하거나 공격하는 것을 막기 위해 존재한다. 정부가 제공하는 공식적인 2차 세계대전의 해석 이외에 다른 해석을 제시하거나, 스탈린의 범죄 또는 작전 실패를 거론하는 것도 이 법을 위반하는 행위에 해당된다.

발효 초기에 법의 집행 실적이 없자, 당국은 2015년부터 과도한 단속에 나섰다. SNS에 나치 시절의 군대 사진을 올리는 행위에까지 벌금형을 내렸다. 서점에서는 비록 나치를 비판하는 서적이라도 나치의 상징이 표지에 그려진 책은 모두 거두어 갔다. 특히 2016년 9월 루즈긴Vladimir Luzgin이라는 블로거에 대한 판결은 법의 심각성을 잘 말해준다.

루즈긴은 SNS에 1939년 소련이 독일과 함께 폴란드를 침공했으며, 이것이 2차 세계대전의 도화선이 되었다는 글을 올렸다. 아울러 당시 공산주의와 나치즘은 긴밀한 협력 관계에 있었다고도 주장했다. 당국은 루즈긴을 기소했고 법원은 나치즘 부활 금지법 위반으로 20만 루블(약 370만 원)의 벌금형을 선고했다. 루즈긴은 항소했지만 대법원은 원심을 확정했다. 루즈긴이 뉘른베르크 재판의 내용을 부정했고, 2차 세계대전에 대한 잘못된 정보를 유포했다는 이유였다.

하지만 뉘른베르크 재판 판결문에는 소련군의 행위에 대한 내용이 없다. 당시 소련은 전승국이었기 때문이다. 더구나 그의 글이 잘못된 정보라는 주장 역시 설득력이 없다. 법원은 결국 히틀러와 스탈린 간 불가침 밀약의 정치적 의미뿐만 아니라 소련이 폴란드를 침공했다는 사실마저 부정하는 것이다. '위대한 애국전쟁'은 이와 같이 철저한 역사 부정과 왜곡의 형태로 현재도 진행 중이며, 러시아인의 눈과 귀, 의식을 통제하고 있다.

II
신의 속삭임

| 04 |

인도: 민주주의를 잡아먹는 힌두신

인류의 스승

"야만인에서 인류의 스승으로." 인도에 대한 서구인의 인식 변화를 한마디로 요약한 것이다. 우리에게는 낯설지도 모르지만, 지성사적인 측면에서 서구인이 가장 존경하고 호감을 갖는 비서구 국가는 바로 인도다.

사실 인도에 대한 서구의 관심은 물질적인 이유로 시작되었다. 15세기 오스만튀르크제국의 팽창으로 종래 인도와 홍해, 이탈리아를 잇던 해상무역로가 차단되었고 향신료, 후추, 향초, 마약의 공급이 끊어졌다. 부의 원천을 상실한 유럽인들은 각고의 노력 끝에 아프리카 남단을 지나 인도로 가는 길을 발견했다. 이후 인도는 포르투갈, 네덜란드, 프랑스, 영국의 각축장이 된다. 인도는 유럽에게 보물섬과도 같은 존재였고, 인도인들은 개화시켜야 할 야만인으로 간주되었다.

하지만 유럽의 선교사들과 동양학 연구자들은 다른 시각을 가졌다. 그들은 인도의 힌두교와 불교를 연구했고, 그 결과가 인도를 바라보는 전체 유럽의 시각을 바꾸어놓았다. 그중에서도 힌두교는 특별한 관심을 받았다. 인도는 1,000년 넘게 이슬람왕조의 지배를 받아왔지만 인도인들의 절대 다수는 힌두교 신자였다. 당시 계몽 사상을 억누르려 했던 유럽의 교황청과 비교되는 결과였다. 끈질긴 생명력을 가진 힌두교는 유럽인들의 관심을 한몸에 받게 되었다.

이뿐만 아니라 과학과 수학 등 인도의 학문 수준이 알려지면서 인도인은 야만인이 아닌 문명인으로 인식되기 시작했는데, 그중에서도 유럽인들의 인식을 가장 획기적으로 바꾼 것은 산스크리트어Sanskrit의 발견이었다. 기원전 1000년 무렵 인도인들이 기록한 힌두교 성전《베다Vedas》는 유럽을 흥분하게 했다. 그 내용도 놀라웠지만 무엇보다도 이를 기록한 언어가 역사적 공간에 대한 유럽인들의 상상을 뒤바꾸어놓았다.

데바나가리Devanagari 문자로 기록된 산스크리트어 경전.

지리적으로도, 역사적으로도 멀리 떨어져 있던 인도에서 발견된 고대 산스크리트어는 유럽의 언어들과 놀랍도록 유사했다. 산스리트어 문법은 그리스어보다 완벽했고, 어휘는 라틴어보다 풍부했다. 이로 인해 유럽은 인도인을 자신들과 동일한 어족語族이자, 아리안[27]을 공통의 조상으로 하는 먼 친척 사이로 인

27   아리안에 대한 상세한 내용은 161쪽을 참고하기 바란다.

산스크리트어	라틴어	그리스어	영어	힌디어
pitr	pater	pater	father	pita
bhrata	frater	phrater	brother	bhai
pada	ped	podi	pedestrian	paiir
jan	genus	genos	genealogy	janm
namen	nomen	onoma	name	naam
deva	deus	theos	divine	devta
dwee	duo	duo	two	do
tree	tres	tria	three	teen
sapt	septum	hepta	seven	saat
das	decem	deca	ten	dus

산스크리트어와 유럽 언어의 유사성.

식하게 된다.

이러한 인식의 변화 과정에서 인도 마니아Indomania가 태어났고 인도 사랑 Indophilia이 싹텄다. 서구인의 인도 사랑은 그 역사가 300년 가까이 이어지고 있다. 괴테, 쇼펜하우어, 볼테르, 헨리 데이비드 소로, 아인슈타인, 마크 트웨인은 대표적인 인도 마니아들이었다.

그중 가장 열광적이었던 인물은 볼테르다. 그는 세상의 모든 것이 갠지스 강Ganges에서 왔다고 말할 정도로 인도를 사랑했다. 반면 고대 그리스인들은 지혜를 얻기 위해 인도로 여행했는데, 지금(19세기)의 유럽 제국주의자들은 돈에 눈이 멀어 인도에서 서로 싸움질이나 한다고 힐난했다.[28]

우리에게는 생소하겠지만 이처럼 오늘날 서구에서 인도학Indology은 인문,

28   그리스 수학자 피타고라스Pythagoras of Samos는 기원전 6세기경에 이집트, 인도를 여행한 것으로 알려져 있다.

사회과학, 자연과학에 걸쳐 권위 있는 학문 영역으로 인정받는다. 뿌리 깊은 지성사의 전통을 가진 인도는 21세기에 들어 군사, 과학, 경제대국으로 부상했다. 이미 2010년 무렵부터 각종 매체들은 인도가 21세기가 지나기 전에 초강대국이 될 것이라 전망하기도 했다. 인류의 스승이 제자리를 찾아가는 모습은 어쩌면 당연해 보였다.

인도식 환단고기

그러나 오늘날 인도의 집권당 인도인민당Bharatiya Janata Party, BJP의 교육철학은 인도의 고고한 명성과는 너무나도 거리가 멀다. 보수적, 민족적, 힌두교적 성향의 이 집권당은 우리가 기대하는 미래의 인도와는 동떨어진, 복고적이고 신화적이며 비과학적이고 비민주적인 내용을 가르치려 한다. 그 대표적인 예는 다음과 같다.

- 카스트Caste 제도는 인도 사회에 안정을 가져다준 관대한 제도였다.
- 카스트 제도가 없었다면 우리는 이민족의 정복으로 멸망했을 것이다.
- 세계 최초의 비행기는 고대 힌두교 신 라마Rama가 발명했다.
- 고대 인도인들은 유전학과 인공지능을 연구했으며, 핵무기의 원리도 발견했다.
- 고대 인도에서는 고도의 성형 기술이 발달해서 코끼리의 머리를 사람에게 이식할 수 있었다.
- 텔레비전과 자동차 역시 고대 힌두교 신들이 발명한 것이다.

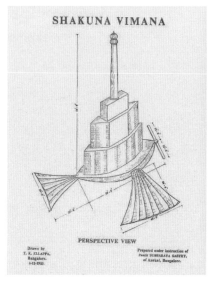

고대 인도 경전에 기록된 비행체 비마나Vimana. 오늘날 힌두교 극우 민족주의자들은 학생들에게 비마나가 실제로 존재했다고 가르친다.

· 바티칸, 웨스트민스터 사원, 타지마할은 한때 힌두교 사원이었다.

믿기지 않겠지만, 이러한 내용은 인민당 지지 단체인 민족의용단Rashtriya Swayamsevak Sangh, RSS이 발행한 역사 교과서에 있는 내용들이다. 일부는 고대 힌두교 경전인 《베다》의 해석에 기초했고, 일부는 모디Narendra Modi 총리가 스스로 언급한 것이다. 교육부 장관은 아예 이러한 교육이 인도의 미래를 위한 것이라고 공언하기도 한다.

지난 2014년, 10년 만에 집권에 성공한 인도인민당은 인도의 학생들을 맹목적인 힌두교 지상주의자로 만들고 있다. 인민당은 교과서에서 시민적, 민주적, 과학적 가치와 세계관을 삭제하고, 힌두교 지상주의와 이에 입각한 세계관인 힌두트바Hindutva를 주입하려 한다. 이러한 시도는 소위 사프란교육

사프란교육을 풍자하는 만화. 모디 총리가 인도를 노랗게 칠하고 있다. ©Rebel Politik Cartoons.

Saffronisation[29]이라고 불린다. 인도 국민들의 종교적 단일성[30]을 정치적으로 이용한다는 뜻이다.

인도는 독립 이후 인도인민당과 국민회의당Indian National Congress, INC이 양대 정당을 형성해왔다. 인민당은 집권할 때마다 교과서를 힌두교의 성스러움을 홍보하는 텍스트로 만들었고, 국민회의당은 다음 차례에 교과서의 미신적이고 비과학적인 요소를 다시 세탁해야 했다. 인도가 인류 지성의 보고로 존경받는다고 해서, 유토피아적인 환상에 면역이 있지는 않았던 것이다. 사실 그 징조는 식민지 시절부터 나타나기 시작했다.

제국의 그림자

인민당이 이처럼 세속적이고 과학적인 역사 교육을 거부하고 인도의 역사를 힌두지상주의적 신화로 기술하게 된 것은 서구 제국주의자들의 인종주의적이고 유럽 중심적인 편견에서 시작되었다고 할 수 있다.

---

29   사프란Saffron은 힌두교 성직자가 입는 겉옷의 색, 즉 짙은 노란색을 의미한다.

30   인도 인구의 80퍼센트는 힌두교 신자다.

우선 힌두트바 역사관은 서구 제국주의자들의 아리안 침략설Aryan Invasion Theory에 자극을 받았다. 19세기 영국 제국주의자들은 인도 북부와 남부의 인종적, 언어적 차이를 발견했다. 북부에는 피부색이 희고 서구형 이목구비를 가진 사람들이, 남부에는 피부색이 검은 사람들이 살았다. 1820년대 인도 마드라스에서 근무했던 영국 공무원 프랜시스 엘리스Francis Whyte Ellis는 인도 남부 사람들을 드라비다인Dravidian으로 이름 지었다.[31] 이후 언어학자들 역시 인도 북부의 힌디어를 인도-유럽어로 보았고 드라비다인의 언어와는 그 기원이 다름을 밝혔다.

제국주의자들은 이러한 연구 결과를 바탕으로 고대 중앙아시아 지역의 아리안 민족이 우수한 무기를 가지고 인도를 정복했고, 토착민들은 남쪽(드라비다)으로 쫓겨났다고 믿었다. 영국은 1857년 인도의 교육 제도를 대대적으로 개편했는데, 이때 역사 교과서에도 아리안 침략설이 수록되었다. 인도 학생들은 북유럽에서 기원한 우월한 인종 아리안이 내려와 고대 인도 토착민에게 문명을 선물했다고 배웠다.

인도 북부와 남부 사람들의 생김새 차이.

31   산스크리트어로 '드라비다'는 인도 남부를 의미한다.

1920년대에 인더스 계곡 문명이 발견되었을 때 영국은 이 도시 문명의 높은 발달 수준에 놀라지 않을 수 없었다. 하지만 이 문명은 알 수 없는 이유로 몰락했고 3,000년 이상 폐허로 방치되었다. 영국은 이 문명 역시 아리안의 정복에 따라 멸망했다고 믿었다. 하지만 최근 위성사진을 이용한 연구 결과 인더스 문명은 아리안의 이주와 관계가 없으며, 기후 변화 또는 인더스강의 건조화에 따라 쇠퇴한 것으로 판명되었다.

영국이 인도를 직접 통치하기 시작했던 1850년 말에 아리안 침략설은 식민 지배를 정당화하는 논리로 활용되었다. 영국은 자신들도 아리안의 후손이며 고대 인도의 영광을 재현하기 위해 왔을 뿐, 인도를 지배하기 위해 온 것이 아니라고 주장했다. 이들은 인도의 상류 카스트 계급을 같은 아리안의 후손으로 치켜세우며, 아리안족의 영광과 아리안 문명의 부활을 위해 식민 지배에 협조하라고 그들을 유혹했다.[32] 이는 당시 유럽에 팽배했던 백인의 문명화 소명의식White men's Burden과도 일치하는 주장이었다.

인도의 힌두민족주의자들은 아리안 침략설을 부정했다. 인도의 역사가 침략자 또는 외부인에 의해 이루어졌다는 말을 거부한 것은 이해가 된다. 하지만 이들은 자신들이 아리안의 후손이라는 것만큼은 인정했다. 인도 지배 계급으로서의 정당성을 인정받을 수 있을 뿐만 아니라 힌두교도 우월한 민족인 아리안의 종교로 격상될 수 있기 때문이었다.

이제 힌두민족주의자들은 인도식《환단고기》를 써나간다. 아리안이 외부

---

32   이러한 주장은 우리에게도 낯설지 않다. 일제강점기에 일본이 식민 지배와 수탈을 정당화하기
위해 일본인과 한국인의 뿌리가 같다는 소위 '일선동조론日鮮同祖論'을 주장했는데, 어쩌면 영국
의 사례를 참고한 것인지도 모른다.

로부터 온 것이 아니라 인도에서 기원해 세계로 뻗어나간 인종이라고 주장했다. '아리안 인도 기원설Out of India Theory'이라 불리는 이 주장은 호모사피엔스가 아프리카 대륙을 탈출해 각지로 퍼졌고, 인도에 정착한 인류는 아리안이라는 우월한 인종으로 진화했다는 가설을 제시한다. 아리안은 고대의 과학 기술과 철학, 종교를 발전시킨 다음 유럽과 중동으로 이주했고 모든 백인의 조상이 된다. 인류의 고향은 아프리카지만, 인류를 인류답게 키운 곳은 인도라는 믿음이 인도의 엘리트들에게로 확산되었다. 서구 제국주의자들의 아리안 침략설이 인도 민족주의자에 의해 아리안 토착설로 변형된 것이다.

힌두트바를 탄생시킨 또 하나의 편견은 인도 역사의 시대 구분이었다. 1817년 영국의 역사학자 제임스 밀James Mill은 인도의 역사를 3개의 시대로 나누었다. 그는 힌두 시대, 이슬람 시대(무굴제국), 영국 진출 시대라는 프레임을 제시했는데, 이는 왕조 또는 지배 세력의 종교적 성향을 기준으로 한 것이었다. 이러한 시대 구분은 지배 집단이 믿는 종교를 기준으로 인도 역사를 해석하면서 인도인의 다원적인 정체성을 지나치게 단순화했다.

그러나 1850년대 후반부터 밀의 역사 구분이 식민 통치의 선전 도구가 된다. 영국 제국주의자들은 1,000년 가까이 이어져온 인도의 이슬람왕조를 침입자 또는 적으로 묘사했다. 인도의 역사는 순수했던 고대 힌두 시대, 중세 암흑의 이슬람 지배 시대, 그리고 영국에 의한 해방과 고대 영광의 부활로 선전되었다. 물론 이는 당시 인도인들의 반영국 정서를 누그러뜨리고, 대신 그 적대감이 이슬람 지배 세력으로 향하게 하려는 심리적 선동이었다.

힌두지상주의자들은 이러한 선전에 매료되었다. 이들은 고결한 아리안과 힌두의 역사가 무슬림에 의해 더럽혀지고 타락했다고 믿었다. 인도의 지성들과 양심 있는 학자들은 이러한 시대 구분을 부정했고, 역대 인도 왕조들이 종교적 성향만큼은 관용적이었다고 주장했다. 하지만 극우 힌두민족주의자들의 적개심은 호전성으로 변해갔고, 그 분출구로서 박해할 대상을 찾기 시작했다. 순수한 게르만의 영혼이 유대인에 의해 더럽혀졌다고 믿었던 나치 시대 독일의 모습이 거의 동시대에 인도에서도 나타난 것이다.

독립 이후 인도는 자유주의 좌파 정당인 국민회의당이 40년 넘게 집권하면서 근대적이고 세속화된 역사관을 국민들에게 제시해왔다. 그러나 인민당과 힌두민족주의자들은 힌두교와 고대 인도에 대한 집착을 포기하지 않았다. 이들은 이슬람교뿐만 아니라 사회주의나 서구식 민주주의 역시 힌두교를 더럽힌다고 생각했다.

10년 만에 집권하게 된 인민당이 대대적인 역사교육 개편에 나선 것도 이 때문이다. 이슬람, 파키스탄과의 화해를 주장했던 간디^{Mahatma Gandhi}나 사회주의에 동조적이었던 인도의 첫 수상 네루^{Jawaharlal Nehru} 같은 현대사의 인물들은 오늘날 인도 역사 교과서에서 삭제되고 있다. 특히 네루 수상은 인도의 다원성을 받아들여 인도를 세계 최대의 민주주의 국가로 성장시키는 데 기여했는데, 일부 힌두민족주의자들은 이를 못마땅하게 생각하고 있으며 인도의 민주주의 성장사를 거론하는 것마저도 금기시한다.

일각에서는 인민당이 인도의 독립 과정에 아무런 기여를 못 했기 때문에 더더욱 고대 힌두교에 집착한다고 보기도 한다. 실제로 독립 투쟁은 주로 국민회의당의 몫이었고 인민당의 전신이었던 민족의용단은 독립 운동과는 거리를 두었다. 오히려 이들에 의해 간디가 살해되었는데, 그 내용마저도 오늘날 일부 교과서에서 삭제되고 있다. 대신 힌두 신들의 영웅담과 전설, 카스트 제도에 대한 찬사, 이슬람에 대한 적대적 내용이 그 자리를 채우고 있다.

왼쪽: 힌두 극우단체 민족의용단에게 피살된 간디.
오른쪽: 인도 초대 헌법에 서명하는 네루 수상.

말에 대한 집착

사실 인민당과 민족의용단의 힌두트바 역사관은 그 첫 단추부터 어긋났다. 이들은 힌두교가 인도 땅에서 아리안에 의해 발생한 종교라고 믿지만, 학자들은 인도 토착의 드라비다 신앙과 유목민적 전통에 기반을 둔 외래 신앙이 결합된 것으로 보고 있다. 지금으로부터 약 4,000년 전 중앙아시아 또는 소아시아로부터 이민족(인도-유럽어족)이 인도에 유입되었고, 이들이 약 3,000년 전 힌두교 경전인《베다》를 썼다.《베다》는 전통적으로 4개의 근본 경전으로 나뉘는데, 그중 하나인《리그베다Rig Veda》에 등장하는 목가적 묘사와 신들의 이름이 이를 증명한다.[33]

하지만 힌두민족주의자들에게 힌두교의 기원이 인도 밖에 있었음을 인정

---

33 예를 들어 고대 인도의 드야우스Dyaus, 그리스의 제우스Zeus, 로마의 유피테르Jupiter, 게르만의 타이바즈Teiwaz는 모두 같은 어근인 디에우스Dyeus에서 나왔으며, 하늘을 관장하는 주신을 의미한다. 또한 비를 관장하는 인도의 신 파르야냐스Parjanyas는 슬라브어의 페룬Perun, 북유럽의 표르긴Fjörgyn과 같은 어근을 갖고 있다. 분명 인도의 고대 다신교는 인도 외부의 영향을 받았다.

하는 것은 너무나도 위험했다. 그것은 곧 힌두교를 이슬람과 마찬가지로 외래 종교로 규정하게 되고, 인도를 더럽혔던 무슬림 침략자에 대한 박해의 정당성을 훼손할 수 있었기 때문이었다. 이는 아리안이 인도 밖에서 기원했다는 주장만큼 위험한 것이었고 힌두민족주의자들이 반드시 극복해야 할 과제였다.

그 가운데 가장 시급한 문제는 인더스 계곡 문명의 주인을 밝혀내는 것이었다. 인류 4대 문명 가운데 하나인 이 문명은 기원전 약 3300년에 인더스강 유역에서 성장해 기원전 2600년부터 1,000년 가까이 절정을 누렸다. 학계는 이 문명의 주인이 인도 토착 종족인 드라비다인이며, 외부로부터 이주해 온 아리안은 이와 관계가 없다고 보았다.

하지만 힌두민족주의자들은 이를 받아들일 수 없었다. 인더스 계곡 문명 또한 인도 고유민족인 아리안의 것이어야 했다. 그래서 그들은 이 문명의 이름을 인더스-**사라스바티** 문명Indus-Sarasvati Civilization으로 바꾸었다. 사라스바티는 힌두교 경전《베다》에 묘사된 강이다. 이 강은 그 어떤 강보다 위대하고 크며, 높은 산에서 내려오는 지고지순한 눈과 빙하를 받아 바다로 흘려보낸다고 기록되어 있다. 힌두민족주의자들은 위대한 사라스바티강이 위대한 문명을 잉태했을 것이라 생각했고, 이 강을 인더스강과 나란히 흐르는 가가르-하크라Ghaggar-Hakra강이라 비정했다. 힌두지상주의자들은 인더스 문명 시대와 베다 시대가 연결되기를 원했다. 힌두교와 아리안, 인더스 문명의 주인공이 모두 같다고 주장하기 위해서였다.

하지만 이들의 비전문가적인 주장은 역사적, 과학적 검증을 넘어서지 못했다. 무엇보다도 이 지역의 지질학적 연구 결과가《베다》의 기록과 달랐다. 가가르-하크라강의 수원은 히말라야의 눈과 얼음이 아니었다. 이 강은 인도

양의 계절풍이 내려주는 빗물이 모여 흐르는 강이고, 유량도《베다》에 기록된 것처럼 연중 내내 풍부하지 않고 우기에만 많아졌다. 가가르강과 하크라강 사이에 있는 1,000킬로미터 정도의 건조 지역 역시《베다》의 기록과는 상반되었다.

인더스 계곡 문명을 아리안의 것으로 만들고자 했던 고고학자들에게 또 1가지 문제는 말馬이었다. 학계의 정설은 인더스 계곡 문명이 청동기 문명이며, 말과 전차는 그 이후 철기 문명을 지닌 사람들에 의해 인도에 전해졌다고 본다. 인더스 계곡 문명이 소멸한 지 약 1,000년 뒤에 기록된《베다》에는 말과 전차에 대한 기록이 다수 있는데, 이는 초원에서 말을 관찰하고 가축화했던 유목 민족의 기억을 기록한 것이 분명했다.

하지만 인더스 문명 유적에는 말에 대한 흔적이 전혀 없다. 인더스 문명의 주인들은 소와 물고기, 사슴뿐만 아니라 신화와 상상 속의 동물들을 점토판에 남겼다. 그러나 유독 말은 그곳에 없었다. 이는 인더스 계곡 문명이 이민족의 이주 이전에 인도의 토착민에 의해 건설된 문명임을 입증하는 결정적 증거처럼 여겨졌다.

힌두지상주의자들은 이에 반박했고 다양한 논리를 내세웠다. 인더스 계곡 문명은 평화로운 도시 문명이었고 주된 이동 경로는 인더스강과 사라스바티강이 제공해주는 뱃길이었기에 굳이 이동 수단을 얻기 위해 말을 가축화할 필요는 없었다고 주장한다. 그러나 이러한 논리는 설득력이 없었다. 힌두 역사가들은 어떻게든 인더스 문명에서 말의 흔적을 찾으려 했다.

2000년, 컴퓨터 학자이자 힌두민족주의자였던 라자람Navaratna S. Rajaram은 인더스 문명 유적에서 발견된 도장 파편에 말의 모습이 있다고 발표했다. 이 발표에 고무된 힌두민족주의자들은 베다 시대의 기원이 기원전 1,000년이 아닌 기원전 3,000년으로 앞당겨졌다고 환호했다. 그러나 이는 학문적 양심마저 팽개친 조작에 불과했다. 라자람은 컴퓨터 그래픽 기술을 이용해 뿔이 하나인 소 그림을 말의 형상으로 조작했고, 물고기마저 말로 둔갑시켰다. 서구 학계는 이러한 유물 날조를 통렬하게 비판했지만 2004년 집권당이던 인민당은 교과서의 인더스-사라스바티 문명 부분에 라자람이 발견한 말 도장 사진을 수록했다.

2014년 인민당의 집권으로, 인더스 문명을 힌두화하고 《베다》와 연결시키려는 관제역사 연구는 심화되고 있다. 인민당의 고위 정치인이자 하리아나Haryana 주지사인 카타르Manohar Lal Khattar는 2017년 3월 인더스 문명을 사라스바티 문명으로 개명하자고 주장했다. 사라스바티강은 더 이상 신화 속의 강이 아니며 그 실체가 확인되었다는 것이다. 양심 있는 학자들은 고고학과 신화를 정치적 도구로 이용하려는 시도라고 혹평하고 있지만, 힌두지상주의자들은 그러한 비판에 신경 쓰지 않는 것 같다.

힌두 역사학자들은 이제 영화에도 손을 뻗치고 있다. 국제적으로 알려진 영화감독 고와리커Ashutosh Gowariker는 2016년 힌두지상주의자들의 자문을 받아 인더스 계곡 문명의 진실을 왜곡하는 영화를 제작했다. 그의 블록버스터 작품 〈모헨조다로Mohenjo Daro〉는 기원전 2016년의 고대 도시 모헨조다로를 배경으로 하는데, 의

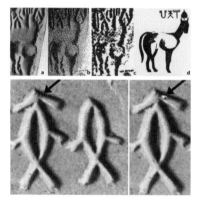

위: 인더스 문명에서 발견된 부서진 유니콘 도장이 라자람에 의해 컴퓨터 그래픽 처리되는 과정. 그림 a 우측의 부서진 부분이 말의 앞다리처럼 변해간다. 그림 d는 말의 형상을 상상한 그림이다.
아래: 말이 된 물고기. 라자람은 물고기 머리 부분의 흠집을 컴퓨터 그래픽으로 확대 처리한 후, 이것이 말머리라고 주장했다.

인더스 문명에는 말이 없었다. 그러나 영화 〈모헨조다로〉에는 의도적으로 말을 등장시켰다.

도적으로 말과 말이 그려진 동전을 영화 속 소품으로 활용했다. 영화는 고대 인더스 문명을 로마제국의 모습처럼 묘사하고 있고, 아리안과 힌두교의 영광을 찬양한다. 또한 인더스 문명의 실제 주인공은 인도 토착민인 드라비다인인데, 영화의 주인공은 서구형 외모를 가진 아리안계 배우가 연기한다. 평론가들은 극우주의와 역사 왜곡으로 점철된 이 영화를 혹평하며 볼리우드 Bollywood마저 힌두트바의 도구가 되었다고 개탄했다.

질식의 시대

하지만 오늘날 600만 민족의용단의 폭주에 비하면 이 정도의 역사 왜곡은 오히려 온건해 보인다. 인민당의 사상적 홍위병紅衛兵에 해당하는 민족의용단은 공개적으로 나치 이념을 추종하며 힌두지상주의 실현을 위해 살인, 폭력, 방화를 서슴지 않는다. 이들이 조장하는 공포로 인해 인도는 관용이 질식된

디스토피아 사회로 향하고 있다.

민족의용단은 현재 세계 최대의 자발적 정치 집단으로, 1925년 무솔리니의 '검은 셔츠단Camicia Nera'을 모방해 설립되었다. 이후 이들은 히틀러와 나치의 인종주의를 받아들였고, 이로써 종교와 인종적 극단주의가 결합된 폭력집단이 되었다. 이들은 간디를 살해했으며, 인도의 헌법과 국기를 부정했다. 힌두교의 순수성과 고대 힌두교의 원리에 맞지 않는다고 여겼기 때문이다.

민족의용단은 지금까지 4번이나 활동정지 처분을 받았지만, 2014년 인민당의 총선 승리를 위해 대대적인 선거 운동을 했고 결국 민족의용단 출신의 모디가 총리 자리에 오르는 데 큰 도움을 주었다. 모디는 청년 시절 민족의용단에서 정치 활동을 시작했고, 2000년대 초반 구자라트Gujarat 주 주지사로 있을 때 민족의용단원의 정치 활동을 허용하고 이들을 양성했다.

2014년 모디 총리의 집권 이후, 민족의용단은 말 그대로 폭주기관차가 되

인도의 힌두 극우단체인 민족의용단. ⓒReuters.

었다. 그 악행의 야만성은 세계 지
성의 원천이자 세계 최대의 민주
주의 국가라는 인도의 명성과는
너무나도 대조적이다. 이들은 소
고기를 먹었거나 죽은 소의 가죽
을 벗겼다는 이유만으로 무슬림
과 불가촉천민인 달리트Dalit 집단
을 몽둥이로 패거나 거꾸로 매달

소를 죽였다는 이유로 민족의용단에게 매질당하는 달리트.

았다. 심지어 살아 있는 아기를 불구덩이에 던지기도 했다. 소에 대한 숭배가
인간의 목숨보다 더 중요한 것이다.

무슬림과 달리트가 아닌 이들도 테러의 대상이 되기는 마찬가지다. 카슈
미르 지역의 무슬림을 변호하는 지식인, 대학생 역시 민족의용단의 테러 대
상이다. 이들과 그 가족들은 민족의용단의 끔찍한 협박으로 인해 절필을 하
거나 거주지를 바꾸기도 한다. 고대 인도 평민들이 소고기를 먹었던 사실을
밝힌 학자마저도 테러의 대상이 되었다. 교회가 불타고 기독교인들이 강제
로 개종하는 사례는 급증하고 있다. 자유, 평등, 언론과 표현의 자유, 여성과
아동 인권 등의 가치 역시 민족의용단의 이념적 제거 대상이다. '힌두적인
것'이 아니기 때문이다.

민족의용단이 말하는 힌두적인 것은 사실 1940년대 민족의용단의 지도
자였던 골왈카M. S. Golwalkar에 의해 만들어졌다. 골왈카의 주장들을 간략하게
요약하면 이러하다. "인도는 성스러운 힌두의 땅이다. 힌두가 아닌 이들에게
는 2가지의 선택이 있다. 스스로 힌두가 되는 것, 아니면 힌두가 시키는 대로
따를 것."

힌두가 시키는 것이란 카스트 제도와 《마누 법전Manusmriti》의 적용을 의미한다. 기원전 2세기 이후에 쓰인 《마누 법전》은 고대 인도의 계급적 질서가 얼마나 가혹했는지를 잘 보여준다. 예를 들면 《마누 법전》은 노예 계급 '수드라Shudra'가 입고 먹는 것, 그들의 이름 짓는 법까지 규정하고 있다. 노예들은 상위 계급 '바르나Varna'가 입다 버린 옷을 입고, 그들이 먹다 남은 음식을 먹어야 했다. 또한 반드시 불결하고 상스러운 이름을 가져야 했다.[34] 노예가 주인을 모독하거나 때리면 그의 혀와 팔다리를 잘라내야 했다. 노예에게는 경전을 보거나 듣는 것도 금지되었다. 만약 이를 어겼을 경우 귀에는 끓인 납을 붓고 혀는 잘라냈다.[35] 노예들은 자신들의 주장을 제기할 수도 없었다. 자신의 주장이 진실이라는 것을 입증하려면 불가능한 조건을 충족해야 했다. 독약을 먹어도 죽지 않고 불 속에 뛰어들어도 화상을 입지 않는 경우에 한해서 노예의 주장은 정당한 것으로 받아들여졌다.

물론 이런 가혹한 제도는 고대에 만들어졌고, 오늘날의 시각으로 이를 평가하는 것은 시대착오적이다. 하지만 문제는 민족의용단이다. 이들은 《마누 법전》의 카스트 제도를 21세기에 구현하려고 한다. 인도 헌법의 평등 사상을 부정하고, 카스트 제도의 불평등과 비인간적인 만행이 정당하다고 생각한다. 이들이 그간 저질렀던 테러의 비인간성은 다름 아닌 《마누 법전》의 내용에서 발원한 것이다.

---

34 실제로 최근까지도 노예 계급과 불가촉천민의 이름 가운데에는 Hagrya(똥), Bhikarya(거지), Janglya(야만인)와 같은 이름이 많았다고 한다.

35 노예 계급은 힌두교의 영역 밖에 있는 존재다. 이들은 힌두교 사원에 들어올 수 없고 힌두교의 경전을 보거나 읽어서도 안 된다.

보다 심각한 것은 정부와 인민당이 이들의 폭력을 묵인하고 있으며, 이로 인해 인도의 민주주의가 메말라가고 있다는 사실이다. 국제 인권단체들은 이미 인도가 유사 독재국가의 길을 걷고 있다고 지적한다. 민족의용단은 인도 국민들이

2016년 델리대학교 학생들은 여성을 조롱하는 《마누 법전》을 불태웠다. 이들은 경찰에 연행되었다. ⓒIndianexpress.com.

무엇을 먹어야 하는지, 어떤 책을 읽고 무슨 영화를 봐야 하는지, 무엇을 어떻게 말해야 하는지를 강요하고 있다. 이를 어기는 이들은 반민족적 범죄자의 낙인이 찍히고 테러의 대상이 된다. 폭력과 위협으로 인해 스스로 자기 검열을 해야 하는 언론은 이미 건전한 비판 기능을 잃었다. 정부는 아예 인터넷을 막아버리기까지 하면서 표현의 자유를 통제하고 있다. 세계적 정보통신 강국인 인도에서 오늘날 벌어지는 일들은 종교와 정치가 만드는 블랙코미디를 연상시킨다.

물론 인도 내부에서도 이를 우려하는 목소리가 있다. 최근 무케르지Pranab Mukherjee 전 인도 대통령은 정치적 소수 의견과 반대 의견을 내지 못하는 언론의 심각성을 걱정했고, 은퇴한 고위 관료 65명은 공동성명을 통해 모디 정부의 권위주의, 불관용 정책, 다수절대주의를 비판하며 헌법적 가치와 질서의 수호를 촉구했다.

하지만 종교 전문가들은 제도적이고 공식적인 조직이 없는 인도 힌두교의 특성과 인민당의 정체성으로 인해 당분간 힌두트바가 인도의 민주주의와 인권, 종교와 민족적인 다원성을 질식시킬 것이라고 전망한다. 힌두교는 기독교, 불교, 이슬람교처럼 권위 있는 교단이나 공식적인 종교 지도자가 없다.

민족의용단은 자발적으로 형성된 집단이고, 그간 자체적인 지도자가 있었다. 그런데 2014년부터는 모디 총리가 지도자로 인식되면서 정교분리 원칙이 무너지고 정치와 종교, 인종주의의 가장 극단적인 면모들이 결합하게 된 것이다.

요컨대 인도는 불관용에 대해 너무나도 관용적인 국가가 되어가고 있다. 사실 인도는 이슬람 창시자 무함마드를 모독했다는 이유로 아랍의 집단적인 반발을 불러일으킨 살만 루슈디Salman Rushdie의 소설《악마의 시The Satanic Verses》를 세계 최초로 수입 금지시킨 국가다. 당시 국민회의당 정부는 이 책이 인도인들의 종교적 적대감과 갈등을 고조시킬 수 있다는 이유를 들었다. 그러나 최근 살만 루슈디는 오히려 관용이 질식되어가는 인도의 현실을 개탄했다고 한다. 힌두지상주의자들은 고대 힌두의 유토피아를 재현하자고 주장하지만, 사실 인도인의 의식과 사고를 철창에 가두는 디스토피아를 앞당기고 있을 뿐이다.

카스트 제도와 DNA

인도의 엄격한 신분 제도인 카스트 제도의 기원에 대해서는 다양한 학설이 있다. 그 가운데 '아리안이 드라비다인을 지배하기 위해 카스트 제도를 만들었다'는 주장을 뒷받침하는 과학자들의 연구 결과가 등장하고 있어 매우 흥미롭다. 고대의 이 제도가 현대 인도인의 피에도 흔적을 남기고 있음을 보여주기 때문이다.

우선 2013년 하버드대학교 유전학자들은 카스트 제도의 연대기를 작성했다. 인도인의 유전자는 아프리카계와 유라시아계라는 2개의 유전자군으로 나뉘며, 이들은 기원전 2200년경부터 섞이기 시작했다. 그런데 기원전 1500년 또는 1000년부터 이러한 혼합의 빈도가 낮아지기 시작했고, 기원년 무렵에는 거의 소멸한 것으로 밝혀졌다. 이를 역사적 사실과 대조하면 매우 놀라운 결과가 나온다. 기원전 2200년 무렵은 인더스 계곡 문명이 쇠퇴해 이 문명의 주인들이 동쪽과 남쪽으로 대규모 이주를 한 시기였던 것이다. 이로 인해 이주민과 원주민의 유전자가 서로 섞이게 된다.

한편 아리안족은 기원전 1500년 이전에 인도로 이주하면서 토착민을 지배했다. 이 무렵 《베다》에 계급 간 결혼을 금지하는 원칙이 기록으로 남겨졌다. 이로 인해 다른 유전자들의 혼합이 어려워졌을 것이다. 기원전 200년 무렵에는 힌두교 법전인 《마누 법전》이 완성되었고, 계급 간 결혼이 법으로 엄격히 규제된다. 기원년 무렵부터 인도에는 유전자의 교환이 거의 일어나지 않았다.

이러한 연구 결과는 카스트 제도가 이민족 지배 세력의 혈통을 순수하게 보호하고 지배 체제를 강화하는 수단이었음을 의미한다. 또 다른 DNA 연구 역시 이를 뒷받침한다. 키비실드Toomas Kivisild 등은 높은 계급일수록 그 유전자가 유럽인에 가깝고, 낮은 계급일수록 여타 남아시아인들에 가깝다는 사실을 밝혔다.

시기	유전자 현상	역사적 사건
BC 2200	아프리카계 DNA와 유라시아계 DNA 간 혼합 시작	인더스 문명 소멸로 인한 동남부 이주 및 통혼
BC 1500~BC 1000	유전자 간 혼합 둔화	아리안의 유입 및 토착민 지배
BC 200~	유전자 교환 거의 소멸	《마누 법전》 및 카스트제도 완성

카스트 제도와 DNA.

특히 지배 세력은 신분 제도를 엄격하게 유지하기 위해 이를 신성한 것으로 만들고자 했다. 고대 경전에는 계급이 신의 몸에서 나온 것이라고 기록되어 있다. 성직자 계급인 브라만Brahmin은 신의 입에서 나와 신의 언어를 말하는 사람들이며, 신의 발에서 나온 노예 수드라는 브라만과 크샤트리아Kshatriya(전사나 군인), 바이샤Vaishya(농민, 상인 등 평민)를 부양해야 할 신성한 의무가 있다. 달리트들은 신의 몸에서 나오지 않았기 때문에 접촉해서는 안 되는 사람들이다. 이들을 보거나 만지는 것 자체만으로도 힌두의 순수함이 오염된다고 생각했다.

카스트 제도가 시작되었을 당시에 각 계급별 인구 비율이 어떻게 되었는지는 알 수 없지만, 2005년 인구조사 결과는 매우 암울했다. 평균 또는 그 이상의 사람 대접을 받는 상위 3계급은 불과 30퍼센트 정도였다. 불가촉천민인 달리트는 20퍼센트였고, 수드라 정도의 대접을 받는 기타 계급이 50퍼센트 정도를 차지했다. DNA 연구 결과 2,000년 전부터 계급 간 통혼이 차단되었음을 감안할 때 이 비율은 2,000년간 큰 변화가 없었을 것으로 추정된다.

이러한 결과에 비추어 보면 인도인민당과 민족의용단이 고대 힌두교와 카스트 제도에 집착하는 데는 상위 계급으로서의 기득권을 놓지 않겠다는 의도가 있다고 여겨진다. 쓰레기 더미에서 의식주를 해결하는 불가촉천민도 자신들이 하는 일에 영적인 만족을 느낄 것이라고 말한 모디 총리나, 달리트 어린이들이 산 채로 불에 태워진 사건을 그저 개에게 돌을 던져 상처를 입힌 것처럼 묘사한 싱Vijay Kumar Singh 연합내각 장관은 이러한 기득권 의식이 얼마나 뿌리 깊은지를 말해주는 사례다.

이들 정치인들의 언사는 600만 민족의용단원을 우월의식에 도취시킬 뿐만 아니라 폭력의 불법성과 비민주성을 하찮은 것으로 여기게 만든다. 법과

정의, 인권보다 힌두의 신이 내려준 신분과 생활방식이 더 중요하다는 시대착오적 인식이 폭력에 의해 강제되고 있다. 이것이 오늘날 인도의 현실이다.

아마 이것은 많은 이들에게 불편한 진실일지도 모른다. 역사의 진보 원리를 확신했던 계몽주의 시대의 역사가들, 공산권의 몰락과 서구 자유주의의 승리를 역사의 완결이라고 선언했던 프랜시스 후쿠야마Francis Fukuyama, 그리고 인도 마니아들 말이다. 인도는 역사가 늘 진보만 하는 것이 아님을 보여주었다. 고대의 민족적, 종교적 환상은 한순간에 이성을 마비시키고 민주주의와 같은 역사적 성취를 하루아침에 무너뜨릴 수도 있는 것이다. 인도 마니아였던 볼테르가 힌두교 디스토피아로 나아가는 오늘날의 인도를 본다면 이렇게 말했을지도 모르겠다.

"세상의 모든 것은 갠지스강으로부터 왔다. 폭력과 증오, 과대망상 역시!"

슈퍼 아리안 베이비

히틀러가 아리안 혈통의 순수성을 높이기 위해 인위적으로 남녀의 성관계와 출산에 개입했던 사실은 익히 알려져 있다. 그는 소위 '생명의 샘Lebensborn'이라 불리는 기관을 만들어 푸른 눈과 금발, 장신의 선남선녀를 모아 성관계를 갖게 함으로써 독일 내에 우성의 아리안 인구를 늘리려 했다.

인종주의적 망상이 남녀와 가족 관계마저 디스토피아로 만들어버린 이 프로젝트는 오늘날 인도인들에게까지 영감을 주고 있다. 인도에는 힌두교 교리에 따라 성관계를 맺고 태교를 하면 밝은 피부색과 높은 지능을 가진 아기를 가질 수 있다는 믿음이 확대되고 있는데, 이러한 출산과 태교를 지원하는 기관은 지난 10년간 10개로 늘어났고 이 기관의 관계자에 의하면 지금까지 450명의 아기가 힌두의 영적인 힘으로 열성유전자를 개량했다고 한다.

이 사이비 의학적인 시술은 고대 경전인 《아유르베다Ayurveda》의 내용을 실행에 옮기는 것이다. 먼저 부모는 성교 3개월 전부터 정화 기간을 가지며 정자와 난자의 불순함을 제거한다. 이후 힌두 전통의학자는 임신에 적합한 성교 시기를 일러준다. 그렇게 임신이 되면 태아의 아버지는 임신부에게서 멀리 떨어져야 하고, 임신부는 힌두 경전을 중심으로 6개월 간의 태교를 해야 한다. 태교는 어머니의 나쁜 유전자가 아이에게 전수되는 것을 막는 행위이며, 이 시기에 임신부는 힌두 경전을 읽고 노래를 불러야 한다. 그래야 태아의 지적, 영적 능력이 성장한다. 이렇게 태어난 아이들은 '최적화된 아이들uttram santati'이라 불리는데, 이들의 부모가 지닌 열성유전자는 힌두 교리를 따르는 태교 덕분에 우성유전자로 대체되었다고 여겨졌다.

종교적 태교 자체를 문제 삼을 수는 없겠지만, 이는 사실 인종적 콤플렉스를 가졌거나 아이에게 보다 나은 미래를 선물하고 싶은 부모의 심리를 교묘하게 이용한 것이다. 이렇게 태어난 신생아들의 지능이 높은지는 알 수 없고, 나중에 얼마나 크게 자랄 것인지도 모른다. 피부색은 확인할 수 있지만, 대개 신생아들은 성인보다 피부색이 밝다. 그저 힌두식 태교가 효과가 있다고 믿어야 하는 것이다.

나중에 아이가 잘못되더라도 이 기관의 잘못은 없다. 만약 아이가 자라 다시 피부색이 검어지거나 지능이 높지 않더라도 기관은 그저 부모 탓만 하면 된다. 산모가 태교를 게을리했거나 불경스러운 생각을 했기 때문에 그렇다고 말하면 그만인 것이다. 사정이 이런데도 이 기관들은 힌두의 성령으로 우수한 아리안 아기들이 많아지고 있다고 주장한다. 2020년까지 1,000명의 아기들이 이런 방식으로 태어날 것이고, 이들이 자라 강력한 인도를 만들 것이라고 말한다.

이들만 탓할 것은 아니다. 인민당 정부의 의료 정책 역시 시간을 거스르고 있다. 모디 총리는 2014년 집권 직후 아유시 부Ministry of AYUSH를 만들었다. 이 부서는《아유르베다》에 있는 인도의 약초, 요가, 명상, 정신요법을 통한 질병치료 등 힌두교 전통의학을 입증하고 발전시키는 일을 한다.

아유시 부의 연구 결과는, 그것이 과학적 사실이든 조작된 내용이

소의 오줌을 마시는 인도인들.

든 인민당의 공식 정책으로 옮겨진다. 오늘날 인민당 정치인들은 초
우량 인종이 되기 위해 소의 오줌을 먹어야 한다고 연설한다. 정부는
소 오줌으로 만든 비누, 화장품, 음료수 제조 산업을 공식적으로 지원
하기도 한다.

　이를 바라보는 과학자들의 시선은 싸늘하다. 이들은 아유시 부와
인민당 정부가 기껏해야 인도 국민들에게 플라시보 효과만 줄 뿐인
데다, 인도를 전 세계적인 조롱거리로 만들었다고 비난한다. 사실 인
도의 의료시설은 질적으로나 양적으로나 너무나도 열악한데, 정부가
기초의료시설을 늘리지는 않고 환자들에게 그저 힌두교를 잘 믿으면
낫는다고 속이고 있는 것이다. 오늘날 모디 정부의 정책이 수많은 화
젯거리를 낳을 수밖에 없는 이유다.

| 05 |

ISIS: 인류 최후의 종교

역사에 남을 테러 집단

이슬람 원리주의 테러 단체인 '이라크와 시리아의 이슬람국가Islamic State in Iraq and Syria(이하 ISIS로 부르기로 한다. 미국은 '이라크와 레반트에서의 이슬람국가'라는 의미의 ISIL을 공식적으로 사용하다가, 현재는 ISIS의 아랍어 표기 첫 글자를 모아 Daesh로 부르고 있다. 대한민국 정부는 공식적으로 ISIL을 사용한다)'는 여러모로 역사적인 존재로 기억될 것 같다. 그들의 잔혹성과 야만성이 불러일으키는 공포의 수준은 5세기 로마제국을 초토화했던 훈족의 아틸라Attila나 13세기 유럽을 떨게 했던 몽골족의 그것에 모자라지 않을 것이다.

오히려 그 이상이라고 해도 과언이 아닌데, ISIS의 국제 테러리스트 연대는 영국, 미국, 프랑스, 벨기에 등에서 민간인을 대상으로 수많은 테러를 자행해왔다. 보이지 않으며 예측할 수도 없는 ISIS의 공포로 전 세계는 얼어붙었다. ISIS는 테러리스트의 개념도 다시 쓰고 있다. 무엇보다도 2014년 6월 이들은 아예 국가 수립을 선포했다. 국가國歌와 국기國旗를 제정하고 여권, 화폐를 발행하는가 하면 조세, 복지 제도도 만들었다.

미군의 공습과 이라크 지상군과의 교전 중에 이러한 국가 기능이 얼마나 제대로 작동했는지는 구체적으로 알 수 없지만, 이슬람 테러리스트가 국가를 수립했다는 것은 매우 이례적이다. 알카에다al Qaeda의 지도자였던 오사마 빈라덴Osama Bin Laden도 이를 주저했다고 한다. 중동의 정치지도자들뿐만 아니라 미국을 자극할 수 있었기 때문이다. 하지만 ISIS의 지도자이자 이슬람 학자인 알바그다디Abu Bakr al Baghdadi는 알라가 정말 그와 함께한다고 믿었던 모양이다. 그는 예언자 무함마드Muhammad와 정통 칼리프Caliph(이슬람 교단의 지배자) 시대의 순수한 정교일치 국가를 재현했다고 주장했다.

ISIS가 새롭게 개척한 영역은 이뿐이 아니다. ISIS는 현대적 선전의 강자였다. 인터넷을 이용한 선전은 유럽과 미국, 동남아시아의 청년들을 감화했고, 4만 명에 달하는 청년들이 시리아와 이라크로 가서 ISIS에 합류했다.

물론 제3국 국민이 자발적으로 외국의 전쟁에 참여한 사례는 이전에도 있

9.11 테러의 배후로 알려진 빈라덴은 1980년대 미국과 한편이었다.

었다. 19세기 초 그리스 독립전쟁에 참여했던 영국 시인 바이런George Gordon Byron, 공산 혁명의 대의를 이루려 한 사회주의 혁명가들, 파시스트에 저항한 레지스탕스가 그 예다. 1979년 소련이 아프가니스탄을 침공하고 공산주의 정부를 수립했을 때 이에 저항하기 위해 사우디아라비아 청년들이 참전했던 사례도 있다. 이 청년들은 아프가니스탄으로 가서 무장 단체

인 무자헤딘Mujahedin을 결성했고, 그 뜻 그대로 '지하드Jihad(성스러운 전쟁)'를 수행했다. 당시 오사마 빈라덴 역시 이 단체의 군사훈련을 위해 나섰으며, 미국은 재정적으로 이를 지원했다. 빈라덴과 미국이 한편이 되어 소련과 친소 정부의 축출을 위해 무자헤딘을 도왔던 것이다.

하지만 ISIS는 일개 테러 단체일 뿐이고, 그것도 사우디아라비아의 일부 과격 수니파 외에는 같은 무슬림으로부터도 지지를 받지 못하고 있다. 무자헤딘이나 알카에다는 반소련, 반미국과 같은 명분이 있었지만 ISIS는 그렇지도 않다. 그럼에도 불구하고 4만 명의 외국 청년들이 국경을 넘어 ISIS를 위해 싸운 것은 그 누구도 예상하지 못한 현상이었다.

한때 ISIS는 승승장구했다. 2014년 6월 29일 ISIS는 인구 200만의 유전도시, 이라크의 모술Mosul을 점령하면서 정점을 누렸다. 병력과 석유자금원을 확보한 ISIS는 자신감이 충만해졌고, 서구 언론인들의 목을 베는 동영상을 공개하면서 전 세계를 대상으로 한 선전을 강화한다. 세계는 ISIS의 야만성에 공분했다. 미국은 뒤늦게나마 반ISIS 국제연대를 결성하고 군사작전에 나선다.

다행히도 지난 3년간 ISIS 퇴치를 위해 싸워온 국제연대는 승리를 눈앞에 두고 있다. 2017년 6월 29일 이라크 정부군과 쿠르드Kurd군36이 모술 탈환에 성공했다. 한때 이라크와 시리아에 걸쳐 영국과 맞먹는 넓은 지역(약 8만 1,000평방마일)을 점령했던 이 테러리스트들은 2017년 11월 현재 점령 지역의

---

36 쿠르드인은 이라크와 시리아에 거주하는 비무슬림 민족이다. 인구는 3,000만에 가까울 정도로 많지만 국제사회의 무관심과 쿠르드인의 빈약한 정치력으로 인해 독립국가를 이루지 못한 채 자치권만 누리고 있다. ISIS는 쿠르드인이 비무슬림이라는 이유로 학살의 위협을 가했는데, 이를 계기로 쿠르드인은 독립에 대한 열기가 높아졌다. 결국 2017년 11월 쿠르드인은 투표를 통해 독립을 선언했지만 중동 국가뿐만 아니라 미국, 유럽도 이를 부정하고 있다.

95퍼센트를 잃었고, 지도자 알바그다디의 생존 여부도 불투명한 상태다. 연합군이 곧 ISIS 퇴치 완료를 선언할 것이라는 전망도 나오고 있다.

하지만 ISIS의 퇴치는 군사적 의미에서의 퇴치일 뿐, 사상적 의미의 퇴치라고 볼 수는 없다. 미국의 군사 작전으로 알카에다는 거의 소탕되었지만, ISIS와 같은 더욱 더 급진적이고 과격한 테러 집단의 출현을 막지는 못했다. 아마 알바그다디가 사망한다면, 중동과 세계에 퍼져 있는 추종자들은 그를 순례자로 추앙하며 못다 이룬 꿈을 실현하려 할 것이다.

17년째 이어지고 있는 테러와의 전쟁은 분명 새로운 국면으로 접어들고 있다. 전문가들은 ISIS의 퇴치에 안주해서는 안 된다는 데 공감한다. ISIS 출현을 계기로 이슬람 원리주의뿐만 아니라 무슬림 사회의 근원적인 문제에 대해서도 관심이 모아지고 있다. 그만큼 이슬람 과격집단의 악순환을 끊으려는 의지는 그 어느 때보다 강하다.

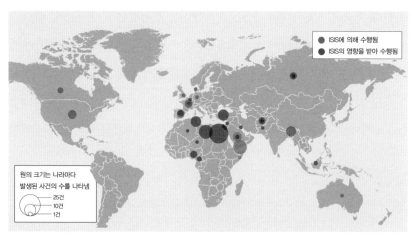

전 세계에 확산된 이슬람 극단주의 테러. 2017년 상반기까지 ISIS와 직간접적으로 관련이 있는 테러로 인해 29개국에서 2,000명 가까운 이들이 생명을 잃었다. Mapbox, Open Street Map의 자료를 변형했다.

이슬람 유토피아

ISIS의 선전은 이슬람 역사에 기반을 두고 있으며, 최근에는 종말론까지 활용하고 있어 상당히 운명론적이고 극적인 느낌을 준다. 굳이 정의를 내리자면 ISIS의 역사관은 순환론과 종말론을 결합한 것인데, 이러한 결합이 제법 흥미진진한 이야깃거리를 낳는다. 다시 말해 ISIS는 이슬람 역사상 가장 순수하고 영광스러웠던 무함마드와 그 후계자들의 시대를 재현한 존재인 동시에, 종말과 최후의 전쟁을 목전에 둔 무슬림들에게는 구원자가 되어줄 것이라는 내용이다.

이런 교묘한 선전은 현시대에 대한 설정에서부터 출발한다. ISIS가 발행하는 잡지 〈다비크Dabiq〉는 오늘날 무슬림들이 초기 이슬람 시대인 7세기 초반과 유사한 상황에 살고 있다고 선언했다. ISIS는 오늘날 중동의 현실을 예언자 무함마드가 메카의 박해를 피해 메디나Medina로 피신해 있는 시대 (622~630년 무렵)으로 인식하고 있는 것으로 보인다.

이런 대목은 ISIS가 알바그다디를 무함마드 이후의 예언자라 주장한 것에서도 읽을 수 있다. ISIS는 무슬림들에게도 히즈라Hijra[37]를 권유하면서 ISIS에 가담하라고 유혹한다. 즉 현재 ISIS가 지배하는 영역 이외의 모든 땅은 불신자들 또는 오염된 무슬림이 지배하는 땅이니 예언자 알바그다디를 좇아

---

[37] 622년 무함마드가 종교적 박해를 받아 고향인 메카를 떠나 메디나로 도망쳤던 사건을 말한다. 메디나 사람들이 무함마드를 받아들인 것은 종교적인 이유 때문이라기보다는 다민족으로 구성된 메디나의 정치적 선택이었다고 여겨진다. 하지만 메디나에서 무함마드와 그의 추종자들은 정치적, 경제적 난관에 봉착했고, 수단과 방법을 가리지 않고 이를 극복해 이슬람의 기초를 닦았다. 이러한 이유로 후일 622년의 히즈라가 이슬람의 원년으로 선포되었다.

순수한 알라의 영역으로 귀순하라는 것이다.

이러한 시대 설정에 따라 ISIS는 종교적 정화의 사명을 수행하고 있다고 주장한다. ISIS는 이슬람을 믿지 않는 쿠르드, 야디지Yadiziz(이슬람 북부의 소수민족), 기독교인뿐만 아니라 시아파와 현대화된 수니파처럼 자신들과 입장을 달리하는 무슬림들도 불신자 목록에 올려놓는다. 어떤 사람이 무슬림으로서 자격이 있는지 여부를 판단하는 것은 이슬람의 대표적인 논쟁거리 가운데 하나였고, 종파에 따라 견해가 다르다.[38] 하지만 ISIS는 스스로를 가장 순수한 정통 무슬림이라 주장하며, 이슬람의 교리와 역사를 해석하고 현실 문제에 대한 정치적 판단을 할 수 있는 유일한 권위자임을 자처한다. 실제로 ISIS는 이슬람 초기 시대에 사용되었으나 후대에 사장된 용어[39]를 사용하곤 하는데, 이는 자신들의 교리적 순수성과 우월성을 포장하려는 의도이다.

위선 가득한 종교적 우월의식은 극단적이고 야만스러운 폭력을 대수롭지 않게 만들어주는 마취제와도 같다. ISIS는 《코란》의 내용 가운데 불신자를 처단하는 일부 과격한 구절만을 가지고 마치 그것이 《코란》의 전부인 것처럼 강조하면서 폭력을 정당화한다.

최근 ISIS에 납치되었다가 탈출한 한 야디지 여성은 ISIS 지도자 알바그다디의 폭력과 만행을 생생하게 증언했다. 노예시장에 매물로 나온 그녀를 누

---

38 이를테면 우마이야왕조Umayyad Dynasty 시대의 다수설은 '인간은 인간이 지은 죄를 판단할 수 없으며, 그 판단은 신만이 할 수 있다'는 견해였다. 누가 무슬림이고 누가 무슬림이 아닌지도 신의 판단 영역이었고, 따라서 무슬림들은 자신과 다른 무슬림 역시 포용해야 했다.

39 이를테면 ISIS는 시아파라는 표현 대신 반역자rafidis라는 단어를 쓴다. 초기에 시아파는 다수의 무슬림에 의해 반역자라고 불렸는데, 이들이 무함마드와 혈연관계가 없다는 이유로 그를 제외한 3명의 칼리프를 반대했기 때문이다.

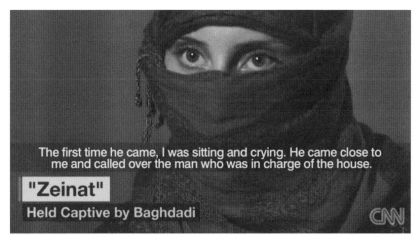

The first time he came, I was sitting and crying. He came close to me and called over the man who was in charge of the house.

"Zeinat"

Held Captive by Baghdadi

CNN

알바그다디와 성노예. ISIS는 2014년 야디지인을 학살하고 부녀자를 성노예로 착취했다. 이들이 이슬람을 믿지 않는다는 이유에서였다.

군가가 ISIS의 옛 수도인 락까Raqqah로 데려갔는데, 그곳에서 그녀는 이슬람으로 개종하지 않으면 목이 잘릴 것이라고 협박받았으며 어느 남성에 의해 구타와 강간을 당했다고 한다. 그녀는 미군의 공습을 틈타 필사적으로 탈출했고 자유의 몸이 되었다. 그리고 훗날 언론에서 ISIS 지도자의 모습을 보고 경악했다. 그녀를 강간하고 구타한 사람이 바로 알바그다디였던 것이다.

ISIS는 사람들이 《코란》의 뜻을 이해하고 이를 지키며 살 때 모든 갈등이 사라지고 유토피아가 올 것이라고 주장한다. 뒤집어 말하면 현재 무슬림 사회가 불행한 것은 《코란》의 뜻을 저버렸기 때문이라는 것이다.

이러한 개념은 아랍이 서구의 식민지로 전락했던 20세기 초반, 그리고 특히 1980년대 이후 부각되었다. 무슬림 국가들은 2차 세계대전 이후 자본주의, 사회주의, 민주주의를 경험해보았지만 서구와의 격차를 좁히는 데는 실패했다. 이러한 좌절감 속에서 결국 이슬람으로 돌아가는 것만이 대안이라

민주주의, 사회주의도 아닌 이슬람과 샤리아를 외치는 벨기에의 무슬림 청년들.

는 목소리가 분출되었다. ISIS는 이를 가장 극단적인 방법으로 자극하고 있는 집단인데, 역사적 사실을 근거로 자신들의 존재를 정당화하고 1,400년 전 승리의 역사를 재현할 것이라는 환상을 심어준다.

이러한 이유로 ISIS는 자신들의 패배나 약점을 인정하지 않았다. 연합군의 공습으로 타격을 입을 때에도 ISIS는 이를 인정하기는커녕 오히려 자신들의 영역이 계속 확장되고 있다고 선전했다. 무함마드와 그 후계자들이 믿을 수 없을 정도의 성공을 거두었던 것처럼, ISIS도 알라의 뜻에 따라 기적적인 승리를 거둘 것이라는 믿음을 주기 위해서다.

그렇다고 ISIS가 7세기의 시대 상황에만 집착하는 것은 아니었다. ISIS는 자신들에게 유리하다고 판단되면 어떤 시대적 맥락이든 이용했다. 사실 ISIS가 진정 원하는 것은 7세기 이슬람의 순수성 복원이 아니다. 오히려 자신들에게 유리한 사회적·심리적 환경을 조성하기를 원한다. 이들은 공포와 혼란, 불만과 적개심으로 끓어오르는 물에 이성과 지성이 세척되어 모든 사람들이 ISIS의 추종자로 표백되기를 바라는 것이다.

문명과 종교는 이런 표백의 단골 수단이다. ISIS는 미국과 서방의 연합군을 십자군^{crusade}이라고 부르며, 이들과의 전쟁을 기독교와의 전쟁이라고 규정한다. 1,000년 전 기독교인의 침략을 받았던 기억을 불러오려는 의도인데, 중세의 무슬림들이 십자군이라는 표현을 의도적으로 쓰지 않았던 사실과 대조된다.[40]

또한 ISIS는 이슬람식 종말론을 부풀려 세상의 종말이 임박했다고 주장한다. 《코란》과 무함마드의 언행록인 《하디스^{Hadith}》에 따르면 최후의 심판에 앞서 악의 존재인 다잘^{Dajjal}이 시리아 인근에서 태어난다. 이후 다잘은 7만 명의 유대인과 기독교인을 규합해, 무슬림을 이끌 메시아 마흐디^{Mahdi}와 최후의 전쟁을 벌인다.[41] 다잘은 외눈박이라고 기록되어 있는데, ISIS는 그가 이미 태어났다고 주장한다. 한때 인터넷에는 외눈박이 기형아들의 사진이 ISIS에 의해 배포된 바 있다.

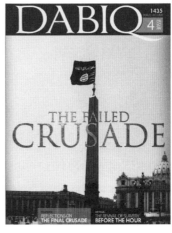

ISIS가 발간하는 잡지 〈다비크〉. ISIS는 서방의 반 ISIS 연대를 '십자군'이라 부른다.

시리아의 작은 마을 다비크는 ISIS가

---

40 기독교를 '없어져야 할 종교'라고 멸시했던 중세 무슬림들은 기독교도라는 표현 대신 불신자, 십자군 대신 고트족이나 프랑크족 같은 인종적 명칭을 사용했다. ISIS는 이런 전통보다는 십자군 대 이슬람이라는 선과 악의 이분법적 구도를 선호하는데, 이는 무슬림의 역사적 피해의식과 서구에 대한 적대감을 부추기기 위한 심리전의 전형일 뿐이다.

41 이 무렵 예수는 다시 재림해 마흐디를 돕는다. 무슬림은 예수를 존경받는 예언자로 생각한다.

인류 최후의 전쟁터로 설정한 곳이다. 다비크를 점령했던 ISIS는 미군이 이 도시를 공격하기만을 기다리고 있었다. 악의 세력인 다잘과 미국을 동일시하는 ISIS의 의도는 명백하다. 아랍 무슬림들의 반미의식을 고취하려는 것이다.

로마와 콘스탄티노플이 몰락할 것이라는 무함마드의 예언은 ISIS의 입맛에 맞게 왜곡되었다. 콘스탄티노플(동로마제국)이 7세기 반이슬람 세력의 주축이었다면, 21세기에 그 역할은 미국이 맡고 있다고 본 것이다. 콘스탄티노플이 멸망할 것이라던 7세기 무함마드의 예언은 21세기 미국의 멸망으로 변질된다.

자유로부터의 도피

이처럼 ISIS는 기존의 이슬람 테러 집단에서는 찾아볼 수 없는, 황당할 정도의 역사적 상상력을 발휘해왔다. 처음에 이들의 '돈키호테'스러운 면모를 발견한 미국과 서방은 ISIS가 자생력을 상실하고 소멸할 것이라고 생각했다. 하지만 ISIS가 테러리스트를 지속적으로 모집할 수 있었던 요인 가운데 하나가 바로 이 웅장하면서도 극적인 스토리텔링이라는 사실이 밝혀지고 있다.

실제로 ISIS에 가담했던 이라크와 시리아 청년들을 분석한 결과, 대부분 초등학교 졸업 수준의 저학력자였고 이슬람과 《코란》에 대한 이해도 매우 낮았다. 2016년 ISIS의 가입지원서가 유출되면서 이를 미국의 대테러센터 Combating Terrorism Center가 입수해 분석했다. 2013~2014년 77개국 4,000여 명이 인적사항, 이슬람 이해 수준, 지원 동기, 자살테러 의사 등을 제출한 문건이었다. 이들은 종교적 열망보다는 반서구주의, 아랍민족주의, 사회적 불만에

이라크 반정부 시위에 등장한 ISIS 깃발. ⓒAljazeera.

경도되어 ISIS에 가담한 경우가 많았다. 특히 장기화된 전쟁과 내전으로 인
해 사회적 붕괴를 경험한 이라크와 시리아의 수니파 청년들은 시아파 정부
가 자신들을 보호해주리라는 기대를 접었다. 이들 중 일부는 ISIS의 폭력성
으로부터 영감을 얻으며, 이 집단이 자신들의 대변자 역할을 해줄 것이라는
믿음을 가지고 지하드에 가담한다.

　수니파 청년들의 피해의식과 폭력 욕구를 조장하는 이러한 선전은 2000년
초반 이라크 알카에다al Qaeda in Iraq, AQI를 이끌었던 알자르카위al Zarkawi의 전형
적인 수법이며, 알바그다디도 이를 답습했다. 그는 사담 후세인Saddam Houssein
정권 시절의 수니파 군인들과 시리아의 반정부 인사들을 포섭했다. 교도소
는 ISIS에게 매력적인 공격 대상이었는데, ISIS의 병력자원이 될 수니파 죄수

들이 그곳에 있었기 때문이다.[42]

반면 서구 출신의 ISIS 대원들은 그 참여 동기가 단순하지 않다. 물론 이들 가운데 수니파 청년들처럼 사회적 불만을 가진 이도 있지만, 대부분 이민자의 후손들이나 사회에 적응하지 못한 청년들이 ISIS에 가담한 것으로 확인되었다. 이들은 비서구 지역의 지원자에 비해 교육수준이 높았으나 직업이 자신들의 기대에 미치지 못하는 경우가 많았다. 하지만 평균 수준의 서구식 교육을 받은 이들이 갑작스럽게 이슬람으로 개종을 하고 야만적인 테러를 일삼는 집단에 가담하는 현상을 겉으로 드러난 사회적, 경제적 불만만으로 설명하기에는 충분치 못했다.

이러한 이유로 학자들은 이 청년들의 심리 상태를 분석했는데, 그 결과는 종종 '자유로부터의 도피' 현상으로 요약된다. 나치의 박해를 피해 미국으로 망명한 정신분석학자 에리히 프롬Erich Fromm은 자유의 짐을 감당하지 못하고 복종에 의지한 채 심리적 안정을 얻는 인간의 본성을 지적한 바 있다.

과거에 비해 사람들은 매우 자유로워졌지만, 동시에 고독한 존재가 되었다. 자기의 운명을 스스로 개척해야 하는 적극적 자유[43]는 미래에 대한 불안을 안겨주었다. 인간은 자유를 쟁취하기 위해 투쟁해왔으나, 정작 자유라는 열매는 달면서도 쓸쓸한 것이었다. 이러한 자유의 양면성을 인식한 프롬은 1941년 명저《자유로부터의 도피Escape from Freedom》에서 1차 세계대전 이후 독일인이

---

42   실제로 이라크 전쟁 당시, 알바그다디도 2번이나 교도소에 수감된 적이 있다. 그는 그곳에서 수니파 급진주의자들과 함께 복역했는데, 오늘날 ISIS의 대변인을 포함해 주요 지도층들 중에는 당시의 교도소 동기들이 다수 있다.

43   이에 반대되는 개념인 소극적 자유 가운데 대표적인 것으로는 인신구속으로부터의 자유, 거주 이전의 자유 등이 있다.

자유를 버리고 나치즘에 의지했던 기이한 현상을 같은 이유로 설명했다.

오늘날 심리학자들은 ISIS에 가담한 서구의 청년들이 이와 유사한 상황에 처해 있다고 분석한다. 현대의 서구 국가들은 역사상 가장 광범위한 자유를 제공하는 반면, 국민들에게 요구하는 것이 거의 없다. 세계대전 시대의 민족주의나 냉전 시대의 이념적 충성은 물론 국민으로서의 도덕적 가치나 특정한 생활방식도 요구하지 않는다. 법이 허용하는 한, 현대의 서구인들은 자유롭게 스스로의 정체성과 삶의 방식을 결정할 수 있다. 종교와 교회의 권위가 약화된 세속화 현상이 오늘날 국가와 국민 간의 관계에서도 나타나고 있는 것이다.

하지만 이러한 전대미문의 자유를 두려워하는 청년들도 있다. 다원화되어 가는 세상에서 옳고 그름에 대한 기준은 희미해졌다. 공동체의 연대의식은 느슨해지고 사회는 파편화되는데, 이에 적응하지 못하는 이들은 고독과 불안을 느끼게 된다. 특히 자신의 미래를 결정할 의지가 약한 청년들은 강력한 사회체제가 자신들을 이끌어주기를 갈망한다.

ISIS는 자유가 있어도 이를 누릴 수단이나 능력이 없는 서구 청년들에게 도피처를 제공한다. ISIS의 선전은 이해가 어렵지 않고 직관적으로 명쾌하다. 무엇을 추구하며, 이를 위해 무엇을 해야 하는지도 뚜렷하다. 명확한 목표는 청년들의 인지적 종결 욕구cognitive closure**44**를 해소해준다. 불투명한 미래와 자신의 운명을 걱정하던 청년들은 ISIS에 가담함으로써 자신의 의지로 인생을 만들어야 한다는 부담을 내려놓는다. 더구나 ISIS는 모두 뜻을 같이하는 운명공동체로서 지금껏 느껴보지 못한 소속감과 동지 의식도 제공한다.

---

44 불확실한 것들 사이에서 확실한 결과나 결말을 찾고자 하는 욕구.

공명심 역시 청년들을 유혹한다. ISIS는 청년들에게 신의 전사, 성스러운 전쟁, 악에 맞서는 저항군과 같은 극적이면서도 모험심을 자극하는 임무를 제시한다. 만약 전투에서 사망해도 숭고한 보상이 제공된다. 그는 순교자로서 알라의 곁으로 가 영원히 추앙받을 것이다. 평소 스스로를 비관했던 청년들은 이러한 유혹에서 자신의 존재가치와 삶의 의미를 새롭게 발견하게 되고 허황된 사명감에 충만해진다.

역설적이게도 ISIS는 현대 서구 사회의 문제를 경고한 셈이다. 그간 서구는 자신들이 민주주의의 온실이며, 관용으로 이방인을 끌어안았다고 자부해왔다. 하지만 집을 뛰쳐나가 범죄 집단에서 심리적 안정을 찾는 서구의 아이들을 이제 극소수의 예외적 일탈로만 볼 수는 없을 것 같다. ISIS에 가담한 청년들을 모두 문제아로 취급하기보다는 이들이 왜 자신의 조국에서 꿈을 갖지 못하는지 성찰해야 할 것이다. 또 다른 ISIS 병사의 탄생과 나치즘의 부활을 막기 위해서이기도 하다.

은폐된 칼리파, 사우디아라비아

ISIS의 디스토피아적 주장 가운데 역설적인 것 하나는 '우리는 가장 순수한 무슬림으로서, 우리의 가혹한 행위 역시 《코란》과 《하디스》의 내용을 변형 없이 실행에 옮긴 것일 뿐이므로 아무런 죄가 없다'는 것이다. 옳고 그름을 떠나서 이러한 주장은 《코란》을 읽고 이해하는 무슬림 사회의 규칙과 관련이 있으며, 무슬림 청년들을 유혹할 때 유용한 도구가 된다.

무슬림에게 《코란》은 오류가 있을 수 없는 경전으로 이해된다. 《코란》의 언어는 신의 언어이며 1,500년이 지난 지금도 통용된다. 《코란》의 뜻이 잘못 해석되거나 변형될 여지는 없다. 《코란》의 내용은 문자 그대로 받아들여져 야 하며, 이를 변경하는 것은 신의 뜻을 왜곡하는 심각한 문제다.

이와 같은 엄격한 해석은 《코란》의 역사성 문제를 낳는다. 서구 학자들은 《코란》이 7세기 아라비아반도의 역사적 상황을 반영했다고 보지만, 무슬림 학자들은 이런 의견을 달갑게 여기지 않는다. 《코란》의 신성함이 7세기의 상황에만 타당한 교과서 정도로 위축될 수 있기 때문이다. 대신 이들은 《코란》이 시공을 초월해 타당한 신의 말씀이라 믿는다. 같은 종교적 기원을 갖고 있지만 경전이 역사적 기록이라고 생각하는 유대인과 기독교인의 인식과는 대조적이다. 종교학자들은 신약과 구약의 의미를 이해하기 위해 그것이 기술되었던 시대적 상황을 연구했다.

《코란》에도 7세기부터 학자들의 《주석Tafsir》과 《무함마드 전기Sira》 등 당시의 시대적, 사회적 배경을 이해하기 위한 참고문헌이 있었다. 특히 《주석》에는 주요 인물의 가족 관계나 생소한 제도와 관습의 기원에 대한 설명도 포함되어 있고 때로는 해당 구절의 논리적 해석도 담겨 있다.

하지만 그 어떤 경우에도 원전의 뜻을 비판하거나 원전과 다르게 해석하지는 않는다. 《코란》 구절의 진위성에 대한 의심과 비판, 그리고 시대적 상황을 감안한 축소해석(이를테면 《코란》에 나타난 어떤 행위가 7세기에는 허용되었으나 오늘날에는 바람직하지 않다는 식의 해석)은 결코 허용되지 않는다. 《코란》은 완벽한 신의 진리이기에 인간이 이를 반박하거나 재해석할 수 없기 때문이다.

이로 인해 《코란》은 '맥락이 없는 문서text without context'라고 불린다. 특히 이슬람은 전통과 전례를 중요시하는 종교이기에 무함마드 시대의 것들을 전대시하려는 경향이 있다.[45]《코란》을 기록한 공식적 문서에서 114개 장의 편집과 배열 역시 특별한 기준은 없다. 그저 무함마드 생전에 암송된 순서대로 기술되었을 뿐이다. 이러한 구성 때문에《코란》에 대한 이해가 부족한 일반 독자들은 자비로움과 잔인함이 뒤엉켜 있음에 혼란을 느낄 것이고, 결국 가장 인상적인 일부 구절만 기억하게 될 것이다. 물론 무엇이 기억에 남는지는 독자의 성향에 달려 있다.

아마도 ISIS와 그 추종자들은 타인에게 종교를 강요해서는 안 된다는 구절[46]보다는 단 6번밖에 나오지 않는 불신자에 대한 가혹한 응징을 알라의 핵심적인 메시지로 기억할 것이다. 이는 마치 나치와 미국 백인 인종주의 단체 KKK단Ku Klux Klan이 성경 중《마태복음》의 구절[47]을 자의적으로 해석하면서 유대인과 흑인을 잔혹하게 학살한 것과 다름이 없다.

종교학자들은 ISIS와 같은 극단적 원리주의의 악순환을 끊기 위해《코란》연구와 교육의 현대화가 필요하다고 주장한다. 무슬림 학생들에게《코란》을 글자 그대로 믿으라고 강요하기보다는《코란》이 쓰였을 당시 무슬림 개척자들이 행했던 폭력과 반인륜적 행위를 시대적 상황과 결부해 설명해야 한다

---

45   심지어 무함마드의 후계자는《코란》을 집대성하는 것에 대해서도 부정적이었다. 무함마드 시대에《코란》은 이를 암기하는 신도들에 의해 보전되었을 뿐 기록으로 남겨지지 않았다. 이후 무함마드와《코란》의 암송자들이 사망하면서 기록의 필요성이 커졌지만 1대 칼리프인 아부 바크르는 이를 반대했다. 그런 일이 전례에 없었기 때문이다. 결국《코란》암송자는 급격히 줄어들었고 위기의식을 느낀 2대 칼리프 우마르가 국가적인 사업을 통해《코란》을 복원한다.

46   "종교에는 강제가 없느니라. 무엇이 악이고 무엇이 진실인지는 저절로 밝혀지나니"《코란》2장 256절), "너희에게는 너희의 종교가 있고, 나에게는 나의 종교가 있음이니라."《코란》109장 6절)

47   "내가 세상에 화평을 주러 온 줄로 생각하지 말라. 화평이 아니요, 검을 주러 왔노라."《마태복음》10장 34절)

는 것이다. 그러나 그러한 변화가 순탄하게 이루어질 것 같지는 않다. 무엇보다도 이슬람 종주국으로 자처하는 사우디아라비아 왕가가 가장 큰 걸림돌이다. 보수적 원리주의인 와하비즘Wahhabism48이 왕국의 건국 이념이며, 이를 부정할 경우 보수 기득권의 강력한 반발과 사회 혼란이 예상되기 때문이다.

사우디 왕가는 이로 인해 종교를 독점해왔다. 막대한 오일 머니를 이용해 성직자를 양성하면서《코란》의 엄격한 해석을 국민들에게 강요했다. 원래 이슬람은 만인사제주의egalitarianism에 기초해 성직자를 인정하지 않으며 신과 인간이 직접 소통하는 종교다. 하지만 사우디 왕가는 이를 무시한 채 이슬람과《코란》을 영원히 변치 않는 화석으로 만들고 있다.

사우디아라비아는 오늘날 가장 전근대적이고 경직된 사회체제를 유지하고 있다. 이슬람과《코란》에 대한 교육도 매우 호전적이고 배타적이다. 그간 사우디는 이슬람 테러리스트의 산실이 되어왔는데, 9.11 테러 사건 용의자 19명 중 15명이 사우디 출신이었으며 오사마 빈라덴, 알자르카위, 알바그다디도 마찬가지다. ISIS 전투원 가운데 약 25퍼센트가 사우디 출신인 것으로 추정된다. 일부 언론은 사실 사우디아라비아와 ISIS가 친미인지 반미인지만 차이가 있을 뿐, 사실상 같은 집단이라고 보기도 한다.

참된 신학은 종교의 순수성이 왜곡되거나 훼손되는 것을 막는 동시에, 부패하고 시대를 거스르는 보수적 성직자 계급을 견제하는 기능을 한다. 부패

---

48 와하비즘은 18세기 이슬람 학자 와하브Muhammad ibn Abd al Waahhab의 가르침을 따르는 보수적 이슬람 원리주의다. 와하브는 오스만제국의 쇠퇴기에 무슬림 사회가 타락하고 이슬람의 뜻이 변질되는 모습을 보며 순수 이슬람 정화 운동과《코란》의 엄격한 해석을 주장했다. 그의 사상은 종교적 권위와 정통성을 필요로 했던 알사우드al Saud 가문의 지지를 받았고, 알사우드 가문은 아라비아반도의 부족을 복속하고 사우디아라비아왕국을 건설한다.

한 가톨릭에 저항했던 프로테스탄트들은 신앙을 성직자의 것이 아닌 일반인의 것으로 만들었고 이성의 시대를 앞당겼다.

이에 비해 오늘날 정치와 종교를 모두 지배하고 있는 사우디 왕가는 사실상 위장된 칼리파Caliphate(순수한 정교일치 국가)라고 해도 과언이 아니다. 이슬람 신앙의 근대화나 서구 사상의 유입은 칼리파에게 가장 위협적인 것으로서, 와하비즘은 이를 막는 방어막일 뿐이다. 그 속에서 매우 편협하고 가혹한 알라의 뜻이 무슬림들의 언어와 행동, 의식을 지배한다. 잘려 나간 시아파 지도자의 목[49]과 무자비한 채찍질(태형)은 이슬람의 순수성보다는 공포 체제를 유지하는 수단이다. 사우디 정부는 중동 최대의 감시카메라 수입자이며, 휴대폰 도·감청을 위한 스파이웨어 유포자이기도 하다. 정부는 미풍양속 보호를 이유로 인터넷 접속에 과도한 제한을 두는가 하면 왕족과 정부, 와하비즘에 비판적인 의견을 철저히 모니터링하고 처벌한다.

이슬람 디스토피아가 되어버린 이 왕국은 과연 언제까지 유지될 수 있을까? 북아프리카와 중동을 휩쓸었던 재스민 혁명[50]에도 사우디아라비아는 건재했다. 하지만 뜻밖에도 최근 왕위 계승을 둘러싼 갈등이 변수가 되고 있다. 사우디아라비아는 형제간 왕위 상속이라는 전통을 지켜왔으나, 현재 국왕은 2017년 6월 왕세자인 조카를 폐위시키고 아들 빈살만Mohammad bin Salman을 왕위 계승 1순위로 지정했다.

사촌 형을 폐위시킨 32살의 젊은 빈살만은 왕위 부자상속의 정당성에 도

---

[49]   사우디아라비아는 사형 수단으로 참수형을 채택하고 있다. 주로 시아파 지도자와 반정부 인사, 마약사범을 대상으로 집행된다.

[50]   튀니지에서 독재 정권에 반대하며 일어난 민주화 혁명. 재스민은 튀니지에서 흔한 꽃이다.

전하는 세력에 맞서기 위해 개혁을 무기로 삼고 있다. 그는 반부패 위원회를 조직해 부패 혐의로 11명의 왕자와 4명의 전직 장관을 구속했고 그들이 축적한 부의 국고 환수를 종용하고 있다. 또한 온건 이슬람 국가로의 전환을 추구하면서, 여성의 자동차 운전을 허용하고 종교경찰의 체포권을 박탈하는 등의 정책을 통해 국민적 인기를 높였다. 사우디는 국민의 70퍼센트가 30대 이하인 젊은 국가

사우디아라비아의 개혁에 나선 왕세자 빈살만.
©Wikipedia.

다. 빈살만은 이 점을 십분 활용하면서 자신의 정치적 입지를 다져가고 있다.

하지만 3만 명에 가까운 왕족과 와하비즘 이슬람 근본주의자들은 개혁의 걸림돌이다. 100년 가까이 지속된 사우디의 정교일치 체제는 무척 강력한 기득권 집단을 형성해왔다. 젊은 왕세자의 개혁은 ISIS와 같은 이슬람 근본주의의 미래와도 관련되는 것이기에 그 행보가 흥미롭다. 부디 그의 개혁이 사적인 권력욕에 그치지 않고 진정 사우디의 근대화에 기여하기를 바란다.

인류 최후의 종교

유대교와 기독교, 이슬람은 한 뿌리에서 나온 종교지만, 무슬림은 이슬람교가 그중에서도 특별하다고 생각한다. 무함마드는 아브라함, 모세, 예수보다 늦게 나타난 예언자임에도 신의 뜻을 완벽하게 제시했다고 믿기 때문이다.

따라서 무슬림은 이슬람이 인류의 마지막 종교라고 믿는다. '신은 유대인과 기독교인에게도 사명을 주어 그 뜻을 구현하려 했으나 이를 완수하지 못했으며, 어리석은 인간들에 의해 신성마저 왜곡되었다'고 본다. 무슬림은 예수의 정체성에 대한 인위적인 변론(삼위일체론)을 신성모독이라고 보았다.

이처럼 후발 종교인 이슬람의 탄생에는 기성 종교에 대한 성찰과 비판이 중요한 역할을 했던 것으로 보인다. 아울러 부족 간 분열과 반목으로 점철된 아라비아반도의 혼란을 극복하고 통일된 이슬람 사회를 건설하려는 의도도 엿보인다.

이슬람은 신앙과 행동의 일치를 추구한다는 점에서 기독교보다는 유대교에 가깝다. 무슬림은 삶의 거의 모든 영역에서 알라의 뜻을 받들기 위한 규칙을 받아들였다. 이로 인해 무슬림은 자신들의 종교가 완벽하다고 믿은 반면, 기독교는 생명을 다했으므로 사라져야 할 신앙이라고 보았다. 기독교인은 어리석고 가여운 존재로 여겨졌으며 신의 마지막 메시지인 이슬람으로 개종되어야 할 대상이었다.[51]

이슬람 초창기에 펼쳐진 눈부신 승리의 역사는 이러한 종교적 우월의식을 굳혀갔다. 예언자 무함마드와 4명의 정통 칼리프들은 이슬람 원년인 622년부터 불과 40년 만에 아라비아반도와 사산조 페르시아Sassanian Persia를 정복하고, 정교일치의 이상적인 칼리파 체제를 확립했다. 이후 우마이야왕조는 고대 로마가 지배했던 지중해를 무슬림 세계로 바꾸어놓는다.

이처럼 이슬람은 탄생 130년 만에 아랍과 아프리카, 유럽으로 확대되었고

51　이러한 신념에 따라 예언자 무함마드 이후의 무슬림 지도자들은 주변 국가의 왕들에게 새로운 종교를 받아들이라고 권고하는 편지를 보낸다.

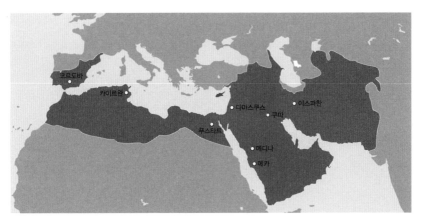

우마이야왕조 시대의 이슬람제국. 750년 무렵 우마이야왕국은 유럽에게 공포 그 자체였다.

다양한 인종과 부족을 이슬람으로 개종시켰다. 유럽이 암흑의 중세 시대를 보냈던 것과는 달리, 이슬람은 제국으로서의 문명권을 세계에 형성했고 메소포타미아, 이집트, 그리스 문명의 지혜를 흡수했다. 이 시대의 주도권은 분명 이슬람에게 있었다.

당시 유럽을 여행한 무슬림들은 유럽을 경멸했다. 야만과 혼돈의 세상에서 없어져야 할 종교인 기독교를 고집스럽게 믿으며 서로 살육을 벌이는 유럽인에게 무슬림은 조금의 존경심도 갖지 않았다. 기독교는 소멸될 것이며, 반면 이슬람은 세계 유일의 종교가 될 것이라는 사실에는 그 어떤 의혹도 가질 수 없어 보였다.

유럽은 십자군 전쟁을 개시했던 11세기까지 너무나도 무기력했고, 이슬람에 대한 공포로 떨고 있었다. 중세의 성직자들은 《코란》을 라틴어로 번역하고 이슬람의 교리를 연구했는데, 이는 기독교인의 이슬람 개종을 막기 위해서였다. 지금의 기준으로 보면 중세의 기독교는 세계 종교라기보다는 특정 민족의 전통 종교와도 같았고, 존립마저도 위태로웠다.

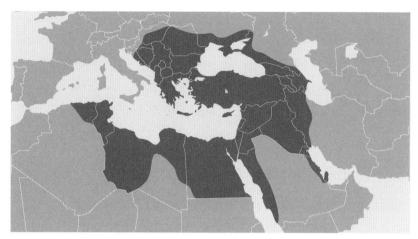
1683년 무렵 전성기를 누린 오스만제국의 영역. ©Wikipedia.

이후 15세기 기독교 세계는 스페인을 회복하기는 했지만 동쪽의 비잔틴제국을 잃었다. 이슬람 세계의 새로운 지도자가 된 오스만제국은 당시 세계 최강대국으로 부상하고 있었다. 그 팽창은 놀라울 정도로 위협적이었고, 기독교 세계의 군주들은 오스만제국을 막기 위해 신성동맹Holy Alliance의 결속을 매 세기마다 확인해야 했다.

하지만 유럽은 새로운 활로를 찾았는데, 역설적으로 오스만제국이 그 원인을 제공한 것이기도 했다. 동쪽과 남쪽의 무슬림에 막힌 기독교 세력이 대서양으로 나가 아프리카와 아메리카, 아시아를 식민지로 만든 것이다. 식민지의 자원과 재화를 거두어들인 유럽은 부강해졌고 과학혁명과 산업혁명을 달성했다. 이제 유럽은 이슬람에 대한 1,000년의 공포를 극복했다. 러시아의 남하정책이나 나폴레옹의 이집트 원정도 그러한 자신감의 표현이었다.

반면 근대화에 실패한 오스만제국은 초강대국은커녕 유럽의 병자 취급을 받았다. 유럽의 힘에 압도된 무슬림 세계는 총체적인 무력감에 빠졌고 정치

지도자들은 세속화되기 시작했다. 이슬람 부흥 운동이 일어나긴 했지만 세속화는 막을 수 없는 흐름이었다. 1922년 공화국으로 다시 태어난 터키가 2년 뒤 정치와 종교의 분리를 선언하며 칼리파 체제를 공식 폐지한 것도 그러한 사례다.

없어져야 마땅했던 종교인 기독교는 명실상부한 세계 종교로 복귀했다. 반면 인류 최후의 종교로서 이슬람을 전 세계에 확산해야 한다는 사명의식은 현실 정치의 벽에 갇혔고, 무슬림들의 마음을 사로잡지 못했다. 20세기를 지나면서 세계의 주도권은 기독교 세계가 틀어쥐었고 무슬림은 이를 무기력하게 지켜보아야 했다.

요컨대 기독교에 대한 이슬람의 우월의식이 무너지기 시작한 것은 18세기 무렵으로, 1,400년 이슬람 역사를 감안하면 비교적 최근의 일이다. 하지만 그 자존심이 쉽게 회복될 것 같지는 않다. 아랍의 정치 구조가 달라졌기 때문이다. 2차 세계대전 이후 수십 개의 독립국가로 분리된 현대의 아랍에는 과거 우마이야, 압바스, 오스만과 같은 거대 이슬람 칼리파를 재현하기 위한 구심점이 없다.

한때 이스라엘의 시오니즘Zionism[52]에 맞서 범아랍주의Pan Arabism[53]가 호응을 얻었고 일부 중동 국가들이 연합을 형성하기도 했지만, 현실 정치 문제로 인해 아랍 국가들이 탈퇴하고 말았다. 1971년 이후 아랍 통합에 대한 열망은 식어갔다. 오히려 이슬람 종파 갈등, 종족 갈등, 석유 분쟁, 서방과의 관계 등

---

52 고대 예루살렘의 중심으로 알려진 '시온'에 유대인의 국가를 건설하자는 운동. 약속된 땅을 의미하는 시온은 팔레스타인을 말한다.

53 모든 아랍 민족들이 통합되어야 한다는 운동.

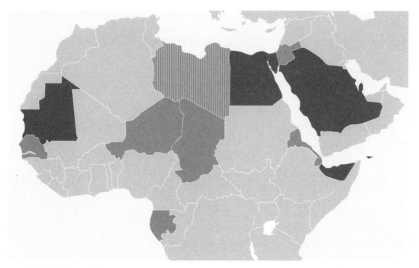

2017년 카타르와의 외교 관계를 끊거나 격하시킨 무슬림 국가들. ⓒWikipedia.

과 같은 현실적 문제를 두고 갈등과 경쟁을 반복해왔다.

최근 카타르를 둘러싼 갈등은 무슬림 세계의 분열 양상을 잘 보여준다. 카타르의 젊은 국왕은 수니 이슬람의 교리에 구속되지 않고 카타르를 현대 적인 국가로 만들어왔다. 그는 영국의 BBC를 벤치마킹해 '알자지라aljazeera'를 설립하는가 하면 이란과 이집트에서 축출된 '무슬림 형제단Muslim Brothers'에게 도 우호적인 입장을 취했다. 중동의 맹주를 자처하는 사우디아라비아는 카 타르의 일탈을 응징하기 위해 2017년 6월 외교 단절과 경제 봉쇄를 선언했 고, 8개 무슬림 국가들도 이에 동참했다. 하지만 카타르가 입은 경제적 타격 은 심각하지 않았다. 오히려 사우디아라비아가 막강한 영향력을 행사해온 걸프국가연합GCC의 단결만 저해되었다.

이러한 양상은 ISIS에게 그럴듯한 명분을 제공했는데, 그들은 복잡하게 얽 힌 문제의 매듭을 이슬람주의Islamism[54]라는 칼로 단번에 끊어버리고, 다시 강력한 통일 무슬림 세계를 건설해야 한다고 주장했다. 이에 따라 ISIS의 1차적 목표는 이라크와 시리아에 이슬람 국가를 건설하는 것이 되었다. 그다음 목표는 아랍 세계를 통일하고 이슬람을 세계 유일의 종교로 올려놓기 위해 기독교 세계와 일대 전쟁을 벌이는 것이다.

물론 현실 정치적인 이유로 ISIS의 꿈이 이루어질 가능성은 없어 보이지만, 무슬림은 종교적 충성도가 높고 대부분 다산多産 사회에서 살고 있어 2050년 무렵에는 인구 면에서 세계 제일의 종교가 될 것이다. 부디 '이슬람이 최후이자 유일의 종교'라는 화석화된 교리와 ISIS의 유혹에서 벗어나 관용과 평화의 종교로서 세계 신앙인들에게 감명을 줄 수 있기를 희망한다.

---

54 이슬람주의는 이슬람의 원리를 정치와 사회 전반에 적용하려는 정치적 이념이며 종교로서의 이슬람과는 구분된다.

무슬림들은《코란》을 읽을 때 신이 직접 속삭이는 것 같은 느낌을 받는다고 한다. 실제로 알라와 인간의 관계를 노래하는, 특히 인간에 대한 애정을 표하는《코란》의 구절은 아름답다. 더불어 알라는 무슬림뿐 아니라 유대인과 기독교인에 대한 애정도 표시한다.

하지만 불신자에 대한 가혹한 응징을 묘사하는 구절도 있는데, 이는 예언자 무함마드 생전의 시대적 상황과 관련되어 있는 것으로 보인다.《코란》은 무함마드가 610년부터 죽기 전까지 32년간 들었던 신의 계시를 기록한 것이다. 공식적으로 집대성된 것도 무함마드가 죽은 지 20년이 지나서였다. 이 시기 예언자와 추종자 들은 소수 집단으로서 생존을 위해 투쟁해야 했다.

> "믿음이 없는 자들의 심중에 공포를 불어넣으리니 그들의 **목과 손가락을 잘라내리라.**"(《코란》8장 12절)
> "믿는 자들(무슬림)이여, 너희가 싸움터에서 불신자들을 만날 때 그들로부터 너희의 등을 돌리지 말라."(《코란》8장 15절)
> "그들을 살해한 것은 너희가 아니라 하나님께서 그들을 멸망케 하였으며…"(《코란》8장 17절)

이 구절들은 624년 무함마드가 기적적인 바드르 전투Battle of Badr를 겪고 난 직후, 메디나에서 받은 계시인 것으로 해석된다. 무함마드는 자신의 고향이자 상업의 중심지인 메카를 탈환하고자 했으나 메카를 지키던 쿠라이시족Quraysh 군대의 규모가 압도적으로 컸다. 하지만 무함마드는 전쟁에서 승리했고, 메카를 떠난 지 8년 만에 무혈입성하게 된다. 알라는 '비록 군인의 수가 적어도 강한 믿음만 있으면 승리할 것'이라고 계시했는데, 이러한 알라의 목소리는 무함마드와 그의 병사들에게 용기를 주었고 살인 행위에 대한 죄책감을 덜어주었다.

특히 '믿음이 없는 자들에게 공포를 불어넣는다'는 표현은 다른 장에서도 나오는데, 이 역시 초기 무슬림들의 위세를 과장하기 위한 심리 전술의 일환인 것으로 보인다. 이후 정통 칼리프 시대의 팽창 과정에서 공포의 확산은 중요한 정복 수단이 되었다. 633년 사산조 페르시아로 출병했던 명장 알왈리드Khalid ibn al-Walid의 울라이스Ullais 전투 기록을 보면 그 잔혹함이 상상을 초월한다.

전투를 앞두고 알왈리드는 알라에게 기도를 올리며, 신의 도움으로 승리한다면 적의 피로 강물을 만들겠다고 서약한다. 이후 그의 군대는 승리했고, 알라와의 약속을 지키기 위해 산 자의 목을 베었다. 사흘 동안 페르시아 병사, 기독교인, 유대인 들의 목을 베어 그 피를 땅에 뿌렸으나 피는 땅에 고여 굳어갈 뿐 강을 이루지 못했다. 그러자 알왈리드는 수문을 열어 피가 고인 땅에 물이 흐르게 했고, 마침내 피가 강물이 됨으로써 알라에게 한 약속을 지켰다고 기록되어 있다.

9세기에 기록된 이 장면이 얼마나 객관적인지는 알 수 없지만, 적에게 공포심을 유발하기 위해 시체를 활용한 사례는 동서고금에 심심치 않게 등장한다. 시체를 십자가나 죽창에 꽂는 행위는 20세기까지도 벌어졌다. 아마 알왈리드는 당시 페르시아에서 이슬람을 거부하는 적대 세력에게 공포심을 유발하기 위해 이런 가혹 행위를 했을 것이다. 9세기 이슬람 학자이자 역사학자로서 이 전투를 기록한 알타바리Al-Tabari는 무슬림의 승리를 신성시하려는 의도에서 이를 과장하거나 미화했을 가능성이 크다.

그러나 정통 칼리프 시대의 무슬림 군대가 공포만 조장하고 다니지는 않았다. 오히려 페르시아 또는 비잔틴제국의 피지배층에게 합리적인 제안을 했다. 이슬람으로 개종하든지, 그것이 싫으면 인두세를 바치고 무슬림의 통치를 받든지 선택하라고 말이다.

이 조건은 당시 유대교 또는 기독교를 믿었던 피지배층에게 여러모로 나쁘지 않았다. 우선 당시 기독교도들은 같은 신을 믿는 이슬람에 큰 거부감이 없었다. 또한 이슬람은 별도의 성직자 계급을 인정하지 않기 때문에 신 앞에서 인종과 계급 구분 없이 평등한 종교였다. 게다가 무슬림으로 개종하면 아라비아반도에서 가장 강력하다고 소문이 난 군대의 보호를 받을 수 있었다. 무슬림이 요구한 인두세 역시 지금껏 바쳐왔던 세금보다는 훨씬 낮았다.

이슬람으로의 개종은 합리적인 선택이었다. 이슬람은 당시 기준에서는 무질서가 아닌 질서를, 불평등과 착취가 아닌 평등과 경제적 정의를 가져다줄 종교였다. 이슬람 초창기의 눈부신 성공은 군사적 심리전뿐만 아니라, 피지배층의 상황을 현명하게 분석한 덕분이다.

이러한 배경을 무시한 채 이슬람의 호전적 성격만을 부각시키거나 이슬람의 확산 과정을 군사적 정복으로 묘사하는 것은 옳지 않다. 최근 유네스코UNESCO도 유럽의 역사 교과서에서 초기 이슬람의 확산을 기술한 부분에 문제를 제기했다. 유럽의 교과서들은 대부분 이 내용을 7~8세기 중동과 북아프리카의 종교, 사회, 경제적 맥락보다는 군사적 팽창 또는 정복 과정을 중심으로 기술한 것으로 나타났다. 유네스코는 이로 인해 학생들에게 이슬람에 대한 부정적이고 적대적인 편견이 주입되고 있음을 우려했다.

반면 중동의 역사 교과서들은 유럽과 기독교를 부정적으로 묘사하려는 성향이 짙었다. 대부분의 교과서들이 중세 후반부 십자군 운동의 야만적이고 약탈적인 측면을 부각시켰고, 특히 일부는 '유럽이 중세에 군사적으로 이룰 수 없었던 것을 나중에 제국주의를 통해 이루어냈다'고 하면서 십자군을 제국주의의 기원으로 기술한다.

이렇게 편향된 역사 교육은 종교와 문명의 공존과 화해를 위협할 뿐이다. 아마 ISIS는 반서구적이며 호전적인 역사 교육을 받았을 것이다. 그들은 와하비즘의 전통대로 이슬람 경전과 기록을 문자 그대로 실행하려 한다. 1,400년 전 알왈리드가 한 것처럼 피의 강물을 만들기 위해 기독교인의 목을 베어 그 피를 강물에 흘려보내고 그 사진을 인터넷에 유포하기도 했다. 이슬람 혐오주의의 원인은 유럽의 편향된 역사 교육뿐만 아니라 ISIS와 같은 극단주의자들의 만행에도 있다. 이들은 관용과 타협의 종교인 이슬람을 스스로 왜곡하는 이단자일 뿐이다.

피의 강을 만들기 위해 강가에서 참수하는 ISIS.
ⓒAljazeera.

III
신화의
연금술

| 06 |

독일:
이성이 잠들기를 기다리는 괴물, 나치

탈진실의 시대

2016년 11월, 옥스퍼드 사전위원회가 선정한 그해의 단어는 '탈진실post-truth'
이었다. 탈진실은 영국의 EU 탈퇴와 미국의 대통령 선거 과정에서 드러난 역
설적 현상을 빗댄 말이다. 대중의 심리적 공포와 감정을 자극하는 '반진실
half-truth'은 진실을 무기력하게 만들었고, 국민들은 예상과 다른 의사결정을
내렸다. 진실과 사실이 제 기능을 하지 못하는 현실, 그리고 이를 의미하는
단어가 현시대를 상징하게 됨은 참으로 유감스럽다.

우연의 일치인지 모르지만 2016년은 히틀러의 옥중 자서전《나의 투쟁
Mein Kampf》이 독일에서 70년 만에 다시 발간된 해다. 2차 세계대전 이래 저작
권 보유자인 독일 바이에른주 정부는 이 책의 발간을 금지해왔다. 그러나 저
자인 히틀러의 사망 70주년과 함께 저작권은 소멸되었고, 이제 누구든지 이

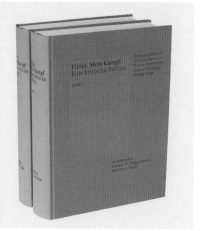

70년 만에 발간된 《나의 투쟁》. ⓒWikipedia.

책을 발간할 수 있게 된 것이다.

《나의 투쟁》이 극단적 인종주의와 호전적 민족주의로 점철되어 있으며, 독일과 유럽을 2차 세계대전의 참극으로 치닫게 만든 위험한 자서전임을 굳이 설명할 필요는 없을 것이다. 하지만 1925년에 쓰였던 《나의 투쟁》이 오늘날 재조명을 받는 이유는 따로 있다. 바로 히틀러가 탈진실의 시대를 예견하고 이를 마법처럼 실행에 옮겼기 때문이다. 그는 거짓이 어떻게 국민들의 심리를 움직이는지 이미 100년 전에 알고 있었고, 이를 《나의 투쟁》에서 이렇게 기술했다.

"거대한 거짓말에는 언제나 이를 믿게 만드는 힘이 있다. 대중이 갖고 있는 감정의 깊은 층들은 쉽게 감염된다. 사람들의 의식은 원초적이고도 단순한 면이 있어서 작은 거짓말보다는 큰 거짓말에 잘 속는다. 왜냐하면 사람들은 사소한 거짓말은 쉽게 하지만, 거대한 거짓말은 용기가 없어 쉽게 하지 못한다.

따라서 거대한 거짓말을 누군가가 지어냈다고 생각하지 않을 것이다. (⋯) 이를 가장 잘 활용한 이들은 유대인들이다. 태곳적부터 유대인들은 거짓과 비방의 유용성을 그 누구보다도 잘 알고 있었다."[55]

자서전 집필 당시 히틀러는 36세에 불과했고, 정치다운 정치를 해보지 못한 상태였다. 하지만 히틀러는 가난했던 청년 시절 비엔나에서 부랑자와 노숙자를 상대로 연설을 즐겨 했고, 규모가 큰 거짓말을 하며 군중의 심리를 이리저리 흔들어본 것으로 추정된다.

히틀러는 거짓말의 정치적 효과를 믿었고, 이러한 신념을 실행해줄 동지를 만난다. 그가 선전부 장관에 임명한 요제프 괴벨스Joseph Goebbels는 역사상 최고의 선동가였다. 괴벨스는 "1번 말한 거짓은 거짓에 불과할 것이나, 수천

왼쪽: 연설의 달인 히틀러.
오른쪽: 히틀러의 선전부 장관 요제프 괴벨스.

55 *Mein Kampf*, tr. James Murphy, Project Gutenberg of Australia. Archived from the original on 24 July 2008, retrieved on 23 August 2008.

번 반복되는 거짓은 결국 진실이 될 것"이라는 유명한 어록을 남겼고, 바이마르 공화국의 민주주의와 지성은 히틀러와 괴벨스의 거짓 선동에 서서히 마취되어갔다.

"진실보다 중요한 것은 승리이며, 승리한 자는 진실을 말했는지 따위를 추궁당하지 않을 것이다"라는 괴벨스의 말처럼, 권력을 손에 쥔 이 최악의 독재자는 힘과 공포, 거짓을 사용해 독일인의 이성을 질식시켰다. 이것은 2차 세계대전 기간 중 히틀러와 나치가 저질렀던 잔혹 범죄보다 더 무섭다. 끊임없는 거짓의 유혹을 이겨내지 못한 인간의 이성은 얼마나 나약한지, 소름이 끼칠 정도다.

거대한 거짓, 아리안 신화

독일인을 유혹했던 히틀러와 나치의 거대한 거짓말은 아리안족의 후계자 게르만의 우월성에 기초해 있다. 그들은 게르만인이 인류 문명의 창조자였던 아리안족의 뛰어난 혈통을 가장 순수하게 간직한 민족으로서 다른 열등한 민족을 지배할 권리가 있다고 주장했는데, 독일인들은 무수한 연설, 방송, 영화, 학교 역사 교재를 통해 이 주장에 세뇌되었다.

나치와 나치주의자들은 독일의 역사를 왜곡하거나 미화하는 데 그치지 않았다. 성경을 다시 쓰고, 다른 민족의 역사와 문화를 아예 지우기 위해 도서관을 파괴했으며 무수한 역사 서적을 훔쳐갔다. 우월한 민족 아리안과 게르만의 영토 확장을 정당화하기 위해서였다.

아리안에 대한 히틀러의 집착은 《나의 투쟁》에 기록된 자신의 역사관에 기반을 두고 있다. 그는 인류의 역사가 계급 간 투쟁이 아닌 인종 간 투쟁의 역사라고 보았다. 인간은 인간성으로 인해 생존한 것이 아니라 투쟁을 통해 생존했으며, 투쟁에서 도태한 민족은 소멸될 수밖에 없다는 것이다. 이는 당시를 풍미했던 진화론, 그리고 공산주의와 유대인에 대한 혐오를 집약하고 있었을 뿐만 아니라 1차 세계대전의 패배의식에 싸여 있던 독일인의 민족주의를 자극했다.

사실 이는 독일인들의 콤플렉스를 역이용한 전략이었다. 원래 독일 학자들은 게르만족의 고향이 흑해와 카스피해 사이에 위치한 캅카스^{Kavkaz}산맥이라고 생각했고, 이를 자랑스럽게 여겼다. 독일 고고학자 빙클러^{Hugo Winckler}의 1905년 저서 《빛은 동방으로부터^{Ex Oriente Lux}》는 고대 바빌로니아, 아시리아 문명과 구약성서 시대의 문명을 연구한 것으로, 게르만의 동방기원설을 뒷받침한다.

그러나 민족주의적 성향의 유사역사^{pseudo history} 연구가와 인종주의자 들은 이를 수치스럽게 여겼다. 바빌로니아, 이집트, 그리스의 찬란한 고대 문명에 비해 게르만족이 살았던 북쪽의 문명은 보잘것없었고, 게르만인들은 야만인으로 홀대받았기 때문이다. 게르만 고대 문명의 우수성을 확인하고자 하는 애국주의적 연구는 19세기 독일의 통일 과정에서 확대되었다. 일부 학자들은 북유럽 어딘가에 이집트와 같은 선진 문명이 존재했을 것이라고 추정하고 이를 탐사하기도 했다. 고대 로마에 대한 거부감도 확대되었는데, 게르만족이 로마인에 의해 문명화되었다는 사실에 대한 반감 때문이었다.

때마침 1871년 통일 독일의 탄생과 적극적인 제국주의 정책은 '게르만의 변방' 콤플렉스를 극복하기에 충분했다. "우리는 아이들을 그리스인이나 로마인으로 키우기 위해 교육하는 것이 아니라, 독일인으로 키우기 위해 하

1871년 프랑스를 꺾고 베르사유 궁전에서 통일을 선언한 독일은 '게르만의 변방' 콤플렉스에서 벗어나려 한다. 안톤 폰 베르네르Anton von Werner의 〈독일제국의 선언〉(1885).

는 것이다. 모든 교육의 기초는 독일적이어야 한다." 1890년 황제 빌헬름 2세 Wilhelm II가 내린 이 교육 지침은 민족주의 역사학자들을 고무시킨다.

1906년 고고학자 마트호이스 무흐Matthäus Much는 '동방에 대한 환상Oriental fata morgana'을 비판하면서 북유럽에서 독자적으로 문명이 발생했을 가능성을 제시했다. 독일의 민족주의적 지식인들은 이를 발전시켜 '아리안은 노르딕 Nordic(북방) 인종'이라는 가설을 만든다. 고대 문명에 대한 열등의식을 극복하기 위해 유사역사학적 추정으로 북방 민족을 미화한 것이다. 그러나 아리안 족이 실제 존재했다거나 독일인이 아리안족의 직계 후손이라는 증거는 없다. 히틀러와 나치는 19세기 인종주의와 유사역사를 자의적으로 해석했을 뿐이다.

아리안족에 관한 논의는 사실 고대 언어 탐구에서 출발했다. 18세기 후반 영국령 인도에서 근무했던 법률가 윌리엄 존스William Jones는 고대 산스크리트어로 기록된 힌두 법률 텍스트를 연구했는데, 그 결과는 놀라웠다. 산스크리트어의 어휘와 문법이 그리스어, 라틴어와 너무나도 유사했던 것이다. 존스는 이들 언어가 공통의 조상 언어로부터 분화되었다고 보았다. 이를 계기로 인도-유럽어라는 개념이 형성되었고, 독일어도 동일 어족에 포함된다.

19세기 중반 아시아 학자 프리드리히 막스 뮐러Friedrich Max Müller의 힌두 경전《베다》번역은 유럽인을 고무시켰다. 그는 고대 인도-유럽어를 사용했던 언어 집단의 존재를 제시했지만, 그가 번역한《리그베다Rig Veda》에는 고대 백인이 인도 문명을 정복했을 것으로 추정되는 구절이 있었기 때문이다.

《리그베다》에는 전쟁에 관한 기술이 다수 있는데, 그중 일부는 백과 흑 또는 빛과 어둠 간의 대립을 묘사한다. 하늘을 관장하는 신 인드라Indra의 이야기는 그 대표적인 사례다. 인드라의 명을 받은 태양은 검은 산에 빛을 내린다. 이윽고 검은 산의 얼음은 녹아내리고 얼음에 갇혀 있던 물이 흘러 강을 이룬다.

오늘날 힌두교 학자들은 이것이 인더스강의 형성을 묘사한 것이라고 본다. 당시 인도인에게 인더스강은 생명과도 같은 존재였다. 강의 수원이 되는 산의 얼음이 녹아 큰 강을 이루게 해준 하늘의 신 인드라를 찬양한 것이다. 그러나 유럽의 인종주의자들은 인드라와 태양을 백인 또는 밝은 피부를 지닌 민족을, 검은 산을 어두운 피부색의 드라비다인으로 간주했다.《리그베다》의 표현대로 백인은 승리했고, 드라비다인들은 인도 남쪽으로 쫓겨 내려갔다고 보았다.

유럽인들은 이 정복 민족이 아리안이라고 단정했다.《베다》에서 '아리안'

인더스 문명에서 발견된 스와스티카 도장. 스와스티카는 꺾인 십자가 모양으로 표현된다. 나치는 고대 힌두교의 상징 스와스티카를 자신들의 상징으로 사용했다.

은 고결한 신분을 의미하며, 당시 지배 세력의 귀족을 지칭한 단어로 해석된다. 인종 개념이 아닌 신분 개념인 것이다. 하지만 프랑스의 인종주의자 고비노Joseph Arthur de Gobineau를 비롯한 유럽의 인종주의자들은 이를 백인 가운데 최고의 인종, 아리안으로 비정했다.

고비노는 인종 간 교배가 혈통의 순수성을 더럽히고, 결국 그 인종을 퇴화시킬 것이라고 보았다. 또한 북부 독일과 스칸디나비아 지역의 사람들은 상대적으로 그러한 교배가 적었기에 아리안의 순수한 혈통을 간직한 민족이라고 추정했다.

히틀러의 세계관에 막대한 영향을 미쳤던 독일 언어학자이자 고고학자인 구스타프 코신나Gustav Kossinna는 우월한 종족 아리안이 고대 게르만족임을 선언한다. 그리고 아리안의 고향이 독일과 북유럽임을 입증하고자 했다. 그는 아리안족이 북유럽에서 기원해 동, 서, 남 3방향으로 이주했고 새롭게 정착한 곳에서 문명을 일으켰다고 주장했다. 고대 세계사를 게르만 중심으로 다시 쓴 것이다.

코신나는 히틀러가 집권하기 2년 전에 죽었다. 코신나는 자신의 문화영역론Kuturkreis에 따라 체코와 폴란드의 일부가 게르만의 공간이었다고 주장했다. 그 지역에서 발견된 유물에 게르만적 요소가 짙다는 게 근거였다. 그런데 그가 주장했던 게르만의 영토들은 고스란히 나치에 의해 침략당했다. 나치의 침략 논리는 코신나의 주장과 일치했다.

그는 1919년 1차 세계대전 이후 영토의 경계를 다시 그렸던 베르사유 회의Versailles Conference에 자신의 저서를 보냈다. 폴란드 서부의 영역이 독일의 영토에 편입되어야 함을 강변하기 위해서였다. 2차 세계대전이 독일의 폴란드 침략에서 시작되었음은 우연이 아니다. 코신나는 히틀러의 침략 지도를 미리 그려준 고고학자였다.

하지만 오늘날 인종이나 민족 개념으로서의 아리안족을 거론하는 학자는 없다. 역사적 실체가 확인되지 않았기 때문이다. 그리고 아마 히틀러 자신도 아리안과 게르만의 관계가 허구일 수도 있음을 알고 있었을 것이다.

히틀러 집권 이후 독일 역사학계와 고고학계에는 소위 '신데렐라 신드롬'이 일어났다. 나치는 정권의 역사관에 동조하지 않는 학자들을 탄압하고, 삼류 역사가 내지는 사이비 역사가를 요직에 등용했다. 학자들은 현실과 타협하기 위해 양심을 접어두거나 망명길[56]에 나서야 했다. 나치 시절 독일의 학계는 지성의 암흑기였고, 독서광으로서 1만 6,000권에 달하는 책을 소장했던 히틀러도 이를 모를 리 없었다.

학문의 자유가 실종된 공간에서 히틀러와 나치는 관변 역사가를 통해 독일인들이 '믿고 싶어 하는 진실truthiness'을 써간다.[57] 위대한 정복 민족 게르만은 실제로 존재하지 않았지만 그들은 독일인이 믿고 싶어 하는 것을 역사적 사실로 조작하고, 민족을 증오와 지배의 대상으로 만들었다. 괴벨스의 말대

---

56   1929년 노벨문학상을 받은 토마스 만Paul Thomas Mann과 정치철학자 한나 아렌트는 나치의 박해로 미국에 망명한 대표적 인물이다.

57   'Truthiness'는 2005년 만들어진 신조어. 미국의 한 언론인은 이라크에 대량살상무기가 있다는 정보를 사실로 믿고 전쟁을 일으켰던 부시 정권을 풍자하기 위해 이 단어를 사용했다. 2006년 이 단어는 메리엄-웹스터Merriam-Webster사에 의해 그해의 신조어로 선정되었다.

로 무수히 반복된 거짓은 진실이 되었다.

게르만의 메시아

그러한 거짓과 허구를 극명하게 보여주는 것은 나치 시대에 제작된 교과서
다. 교과서가 담고 있는 역사 왜곡과 다른 민족에 대한 증오는 상상을 넘어
서는 수준이었다. 오늘날 관점에서 본다면 나치 교과서는 차마 역사서라고
부를 수 없을 정도다. 교과서는 근거 없는 신화와 사이비 역사적 상상, 환상
으로 채워져 있다.

　교과서의 고대사는 빙하기의 혹독한 역경을 이겨낸 우월한 인종 게르만
에 대한 기술로 시작한다. 그리고 신의 선택을 받아 다른 민족을 지배할 능
력을 가지게 된 게르만의 세계 정복사를 나열한다.

　　"고대 게르만인은 북방 지역에서 내려와 경작이 가능한 땅을 발견했다. 그
　　러나 당시 그 지역에 거주하던 인종들은 무능해 토지를 이용할 줄 몰랐다. 게
　　르만인은 농기구를 발명해 농사를 짓고 원주민을 교화했다. 게르만의 황금기
　　는 미개인들에게 문명을 전파했던 기원전 1800년에서 800년까지 약 1,000년
　　간 지속되었다."

　이러한 기술은 역사적 근거도 없을 뿐 아니라, 무능하고 미개한 아프리카
인들에게 문명을 가르쳐야 한다는 '백인의 부담White men's burden'의 또 다른 표
현이다. 어린 학생들에게 자기 민족에 대한 자긍심을 심어주는 것에 그치지

않고, 열등한 민족에 대한 지배가 정당하다는 인종주의적 사명의식까지 주입한 것이다. 교과서는 빙하가 '얼음의 아이들' 아리안 게르만의 순수한 혈통을 지켜주고 우수한 능력을 기르게 해주었다는 설명과 함께, 문명은 더운 곳이 아닌 추운 곳에서 탄생한다고 가르친다. 이는 당시 인종주의적 지리 관념에 기반을 둔다.

사실 히틀러는 게르만의 고대 문화에 대한 미화 작업을 탐탁지 않게 여겼다. 고대 이집트, 로마의 거대한 석조 건물에 비해 게르만의 고대 유물로 발견되는 도자기와 장식품은 너무 보잘것없었기 때문이다. 그러나 나치 돌격대의 총수 하인리히 힘러Heinrich Himmler는 히틀러보다 더 히틀러적인 인물이었고, 아리안-게르만의 신화를 실제로 신봉했던 것 같다. 힘러는 1935년 독일유산학술협회Forschungsgemeinschaft Deutsches Ahnenerbe를 조직하고 고대 게르만 문명의 실체를 확인하려 했다. 고대 아리안족의 원형과 흔적을 찾기 위해 티베트, 중남미, 심지어 대서양의 카나리아제도[58]에 비밀 공작원을 파견하는 신비주의적이고도 동화 같은 작전도 모두 힘러가 지시한 것이다(그는 실제로 예수의 성배를 찾으려 했다. 영화 〈인디아나 존스〉는 이를 소재로 삼았다).

그는 북유럽 마녀들의 주술과 유대인들의 영적인 힘을 연구했고, 폴란드의 고대 유적을 게르만의 것으로 바꾸기 위한 날조도 서슴지 않

신비주의에 빠졌던 나치 돌격대 총수 하인리히 힘러.

---

58   힘러는 아리안족의 고향이 '사라진 대륙 아틀란티스'라고 생각했고, 그 일부라고 믿었던 대서양의 카나리아제도에 분명 아리안 유전자를 가진 인종이 남아 있을 것이라 보았다.

폴란드의 비스쿠핀 유적.

았다. 폴란드의 철기 시대 정착촌 비스쿠핀Biskupin 유적이 하나의 사례다. 폴란드를 점령한 나치는 비스쿠핀 유적을 아리안족이 정복하고 재건한 도시로 날조하려 했다. 이를 위해 힘러의 독일유산학술협회는 1940년 이 유적을 우르제트Ursädt라는 이름으로 바꾸어 발굴에 들어갔으나, 1945년 독일군이 퇴각하면서 이 유적을 아예 없애버리기 위해 수몰시켰다. 그러나 오히려 수몰 당시 유적을 덮친 진흙으로 인해 유적이 보존될 수 있었고, 2차 세계대전 이후 폴란드 고고학자에 의해 재건되었다.

나치 역사 교과서의 또 다른 특징은 이것이 마치 묵시록이나 예언서 같은 느낌을 준다는 점이다. 교과서는 게르만 역사상 등장했던 지도자들을 평가하면서, 게르만을 통합하고 저급한 인종으로부터 보호했던 초인적 지도자가 다시 재림할 것이라는 암시를 준다.

교과서에는 초인적 지도자의 사례로 8세기 통일 프랑크왕국을 건설하고 서로마제국 황제에 오른 카를 대제Karl der Große와 10세기 중세 독일왕조를 출범시킨 하인리히 1세Heinrich der Finkler가 거론된다. 특히 하인리히 1세는 전설적인 지도자로 추앙된다. 그가 게르만 민족과 독일 국가를 하나로 통합했을 뿐만 아니라 마자르인과 슬라브인의 위협으로부터 게르만을 지켜낸 것을 높이 평가했기 때문이다. 히틀러가 주장한 철의 삼각형인 '하나의 국가, 하나의 민족, 하나의 지도자', 그리고 '피와 땅Blut und Boden'[59]을 실현한 최초의 지도자는 바로 하인리히 1세였다. 19세기 독일 통일의 주역인 철혈재상 비스마르크 역시 초인적 지도자로 묘사된다.

반면 불행했던 독일의 역사는 모두 무능력한 지도자의 탓으로 돌렸다. 나치의 교과서가 역사상 가장 무능력한 왕으로 비판하는 대상은 루트비히 1세Ludwig der Fromme인데, 그는 실제로 정치적 수완이 부족해 자식들과 전쟁을 치르다 결국 왕위를 넘긴 왕이었다.

그러나 정작 교과서가 비판하는 것은 루트비히 1세가 유대인에게 베풀었던 호의였다. 실제 루트비히 1세는 유대 상인의 능력과 수완을 높이 평가해 이들을 왕궁에 초청하거나 이들에게 특혜를 주었다. 교과서는 이로써 게르만의 영혼이 타락하고 열등한 민족에게 지배당했다고 해석한다.

이러한 기술들은 학생들에게 초인적 지도자의 출현과 그에 대한 절대적 복종이 게르만의 운명임을 가르치려는 의도였고, 이 '운명론적 지도자' 이론은 1934년 국민투표에서 확인된다. 1934년 대통령 힌덴부르크Paul Ludwig von Hindenburg의 사망으로, 당시 총리였던 히틀러는 자신이 지도자 겸 총리에 임명되는 것을 국민투표에 부쳤다. 대통령과 총리를 1명에게 일임하는 이 제안은 위헌이었다. 하지만 국민투표는 88퍼센트에 가까운 압도적 찬성으로 가결되었다. 나치가 협박과 강박을 포함한 온갖 불법적인 행정력을 동원해 국민투표를 왜곡한 것이다(그럼에도 불구하고 나치는 투표 결과에 실망했다고 한다).

---

59 '피와 땅' 이데올로기는 원래 게르만 농민에 대한 낭만적 감정이었고 근대에는 귀농 운동으로 발전한다. 그러나 나치주의자들은 이를 게르만의 미수복 영토에 대한 정복 의무로 변질시킨다.

이제 히틀러는 지도자가 되었고, 역사는 이를 정당화해야 했다. 나치 시대 교사들은 마치 주기적으로 여호와의 계시를 받은 메시아가 이스라엘 민족을 구원한 것처럼, 히틀러 역시 하늘의 선택을 받은 초인적 지도자로서 1차 세계대전의 패배로 상처받은 게르만의 자존심을 회복하고 과거의 영광을 복원해줄 것이라고 가르쳤다.

교과서는 오스트리아 출신의 히틀러가 1차 세계대전 때 독일 편에 참전한 후 독일 노동자당에 입당했던 1919년을 마치 게르만족에 대한 구원이 시작된 시점처럼 묘사한다. 독일이 패한 1차 세계대전 당시 수상 베트만 홀베크 Bethmann-Hollweg에 대한 기술과는 대조적으로, 히틀러는 화려한 미사여구로 포장되었다. 무능한 지도자로 인해 독일은 스페인, 영국, 프랑스에 비해 식민지 경쟁에서 뒤처졌으나 히틀러는 독일이 당연히 가져야 할 몫을 위해 싸우고 있다고 기술된다.

1930년대, 나치 방식으로 인사하는 독일 소녀들.

이러한 역사를 배우면서 학생들은 부모에게 "하일 히틀러(히틀러 만세)"로 등하교 인사를 했고, "신이 우리들에게 히틀러를 보냈으니 우리는 영원한 반석이 되리라"라는 기도문을 암송했다. 게르만 기독교 운동원들은 "신이 예수가 아닌 히틀러에게 계시를 내렸다"고도 했다.

각종 신화와 역사, 종교의 모티브를 결합한 나치의 지도자원칙^{Führerprinzip}은 독일인들을 세뇌했다. 국민 절대 다수가 지도자의 말에는 오류가 있을 수 없고, 이를 거부하는 것은 민족과 국가에 대한 배신이라고 믿었다.

가려 하지 않는 과거

결국 제3제국^{Drittes Reich}**60**은 전쟁에서 졌고 히틀러는 권총자살로 생을 마감했다. 하지만 그것이 끝이 아니었다. 독일을 점령한 미국과 영국은 탈나치화^{denazification}를 위해 2년간 독일 역사 교육을 금지시키고 역사 교과서를 다시 제작해야 했다. 학생들은 하늘이 내려주었다는 지도자가 사라진 현실, 그리고 선생님과 부모 세대가 제3제국 시절에 대해 이야기하는 것을 금기시하는 모습을 이상하게 생각했다.

일부에서는 독일이 방어를 위해 전쟁을 했을 뿐 죄가 없다는 소문을 퍼뜨렸다. 실제로 많은 독일인들이 이 소문을 믿었다. 독일이 미국, 영국, 소련에 의해 점령되고 영토가 분할되는 현실을 직접 체험했기 때문이다. 패전 직전까지

---

60 신성로마제국(962~1806년), 독일제국(1871~1918년)에 이어 히틀러의 집권 기간(1933~1945년)을 흔히 '제3제국'으로 부른다.

왼쪽: 1945년 독일을 점령한 미군은 나치가 자행한 유대인 학살 현장을 독일인들에게 공개했다. ⓒU.S. Holocaust Memorial Museum.
오른쪽: 전후 미군이 독일인들을 위해 제작한 포스터. "이 악행은 모두 당신들의 과오다"라고 쓰여 있다.

전쟁 상황과 홀로코스트의 실상을 몰랐던 독일 국민들은 현실을 부정했다.

결국 연합군은 독일군이 저지른 반인륜적 범죄를 독일인에게 공개했다. 거리에는 아우슈비츠Auschwitz와 아궁이에서 불탄 시체 사진들이 전시되었다. 시민들은 독일군이 죽인 시체들을 묻기 위해 구덩이를 파는 작업에 동원되기도 했는데, 눈앞에 펼쳐진 현실은 소름 끼치도록 참혹했다. 시민들은 심리적 공황 상태에 빠질 것이 두려워 현실을 부정했다. 시체들이 나치가 아닌 연합군에 의해 학살된 것이라 믿고 싶어 했다.

1949년 수립된 독일연방공화국은 나치의 과거 청산을 위해 세계시민교육을 실시했고, 배타적이고 호전적인 민족주의 교육을 배제했다. 그러나 과거사 청산은 수동적이었다. 1960년대까지 역사 교과서에는 제3제국 부분이 누락되어 있었다. 나치 시절의 교육 당국자와 교사 들은 자신의 부끄러운 과거를 밝히기 꺼렸고, 부모 세대는 자식들의 정서와 가치관에 상처를 줄까 봐 나치의 범죄를 말하지 않으려 했다. 침묵하는 사회적 분위기 속에서, 세대 간 정신적 격차는 나날이 벌어졌다.

'68운동68er-Bewegung'은 이렇게 권위주의에 물든 사회와 불평등에 대한 학생들의 대대적인 반발이었고, 히틀러 시대에 대해 침묵하는 기성세대에 대한 저항이기도 했다. 1968년 학생들은 교육 커리큘럼의 수정을 요구했고, '30살이 넘은 사람을 믿지 말 것'을 서로 다짐했다. 68운동을 계기로 독일 사회에는 과거사 청산을 위한 여론이 조성되었다.

1970년 바르샤바를 방문한 빌리 브란트 총리는 갑작스럽게 유대인 희생 장소를 찾아 무릎을 꿇는다. 그 자리에 사죄 장면이 조형물로 남겨졌다.

1969년 사민당Sozialde-mokratische Partei Deutschlands, SPD 빌리 브란트Willy Brandt 총리의 집권은 속죄의 시대를 열었다. 제3제국 시절 스웨덴으로 망명해 반나치 투쟁을 했던 그는 총리가 되어 1970년 바르샤바의 유대인 희생 장소에서 무릎을 꿇었다. 브란트의 갑작스러운 이 행동은 나치가 과거에 저지른 범죄를 속죄하는 동시에 동유럽과 화해하는 정책의 상징이 되었고, 그는 이듬해 노벨평화상을 수상했다.

그러나 모든 독일 국민이 총리의 사과에 찬성한 것은 아니었다. 오히려 이것이 부적절한 처사였다고 응답한 사람이 더 많았다. 당시 여론조사에서는 반대 의견이 48퍼센트, 찬성 의견이 41퍼센트였다. 야당은 총리를 공격하기 위한 수단으로 그가 바르샤바에서 무릎 꿇은 일은 '굴욕적 처신'이었다고 비판했다. 브란트의 대외 정책과 과거사 청산에 대한 불만은 이듬해 불신임투표로 이어졌고, 브란트는 가까스로 불신임을 면했다.

보수 성향의 기민련Christlich-Demokratische Union Deutschlands을 이끈 콜Helmut Kohl 수상이 집권했던 1980년대에는 나치 시대를 어떻게 기억하고 해석할지에 대한 문제가 독일 지식인들을 갈라놓았다. 콜 수상은 68운동 이후의 좌파적 사고와 독일 국민들의 패배주의를 걷어내고 긍정적 역사 인식을 확산시키기 위해 여러 가지 역사 프로젝트를 기획했다. 그 과정에서 역사학자 에른스트 놀테Ernst Nolte가 1986년 유력 보수 일간지에 "가려 하지 않는 과거Vergangenheit, die nicht vergehen wil"라는 글을 기고했다. 이로 인해 독일 사회는 2차 세계대전 종전 이후 40년간의 침묵을 깨고 나치 시대에 대한 토론을 벌인다.

놀테는 히틀러 이전에 1920년대 스탈린의 계급 학살이 시간적으로 먼저 일어났다는 사실에 주목했다. 즉 히틀러의 유대인 학살(홀로코스트)이 전대미문의 사건이 아니라는 것이다. 또한 놀테는 나치의 홀로코스트가 아시아에 기원을 둔 것으로, 게르만의 기질이 아님을 암시했다. 그는 나치즘과 파시즘도 변호했다. 놀테는 나치즘이 공산주의의 위협에 맞서 유럽 중산층이 선택할 수밖에 없었던 대안이며, 홀로코스트도 이러한 배경에서 이해해야 한다고 주장했다. 결국 놀테가 주장하는 것은 2가지였다. 독일 제3제국이 절대악이라는 착각에서 벗어날 것, 독일의 미래를 위해 과거사를 잊어야 한다는 것.

놀테의 기고는 '역사가 논쟁Historikerstreit'을 촉발했다. 이듬해까지 지식인들은 놀테에 대한 비판과 변론을 거의 매일 언론에 제시했고, 일반인들도 논쟁에 동참했다. 놀테를 지지하는 지식인들은 1920년대 스탈린의 박해뿐만 아니라 1970년대 캄보디아 폴 포트Pol Pot 정권, 우간다 이디 아민Idi Amin의 학살 사례를 제시했다. 그리고 홀로코스트를 마치 역사상 가장 극악한 범죄처럼 단정하는 것은 좌파의 도덕적 기준을 강요하는 것이라고 비판했다. 하지만 2년간의 논쟁에도 불구하고, 놀테의 역사 수정은 성공을 거두지 못했다. 홀로코스트와 스탈린의 학살 간 상관관계는 밝혀지지 못했고, 독일과 국제 사학계로부터의 비판도 이겨내지 못했다.

그러나 논쟁은 10년 뒤 다시 타올랐다. 공산권 붕괴로 스탈린 시대의 가혹했던 학살, 강제 이주, 기아의 실상이 밝혀졌고, 유럽 학자들이 1997년 《공산주의 흑서Le Livre noir du communisme: Crimes, terror, répression》를 통해 이것을 세상에 알리면서 놀테의 주장이 다시 주목받게 된 것이다.

문제는 이 책에서 나치즘을 공산주의와 비교한 대목이었다. 특히 서문은 1억 명에 가까운 사람을 죽인 소련, 중국, 베트남, 캄보디아, 북한 등 전 세계 공산주의 정권이 나치보다 더 잔혹한 체제라고 주장했다. 아울러 나치의 인종 청소가 소련의 방식을 답습했음을 뒷받침하는 역사적 사실을 제시했다.

나치를 옹호하는 듯한 《공산주의 흑서》의 미심쩍은 서문은 국제적 논란을 일으켰고, 독일 보수주의자들은 기회를 놓치지 않았다. 기독민주당Christlich-Demokratische Union Deutschlands, CDU은 2000년 놀테에게 콘라드-아데나우어상Konrad-Adenauer-Preis을 수여했다.[61] 체계적이고 객관적인 연구를 통해 나치즘을 공정하게 평가했다는 것이 그 이유였다. 보수 학자들은 다시 결집했고, 치욕을 강요하는 좌파의 역사 논리에 대한 공격을 이어갔다. 놀테는 이후에도 자신의 주장을 입증하기 위한 연구에 매진했고 2016년 사망할 때까지 학문적 소신을 굽히지 않았다.

사실 놀테는 히틀러를 옹호하지 않았다. 오히려 히틀러를 증오했고 나치의 범죄를 혐오했다. 놀테는 나치의 과거사를 말 그대로 '과거로 보냄'으로써 40년 이상 독일인들을 옥죄었던 죄의식을 벗기려 했다. 그러나 그의 기대는 실현되지 못했다. 역설적이게도 과거사를 과거로 보내려 할수록 그것은 현실적인 문

---

61 아데나우어는 전후 서독의 초대 총리였으며, 나치의 탄압을 받은 경력이 있었다. 그는 유럽경제공동체 창설에 참여하면서 전후 유럽의 화해에 기여했다. 이러한 이유로 놀테에게 콘라드-아데나우어상이 수여되는 것이 타당한지에 대한 비판이 일었다.

제가 되었다. 1986년 그가 기고했던 글의 제목처럼, 과거는 좀처럼 가버리려 하지 않았다.

하지만 이성이 잠들기만을 기다리는 괴물 역시 사라지지 않는 존재다. 나치의 계승자임을 자처하는 독일 민족민주당Nationaldemokratische Partei Deutschlands, NDPD은 1964년 창당 이후 끊임없이 히틀러의 구호를 외쳐왔다. 특히 최근 유럽이 난민 위기를 맞으면서 민족민주당의 호전적이고도 공세적인 활동이 증폭되었고, 정부는 헌법 질서에 위협을 가한다는 이유로 정당 해산을 시도했지만 2017년 1월 연방대법원은 이를 기각했다. 일부에서는 민족민주당을 해산하면 오히려 신 나치주의자들이 지하 조직을 구성할지도 모른다며 차라리 법의 테두리에 존재하는 것이 낫다고 보기도 한다.

문제는 나치 시절을 경험한 독일인들이 고령화되고 그 수도 점점 줄어들고 있다는 것이다. 신 나치즘의 위험성을 경고하는 제3제국 노인들이 모두

히틀러를 지지하는 독일 민족민주당.

사라진 미래에는 신 나치즘이 독일인의 이성을 더 세게 흔들지도 모른다.

독일 내 100만 아랍 난민은 이미 신 나치주의자들이 제공하는 반⁺진실의 훌륭한 소재가 되어왔다. 나치 시절을 경험하지 못한 독일 세대들은 '이슬람이 게르만의 영혼을 타락시킨다' 내지는 '아랍 난민들이 게르만의 생존 공간을 약탈한다'와 같은 단순하고도 거대한 거짓 명제에 쉽게 현혹되지 않을까?

불길한 징조는 더 있다. 2013년 창당 3년 만에 주류 정치 무대에 입성했고, 2017년 9월 총선에서 13퍼센트의 지지율로 원내 제3당으로 도약한 극우 정당 독일대안당Alternative für Deutschland, AfD이 그중 하나다. 국가주의, 반유럽, 반이민, 친러시아 노선을 주장하는 이 당의 지도층은 2017년 총선 승리에 고무되어 있다. 과거 독일군의 업적에 대해 자부심을 가져야 한다거나, 메르켈 총리든 누구든 쫓아내고 국가와 국민을 되찾아야 한다는 당 대표의 발언은 지지 세력을 넓히기 위한 정치공학적 발언치고는 너무나도 위험하고 무책임

독일대안당 지지자 집회. ⓒDeutsche Presse-Agentur.

하다.

집권당인 기독민주당은 '일부 극우정당은 감내할 정도로 독일 민주주의가 성숙했다'고 말한다. 부디 그 말이 진실이기를, 그리고 독일인의 이성이 또다시 거대한 거짓말에 잠들지 않기를 바란다.

나치 성경

히틀러의 거대한 거짓말은 인류 문명과 종교의 역사를 마음대로 주물렀다. 게르만과 독일의 부흥과 팽창, 유럽 정복을 정당화하는 근거를 마련하기 위해서였다. 게르만족은 고결하고 우월한 아리안족의 혈통을 가장 순수하게 보유한 민족이어야 했고, 유대인과 슬라브인은 저급한 인종 또는 인간 이하의 존재여야 했다. 독일인들은 히틀러와 나치의 인종주의적 허구를 수없이 반복해서 들었다. 그리고 마침내 괴벨스의 말처럼 이를 진실이라고 믿었다.

예수와 사도 바울에 관한 히틀러의 거짓 주장은 기독교 교리마저 바꾼 사례다. 히틀러는 예수가 유대인이 아니라 아리안이라고 단정했다. 예수는 반유대주의자로서 유대인에 맞서 싸웠으나 그의 메시지는 유대인인 바울에 의해 조작되었다고 주장했다. 히틀러는 유대인에 대한 예수의 저항을 바울이 만민평등 사상으로 교묘하게 변질시켰다고 반복했다. 이로 인해 유대인은 생존을 이어왔고, 로마는 몰락의 길을 걷게 되었다는 것이다.

히틀러의 주장은 19세기부터 제기되어온 인종주의, 반유대주의와 독일의 민족신앙 운동을 종합한 것이다. 이미 이전부터 일부 유사역사가와 인종주의자들은 예수가 아리안이라고 주장해왔는데, 그 근거는 신약성경 시대 갈릴리^{Galilee} 지역에 유대인이 아닌 인도-아리안들이 살았을 것이라는 추정이었다. 1933년 권력을 쥔 히틀러는 기독교를 게르만의 것으로 만들기 위해 거대한 허구를 공식적 교리인 것처럼 제시한다.

믿기지 않겠지만, 히틀러의 거대한 거짓말은 당시 독일 교회를 움직였다. 1939년 6월 5일, 독일 개신교 목사와 신도들은 바르트부르크Wartburg성 앞에서 '유대인이 독일 교회에 미친 영향 연구소Institut zur Erforschung und Beseitigung des jüdischen Einflusses auf das deutsche kirchliche Leben'를 설립한다. 연구소의 목적은 신약성경을 다시 쓰는 것이었다. 그들은 성경에서 유대인의 흔적을 지우고 기독교를 아리안과 게르만의 종교로 만들고자 했다.

연구소는 이러한 작업을 루터Martin Luther의 종교개혁에 비견했다. 루터가 가톨릭을 극복했듯이 독일 개신교는 유대주의를 극복해야 한다고 본 것이다. 400여 년 전 루터가 신약성서를 독일어로 번역한 곳인 바르트부르크성 앞에서 연구소 설립을 선언한 것도 이러한 역사적 상상력 때문이었다.

히틀러에게 경의를 표하는 성직자.

이 연구소는 나치 정부와 극우 기독교 분파의 열렬한 지지를 받았던 것으로 보인다. 당시 60만 명에 가까운 개신교도들이 게르만 기독교 운동Deutschen Christen에 참여하고 있었는데, 이들은 반유대주의와 나치즘을 신봉하고 히틀러를 예수로 신격화하는 종교적 친위대나 다름없었다.

최근 밝혀진 것에 따르면 연구소가 1940년 이른바 나치판 신약성경인 《신의 메시지Die Botschaft Gottes》 20만 부를 제작, 배포했다고 한다. 유대인과 유대교에 관한 내용을 대부분 삭제했으며, 예수의 혈통은 유대인이 아닌 아리안으로 기술되었으며, 신이 선택한 민족도 이스라엘인이 아닌 아리안으로 수정되었다. 연구소는 《신의 메시지》를 독일 병사들과 게르만 기독교 운동 회원들에게 팔았으나, 이 새 성경은 2차 세계대전 이후 거의 폐기되어 현재는 몇 권 정도만 남아 있는 것으로 보도되었다.

| 07 |

이탈리아: 신 로마제국 흥망사

성스러워야만 하는 도시

로마는 너무나도 독특한 매력을 지녔다. 도시 전체가 마치 고대사 테마파크 같아서, 도시 곳곳의 고대 유적들이 마치 놀이기구처럼 손님을 기다리고 있다. 도로에도 역사적 의미를 담은 이름이 붙어 있고, 이들은 저마다 다른 역사적 주인공과 스토리를 가진 광장으로 연결된다. 로마 황제들의 집과 묘지는 물론이고 원로원 의사당, 원형경기장, 신전도 직접 체험해볼 수 있다.

이런 이유에서인지 로마를 찾는 관광객들에게 박물관은 별로 인기가 없다(물론 바티칸 성당 박물관Musei Vaticani은 예외다. 바티칸은 로마가 아니기 때문이다). 한 유명 여행사의 통계도 이를 입증하는데, 로마국립박물관Museo Nazionale Romano은 '로마에서 꼭 가봐야 할 장소' 순위에서 30등에도 들지 못했다. 사람들은 콜로세움Colosseo, 포로 로마노Foro Romano, 판테온Pantheon에서 고대 로마를 다룬 영화의 한 장면을 떠올리며, 트레비 분수Fontana di Trevi나 스페인 계단Scalinata di Trinità dei Monti에서 낭만을 체험한다. 도시 전체가 역사의 현장이자 영화 속 장소인 로마는 그래서 더욱 특별한 사랑을 받는 것 같다.

하지만 고고학자의 시각에서 로마는 그리 달갑지 않은 곳이다. 이들은 파시스트의 과대망상이 로마의 역사를 왜곡하고 파괴했다고 비판한다. 일반 관광객들은 어리둥절할 것이다. 로마처럼 역사와 유적이 잘 보존되고 유네스코 문화유산이 많은 도시를 떠올리기 힘들기 때문이다.

사실 오늘날 우리들이 보고 감탄하는 로마 유적은 대부분 무솔리니Benito Mussolini의 지시로 복원된 것이다. 로마의 주요 도로나 도시 구조 역시 그렇게 형성되었다. 문제는 '로마를 어떻게 다시 만들 것인가'에 관한 기준이었는데, 무솔리니는 이에 대해 이렇게 말했다.

"나는 20세기 로마의 문제를 2가지로 구분하고자 한다. 하나는 시민이 필요로 하는 것, 다른 하나는 로마의 위대함이다. (…) 하지만 2가지가 충돌할 경우 무조건 로마의 위대함이 우선적으로 고려되어야 한다. 위대한 로마 유산을 가리거나 로마와 어울리지 않는 것들, 특히 타락한 시대의 건물들은 제거해야 한다. 로마는 그저 세속적이고 평범한 수도가 아니다. 우리는 로마를 세계가 바라보는 영광의 수도로 복원해야 하며, 이는 파시스트 시대의 유산으로 영원히 후세에 물려주어야 한다."[62]

이러한 지침에 따라 당시 정부와 시는 오직 고대 로마의 영광을 재현하는

---

62   D. Manacorda·R. Tamassia, *Il picone del regime*(Roma: Armando Curcio Edititore, 1985), 70.

이탈리아 화가 파울 브릴Paul Bril이 그린 〈집시가 있는 캄포 바치노the Campo Vaccino with a Gypsy〉. 로마의 유적은 폐허 상태로 방치되었고, 부랑자와 집시, 방목자의 공간이 되었다. 사람들은 이곳을 '소 치는 곳'이라 불렀다. 이토록 황폐했던 로마를 다시 재정비한 인물이 무솔리니였다. ⓒWikipedia.

데에만 관심을 기울였고, 이와 무관한 문화유산이나 시민들의 거주 공간은 파괴했다. 무솔리니는 고대 로마와 파시즘 외에는 모두 타락한 것으로 여겼고, 이것들이 고대의 영광과 정신을 속박한다고 생각했다. 1925년 그는 판테온의 형체를 가리는 건물을 "불경스럽고 기생충 같은 것"으로 묘사했으며 위대한 로마의 사원을 해방시키기 위해 이 건물을 쓸어버리라고 지시했다.

'황제의 길Via dell'Impero' 건설도 그 대표적인 사례다. 비토리오 에마누엘레 2세Vittorio Emanuele II 기념관과 콜로세움을 잇는 이 길은 원래 존재하지 않았다. 1924년 무솔리니가 이 도로의 건설을 지시했고, 이로 인해 약 1만 평의 공간이 통째로 뜯겨 나갔다. 그 과정에서 800여 가구가 강제 이주되었으며, 고대

위, 오른쪽 아래: 황제의 길. ⓒWikipedia.
왼쪽 아래: 무솔리니는 콜로세움과 비토리오 에마누엘레 기념관을 연결하는 도로를 건설하기 위해 무리하게 도시를 파헤쳤다.

와 중세, 르네상스 시대의 교회와 문화유산도 무자비하게 철거되었다. 역설적이게도 황제의 길은 실제 존재했던 황제들의 광장도 유린했다. 아우구스투스Augustus, 카이사르Caesar, 네르바Nerva, 트라야누스Trajanus 광장 등이 황제의 길로 인해 축소되거나 변형되었다.

마르첼루스 극장Teatro di Marcello, 캄피돌리오 언덕Campidoglio, 아우구스투스 영묘Mausoleo di Augusto, 아우구스투스 광장Piazza Augusto Imperatore, 라르고 아르젠티나

Largo Argentina 역시 무솔리니가 복원한 로마 유적이다. 복원은 1920년대 중반부터 이탈리아가 2차 세계대전에 참전했던 1940년까지 지속되었다. 로마는 거의 언제나 공사 중이었고, '불경스러운' 시민들과 문화유산은 제거되었다.

그러나 이 유적 발굴은 제대로 된 연구에 기초해 있지 않았다. 대부분의 복원 사업이 급조된 것이었고, 무솔리니가 정한 시한을 지켜야 하다 보니 작업 역시 부실할 수밖에 없었다. 발굴 작업에는 실업자들이 동원되었으므로 이들은 고대의 유물을 해석하거나 분류할 수 있는 지식이 전혀 없었다. 어차피 무솔리니는 고고학적 고증에 관심이 없었다. 그저 로마의 웅장함과 위대함을 시각적으로 복원하기만 하면 그만이었다. 실업 구제 차원에서 고용된 인부들도 유적의 파편을 훔치거나 파손하는 데 전혀 죄책감이 없었다.

유적들은 무솔리니의 입맛대로 변형되기도 했다. 아우구스투스 영묘는 5세기 게르만족에게 약탈된 이후 요새, 투우장, 콘서트홀로 사용되면서 외형만 남아 있는 상태였다. 무솔리니는 아우구스투스와 이후 황제들이 안치되었던 자리에 파시스트 스타일의 원형 타워를 세웠다. 영묘의 맞은편에는 당시 정보기관을 위한 신식 건물이 세워졌고, 여기에는 파스케스fasces**63**를 나르는

2,000년 가까이 방치되었던 아우구스투스의 묘 역시 무솔리니에 의해 복원된다. 영묘와 그 주변은 파시스트 스타일로 꾸며졌다. ⓒWikipedia.

승리의 여신과 무솔리니의 이름이 새겨졌다.

무솔리니 시대에 로마가 재정비되면서, 로마는 역설적이게도 몰역사적인 도시가 되었다. 고대 이후의 역사는 사라졌고, 복원된 고대 유적마저도 파시스트의 유토피아를 선전하기 위한 장식물이 되어버렸다.

2차 세계대전과 함께 복원 사업이 중단되자 로마 유적은 다시 버려졌다. 황폐해진 유적에는 집시와 부랑자들이 모여들었고, 전후 이탈리아 학자들뿐만 아니라 강제 이주를 당했던 시민들은 이 모습을 냉소적으로 바라보았다. 이들은 무솔리니에 의해 '장기적출sventramento' 당했다고 생각한다.

하지만 1953년 영화 〈로마의 휴일Roman Holiday〉은 무솔리니와 파시스트에 대한 반감이 누그러지는 계기가 되었다. 할리우드 사상 최초로 이탈리아에서 촬영한 이 영화는 마치 로마 관광 안내서와도 같았고, 미국인들은 로마 여행 열풍에 빠진다. 로마는 로맨틱하고 영원한 도시로 묘사되었고, 무솔리니와 파시스트의 망상은 가려졌다.

세계적 관광도시가 된 로마에는 아직 무솔리니와 파시즘의 상징이

영화 〈로마의 휴일〉 속 로마는 마치 연인들의 데이트 천국처럼 묘사된다. 오드리 헵번과 그레고리 펙이 스쿠터를 타고 황제의 길을 따라 콜로세움에 도착하는 장면은 전 세계 신혼부부의 낭만적 상상을 자극하는 관광 상품이 되었다.

---

63   도끼날이 박힌 나무막대기 묶음을 말한다. 로마 시대부터 파스케스는 권위와 힘의 상징이었고, '파시스트'도 이 단어에서 유래했다.

남아 있지만, 로마 시민들은 거부감을 느끼지 않는다. 파시즘의 흔적을 지우자는 일부 지식인들의 주장에도 불구하고 대중들은 관심이 없거나 불필요하다고 생각한다. 오히려 무솔리니 시대의 경제성장과 질서 회복이 재평가되면서 그를 긍정적으로 평가하는 이탈리아인이 늘었다. 그의 묘지를 방문하는 참배객은 끊이지 않고 있으며, 이들은 무솔리니가 이탈리아를 '기차가 제 시각에 출발하는 나라'로 만들었다고 말하곤 한다. 무솔리니는 적어도 이탈리아의 변화된 외형만으로는 쉽게 평가하기 어려운 독재자다.

아우구스투스의 재림

하지만 정치가로서의 무솔리니에 대한 평가만큼은 혹독하다. 그는 로마제국의 영광을 정치적 도구로 활용했다. 자기의 이름을 이탈리아 영웅의 반열에 올려놓기 위해 역사를 이용하고 국민들을 현혹한 전형적인 디스토피아형 독재자였다.

　물론 국민들을 단합시키고 이탈리아를 강대국으로 성장시키기 위해 고대 로마제국의 영광을 강조하려는 경향은 무솔리니 이전에도 있었다. 분열된 국민과 무기력한 이탈리아에 실망한 민족주의자들이 과거 강대했던 로마제국에 향수를 느꼈던 것은 어떻게 보면 당연했다. 하지만 무솔리니와 이들의 차이는 그가 민족주의적 구호에만 그치지 않고 실제 이탈리아를 고대 로마로 만들고 싶어 했다는 점이다. 고고학자들은 무솔리니의 망상을 도와 고대 로마의 상징과 조직, 인사법, 관습을 연구했고 무솔리니는 당과 정부에게 로마식 관습과 조직 명칭을 사용하라는 지시를 내렸다.

무솔리니는 카이사르나 아우구스투스의 흉내를 냈고, 또 자신이 실제로 그렇게 될 것이라 믿었다. 이를 위해 국민들에게 새로운 역사 해석까지 제시했다. 그는 19세기 리소르지멘토^{Risorgimento}[64]를 로마 공화정의 혼란 끝에 아우구스투스가 제정 시대를 열었던 시기와 동일시했다. 그리고 이런 논리로 리소르지멘토는 파시즘을 낳았고, 파시즘은 위대한 로마제국의 부활을 가져올 것이라고 선전했다.

무솔리니의 공식 직책은 총리였으나 그는 '지도자^{Il Duce}'로 불렸다. 이 현대판 황제는 제대로 된 연구도 없이 로마 시민, 병사, 농민 등 고대의 것들을 찬양했다. 또한 파시즘이 곧 고대 문명의 환생임을 주장했다. 정부의 선전문과 잡지, 라디오, 대학교 강단에서는 왜곡된 로마 숭배가 홍수를 이루었다.

1932년 10월 28일 마침내 '황제의 길'이 완공되었고, 개통을 축하하는 퍼레이드의 선두에는 무솔리니가 있었다. 그 뒤를 따른 군인들 중에는 10년 전 무솔리니의 로마 진군(사실상 쿠데타나 마찬가지다)에 참여했던 1만 7,000여 명의 퇴역 병사들도 포함되어 있었다. 황제의 길은 다름 아닌 무솔리니의 길이었다. 그는 1922년 로마 진군과 자신의 집권으로 세 번째 로마가 탄생했다고 주장

무솔리니를 위해 1938년에 세워진 오벨리스크는 아직도 보존되어 있다. ©Wikipedia.

---

64 '부흥'이라는 뜻의 이탈리아어로, 1810년대에 시작해 1870년 완성된 이탈리아 통일 운동을 일컫는다.

아우구스투스 탄생 2,000주년 기념 행사. ⓒ이탈리아 의회 기록원.

해왔고,[65] 황제의 길은 결국 그의 집권 10주년을 축하하기 위한 것이었다.

아우구스투스 탄생 2,000주년이었던 1937년에는 전국이 황제 열풍에 빠졌다. 정부는 아우구스투스 영묘와 평화의 제단Ara Pacis를 복원해 테마파크로 만들고, 대대적인 전시회를 개최했다. 정부가 무료 열차표를 나눠주며 지방 주민의 관람을 독려했을 정도로 이 전시회는 국가적인 행사였다.

하지만 이 전시도 아우구스투스가 아닌 무솔리니를 위한 것이었다. 이 무렵 각종 관변 잡지와 언론은 아우구스투스와 무솔리니의 업적이 유사하다는 주장을 쏟아냈다. 무솔리니 자신도 그렇게 믿었다. 고대 로마는 전체주의, 군국주의 사회였고 엄격한 위계질서에 의해 단합된 힘을 바탕으로 대외팽창에 나섰던 시대로, 오늘날 무솔리니 치하의 이탈리아와 동일한 것처럼 묘사

---

65 첫 번째 로마는 고대 로마제국을, 두 번째는 게르만족에 의해 서로마제국이 멸망한 뒤에도 존속했던 동로마제국을 의미한다. 무솔리니는 1919년 중앙정부가 사회주의 확산, 노동자 파업과 같은 상황 앞에 무력했을 때 사회 불만 세력과 극우파를 규합해 검은 셔츠단Camicia Nera을 결성했다. 이들은 파시스트당의 행동대원 역할을 하며 국가지상주의라는 미명하에 불법 폭력과 테러를 자행했고, 무솔리니의 지시에 따라 1922년 로마를 점령했다. 황제는 무솔리니를 총리로 임명할 수밖에 없었고 검은 셔츠단이 정부의 정규군이 되었다. 이때 무솔리니가 정권을 잡은 1922년 10월 31일이 세 번째 로마의 탄생이라고 선전되었다.

되었다. 아우구스투스가 클레오파트라Cleopatra VII Philopator와 이집트의 지원을 받는 안토니우스Marcus Antonius로부터 로마를 구해낸 것처럼, 무솔리니도 20세기 초 자유주의와 사회주의로부터 이탈리아를 구원했다고 주장했다. 무솔리니는 아우구스투스 광장 한쪽 벽에 《아우구스투스 업적록Res Gestae》을 새겼고, 그 맞은편에는 자신의 것을 새겼다고 한다.

무솔리니는 로마 황제의 종교적 지위도 자신의 것으로 만들고자 했다. 로마 황제들은 신성한 존재로서 로마 종교의 수장으로 인식되었는데, 무솔리니 역시 파시즘을 국가적 종교로 만들고 그 수장의 지위에 올라 국민들의 영혼을 지배하려 했다. 다만 그는 가톨릭을 박해하거나 제거하지는 못했다. 이탈리아 국민들의 다수가 가톨릭이었고, 이들은 파시스트의 반공산주의를 지지했기 때문이다. 그래서 무솔리니는 1929년 라테라노 조약Patti lateranensi을 통해 가톨릭이 이탈리아 국교라는 사실과 바티칸시의 주권을 인정한다.

하지만 파시스트들은 가톨릭을 뛰어넘는 종교를 만들고자 했다. 무솔리

무솔리니가 건설한 '화해의 길Via della Conciliazione'. 그는 가톨릭 교회의 지지를 얻기 위해 교황청 앞 대로를 건설했다. ⓒWikipedia.

니는 1932년 《파시즘 원리La dottrina del fascismo》에서 파시즘이 종교적 개념임을 천명한다. 개인은 역사적으로 증명된 우월한 법칙 앞에서 자신의 영적인 소속감을 갈구하고 충성심을 고양하게 되는데, 그러한 의식이 파시즘이라는 것이다. 우월한 법칙은 로마제국을 의미하며, 영적인 소속감은 제국의 영광에 동참하려는 정신이어야 했다. 다시 말해 종교는 국가를 위한 것이지 예수나 그의 사제들, 신자 개개인을 위한 것이 아니라는 뜻이다.

《파시즘 원리》를 함께 썼던 철학자 조반니 젠틸레Giovanni Gentile는 역사적 기억을 통해 종교를 만들 수 있다고 믿었다. 선조들의 위대한 역사가 곧 국가와 민족의 종교가 될 수 있다는 그의 주장에 만족한 무솔리니는 그를 교육부 장관으로 임명한다. 젠틸레는 중세 교회사 위주로 기술된 역사 교육에 불만을 가졌고, 보다 세속적이면서도 국가적·종교적인 교육 지침을 만들고자 했다. 예수와 그의 사도들, 교황들에게 바쳐진 역사가 아니라 카이사르와 아우구스투스, 이 시대의 영광을 재현한 무솔리니와 파시스트를 위한 역사 교육을 구현하고자 했다.

하지만 파시즘을 종교로 만들겠다는 시도는 늘 가톨릭의 반발에 부딪혔다. 교황 비오 11세Pius XI는 파시즘이 로마제국의 야만성과 호전성을 숭배하는 이교도에 지나지 않는다고 비판했다. 무솔리니의 집권에도 불구하고 주교, 신부, 사제, 신자의 위계질서는 그대로 유지되었고, 이러한 조직을 통해 교황의 메시지는 민심에 반영되었다.

일각에서는 비오 11세가 공산주의의 확산을 막기 위해 파시스트의 선전과 성장을 묵인했다고 비판한다. 그러나 분명 당시 교황청은 파시즘의 폭주를 막는 제동장치의 역할을 했다. 비슷한 시기의 독일에는 그러한 것이 없었다. 프로테스탄트들마저 나치즘에 복종했고, 일부는 나치의 입맛에 맞는 성경을 새로 썼다. 이탈리아에서 교황과 가톨릭 신앙은 국가 지도자에게 "당신이 틀렸소"라고 말할 수 있는 최후의 보루였고, 이는 전후 패전국 이탈리아인들에게 큰 위안이 되었다.

이탈리아 국민 만들기

"이탈리아를 만들었으니, 이제는 이탈리아인을 만들 차례다."

사르데냐왕국의 총리이자 정치인으로서 이탈리아의 통일을 지켜본 마시모 다제글리오 Massimo d'Azeglio의 이 말은 당시 이탈리아의 가장 큰 고민거리가 무엇이었는지를 암시한다. 이탈리아는 1861년 통일을 이루기는 했지만 국민들의 정체성이나 소속감은 분열된 상태였다. 이 문제는 이탈리아의 기나긴 분열의 역사를 담고 있다.

476년부터 1861년까지 무려 1,400년 가까이, 이탈리아는 각기 다른 지배 세력의 간섭으로 분열되어 있었다. 르네상스 시대에 이탈리아는 교황이 지배하는 가톨릭 체제를 의미했을 뿐, 자치 도시민들은 이탈리아인으로서의 정체성을 갖지 않았다.

리소르지멘토 이후에도 중앙정부는 이탈리아인들에게 낯선 존재였다. 이들은 르네상스 시대부터 이어져온 도시국가의 시민 또는 가톨릭 신자로서의 정체성에 보다 익숙해 있었다. 뿐만 아니라 사르데냐왕국 중심으로 진행된 통일에 대해 거부감을 느끼는 이탈리아인들도 적지 않았다. 결국 새로운 국민적 정체성은 어느 시대의 어떤 집단을 이상적으로 보느냐의 문제와 연관이 있었다. 하지만 이는 결코 간단한 문제가 아니었다.

그런데 당시 국제적 상황이 이탈리아인의 정체성에 영향을 주기 시작한다. 제국주의 경쟁에 후발주자로 참여한 이탈리아는 수에즈운하 개통으로 전략적 가치가 높아진 에리트레아Eritrea를 1882년에 사들였고 이후 식민지로 만들었다. 그 과정에서 고대 로마 영역과 지중해 세계의 지배권을 다시 찾아야 한다는 주장이 대중을 사로잡기 시작했다. 1911년 리비아 침공 무렵에는 리소르지멘토에 대한 새로운 정의도 등장한다. 리소르지멘토는 이탈리아반도의 통일에서 끝나는 것이 아니라, 고대 로마제국이 지배했던 영토를 수복하고 야만인들을 문명화함으로써 완성된다는 것이었다. 이를 주장하는 지식인들과 대중은 고대 로마제국에 복고적 향수를 느꼈고, 제국주의 시대에 분열된 이탈리아 국민의 심성을 하나로 묶을 수 있는 정신적 공통분모를 '로마적인 것Romanità'에서 찾고자 했다.

무솔리니 역시 이를 확신했다. 그는 로마제국과 로마인을 민족주의적 관점에서 연구하는 학자들을 당에 흡수했고, 이탈리아 국민에게 로마인으로서의 의식을 부활시키는 연구를 진행한다. 로마시를 대대적으로 뜯어고치고 국가적인 전시회를 개최해 사람을 끌어모은 것도 국민들을 로마인으로 개조하기 위해서였다.

하지만 무솔리니에게 '로마적인 것'에 대한 정의가 처음부터 존재했던 것은 아니다. 고대 로마는 1,200년이 넘는 시간 동안 존재했고 왕정, 공화정, 제정 시대를 거치면서 국가적, 시민적 가치와 덕목도 변했다. 무솔리니는 고대 로마사의 여러 가치를 파시즘에 편의적으로 접목했지만, 그중에서도 단합과 규율을 로마적인 것의 첫 번째 요소로 보았다. 이는 당시 이탈리아가 처한 상황에서 만들어낸 상상의 결과였다. 통일 후 이탈리아는 어수선했고, 1896

왼쪽: 제2차 이탈리아—에티오피아 전쟁 당시 양국 군대. ©Wikipedia.
오른쪽: 당시 군대 앞에서 경례를 받는 무솔리니. ©Wikipedia.

년 에티오피아로의 군사적 진출은 실패했다. 유럽 열강들은 이탈리아를 보고 아프리카 국가에게 진 유일한 국가라고 조롱했다.

무솔리니는 이탈리아 사회의 느슨한 규율이 실패의 원인이라고 보았고, 이를 바로잡기 위해 로마를 '규율의 시대'로 정의하고 로마의 복원을 주장했다. 즉 로마적인 것이란 강력한 규율이며, 이것이 곧 로마제국의 막강한 국력이 탄생한 근원이라고 보았던 것이다. 무솔리니와 파시스트가 재발견했다고 주장하는 것은 다름 아닌 로마의 군국주의적 이미지였다.

1936년 이루어낸 에티오피아 병합은 무솔리니와 파시스트를 고무시켰다. 이들은 40년 전 에티오피아 전쟁 패배, 1911년 리비아 침공과 1차 세계대전에서 구겨졌던 이탈리아의 위상을 다시 찾았다고 생각했다. 교황도 에티오피아 침공만큼은 환영했는데, 에티오피아가 가톨릭 국가라는 이유에서였다. 파시스트와 이탈리아인들은 로마적인 것이 실현되고 있음에 도취되었다.

이제 무솔리니에게 로마는 공화정이 아닌 제정 시대를 의미했다. 로마적인 것도 제정 시대의 것으로 정의되었다. 그는 아우구스투스 이후 200년을 이상적인 시대로 보았다. 이 시기 로마 황제는 정치와 종교의 지배자였으며

예루살렘으로 피신한 에티오피아 살레시에 황제. 에티오피아 군대는 이탈리아 군대의 공습을 막아내지 못했다. 황제는 예루살렘을 거쳐 런던으로 망명했다가 1941년 영국이 이탈리아를 몰아내면서 복귀한다. 10년 후 그는 한국전쟁에 파병해 남한을 도왔다. ⓒWikipedia.

제국의 영토가 확장되어 방대한 식민지를 경영했다. 무솔리니는 신으로 추앙받았던 로마 황제의 역사에 고무되었다. 이를 바탕으로 그의 영원한 독재도 정당화될 수 있다고 믿었다. 스스로 황제의 반열에 오르려 했던 무솔리니가 아우구스투스 탄생 2,000년 기념 전시회에 국가적 재원을 총동원했던 것도 우연이 아니다.

제국과 황제의 부활을 확신한 무솔리니는 로마인들의 지위를 높이려 했다. 그는 로마적인 것에 인종주의를 결합했다. 1938년 당은 역사학자, 과학자, 인류학자와 함께 나치 인종주의의 환상을 모방한 '인종헌장manifesto della razz'을 발표했다. 선언의 요지는 로마인과 이탈리아인이 순수한 아리안의 후손이며, 위대한 민족으로서 특별한 사명을 지닌 존재라는 것이었다. 당시 이 '특별한 사명'이 식민지 확장과 이민족 지배가 아닌 다른 뜻으로 해석될 여지는

왼쪽: 1938년 11월 11일, 인종법 통과를 1면에 보도하는 당시 신문. ©Wikipedia.
오른쪽: 인종법 통과 이후의 로마 시민. 표지판에는 "아리안 전용 가게"라고 쓰여 있다. ©Wikipedia.

거의 없었다.

같은 해 발효된 인종법leggi razziali은 유대인의 교육, 언론, 시민적 권리와 공직 진출권을 제한하는 것이었는데, 이는 무솔리니의 파시즘이 얼마나 주먹구구식이었는지를 잘 보여준다. 원래 무솔리니는 유대인을 박해하지도 않았으며 유대계 파시스트 당원을 아끼기도 했다. 또한 1924년 연설에서 그는 모든 외국인을 통합했던 로마 시대의 포용성을 격찬했다.

그러나 14년 후 그는 로마가 극단적인 인종주의 사회였다고 주장했고, 로마인과 이탈리아인의 순수한 혈통과 우월성에 관한 지침을 이탈리아 본토와 식민지에 전파한다. 히틀러의 나치즘이 증명했듯이, 국가지상주의 파시즘과 인종주의의 조합은 너무나도 위험하다. 하지만 무솔리니는 자신이 이상향이라 생각했던 로마 시대에 대한 해석마저 손바닥 뒤집듯 바꾸고 만다.

이후 당은 다른 민족과 인종을 정의하는 방식으로서 로마적인 것을 만들어나간다. 유대인은 고대 로마의 적 카르타고인에 비유되었으며, 개인주의, 교활, 탐욕, 장사꾼 기질, 위선과 같은 기질을 가지고 있다고 알려졌다. 그리고 당은 이와는 반대 명제인 로마적인 것의 순수성을 강조했다.

인종헌장과 인종법의 주요 내용은 학생들의 교과과정에 반영되었다. 중학생들은 저급하고 적대적인 다른 인종과의 비교를 통해 로마인의 우월성을 배웠다. 교육 지침은 고대 로마 병사처럼 국가를 위해 모든 것을 바칠 수 있는 인간, 구시대적 부모에게 저항할 수 있는 인간을 양성하기 위한 것이었다. 무솔리니와 파시스트들이 부활시킨 로마제국은 이렇게 왜곡되고 변질되었다. 그것은 끝없는 추락의 전조였다.

무솔리니 극장

그러나 사실 이탈리아 군대는 강하지 않았다. 단지 자신들이 강하다고 생각할 뿐이었다. 구식 소총과 기관총 몇 정, 창과 방패를 든 에티오피아군은 처음부터 이탈리아군의 상대가 되지 못했다. 이탈리아군은 중화기와 탱크, 항공기도 모자라 독가스까지 사용했고, 1년에 걸친 전쟁 끝에 에티오피아 병합을 선언한다.

이탈리아 병사 1만 명이 전사하고 14만 명 이상이 부상과 질병에 시달렸지만 무솔리니는 대수롭지 않게 여겼다. 그는 로마가 이제야 진정한 제국으로 태어났다는 승리감에 취했고, 유럽 열강들도 이탈리아 파시즘을 다시 보게 되었다. 하지만 이는 결국 무솔리니와 이탈리아에게 독이 되었다.

에티오피아 병합을 선언한 지 2달 만에 스페인의 파시스트 프랑코Francisco Franco가 내전을 일으켰다. 그는 무솔리니와 히틀러에게 지원을 요청했는데, 당시 자신감에 차 있던 무솔리니는 스페인 파시스트에 대한 지원이 또 다른 기회가 될 것이라고 생각했다. 지중해 서쪽에 파시스트 정부가 수립된다면

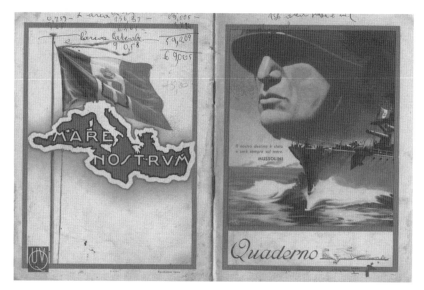

무솔리니 시대에 학생들이 사용했던 공책. 왼쪽에는 "(지중해는) 우리의 바다", 오른쪽에는 작은 글씨로 "우리의 운명은 바다에 있었고, 미래에도 그럴 것"이라고 쓰여 있다. ⓒBarbadillo.

마치 카이사르가 총독으로서 에스파냐 속주를 지배했던 역사가 오늘날 재현되는 효과가 있을 것이라고 생각한 것이다.

지중해를 다시 '우리의 바다Mare Nostrum'[66]로 만들기 위해서는 다른 열강들이 개입하기 전에 이탈리아가 주도적으로 프랑코를 도와야 했다. 무솔리니는 마치 히틀러와 경쟁하듯 프랑코를 지원했고, 이탈리아는 파시스트 반란군 제1의 지원국가가 되었다.

하지만 이탈리아군의 작전은 효율적이지 못했다. 전략적으로 치명적인 패배를 당하기도 했다. 1937년 3월 과달라하라Guadalajara 전투는 이탈리아와 무솔리니에게 치욕적인 패배를 안겨주었고, 프랑코 장군은 이후 이탈리아군

---

[66] 고대 지중해의 패권을 장악했던 로마인들은 지중해를 이렇게 불렀다.

의 독자적인 작전을 금지해버렸다.

무솔리니의 예상과는 달리 스페인 내전은 쉽게 끝나지 않았다. 인민정부와 파시스트 반란군의 싸움은 1939년까지 4년간 이어졌고, 그동안 이탈리아는 8만 명의 병사를 파병해 1만 5,000여 명의 사상자를 감내해야 했다. 뿐만 아니라 항공기 760대, 탱크 160대, 야포 1,800문 등 막대한 장비를 잃거나 스페인에 두고 와야 했다. 80억 리라lire(2002년까지 통용된 이탈리아의 통화. 2,000리라가 대략 지금의 1유로에 해당한다)에 달하는 막대한 전쟁 비용 역시 큰 부담이 되었다. 에티오피아 합병에 이은 또 1차례의 전쟁으로 이탈리아는 2차 세계대전이 오기도 전에 2번의 전쟁을 치른 셈이었다. 이탈리아의 국고와 국력은 기울고 있었다.

1937년 무렵부터 참모들은 이탈리아의 약화를 감지하고 무솔리니에게 열강과의 동맹을 통해 위기에 대비할 것을 조언했다. 히틀러를 무시했던 무솔리니는 영국, 프랑스와의 동맹을 모색했으나 성사시키지 못했으며, 2차 세계대전이 발발했던 1939년 9월 중립을 선언하고 전황을 관망한다. 개전 초기 독일은 눈부신 속도로 프랑스와 연합군을 궤멸했으며, 이를 지켜보던 무솔리니는 이듬해인 1940년 6월 만신창이가 된 프랑스를 침공했다. 그리고 3달 뒤 독일 및 일본과 '추축국 동맹'을 맺고 본격적으로 2차 세계대전에 참여한다.

무솔리니의 전황 판단은 오류투성이였다. 그는 전쟁의 승패가 이미 결정되었으며 이탈리아는 승자의 입장에서 지중해 패권을 손쉽게 확보하리라고 생각했다. 이런 오판으로 인해 그는 동맹국 독일과 협의할 필요도 없다고 생각했고, 독단적으로 그리스와 이집트로 진격했다. 하지만 이 판단으로 이탈리아군은 치욕적인 패전을 맛보았다. 특히 이집트에서 20만 명의 이탈리아 군대는 겨우 3만 명밖에 되지 않는 영국군에게 전멸하다시피 했다. 13만 명

파시스트의 인종주의적인 선전. 연합군이 시칠리아에 상륙했을 때 파시스트 정부는 흑인 미군이 비너스상을 헐값에 팔아넘기는 포스터를 제작했다.

의 이탈리아 병사가 포로로 잡혔고, 식민지 리비아의 일부마저 빼앗겼다. 이탈리아는 만신창이가 되었다.

무솔리니는 히틀러에게 구조를 요청했다. 히틀러는 발칸반도와 지중해의 지배권이 연합군에게 돌아갈까 봐 주력 부대의 일부를 이 지역으로 보냈다. 소련 점령을 위한 바르바로사 작전Unternehmen Barbarossa 부대 일부는 그리스로 향했고, "사막의 여우" 롬멜Erwin Johannes Eugen Rommel은 2개의 기갑사단을 이끌고 리비아로 급파된다. 독일의 전략에는 차질이 생길 수밖에 없었다. 아이러니하게도 무솔리니는 히틀러에게 가장 큰 타격을 준 동맹자였다.

이후 이탈리아는 소련과 미국에 선전포고를 했지만 전세에 영향을 주지 못했다. 이탈리아군은 패배를 거듭했고 국민들과 파시스트의 마음도 그를 떠나기 시작했다. 1943년 연합군은 시칠리아에 상륙했고, 그해 7월 황제 비토리오 에마누엘레 3세Vittorio Emanuele Ⅲ는 무솔리니를 총리직에서 해고했다. 새 정부는 파시스트당을 해산하고 연합국과 휴전 협상에 나섰다. 감금되었던 무솔리니는 나치의 도움으로 탈출해 9월 망명정부를 세웠지만, 이는 히틀러의 꼭두각시 정부나 마찬가지였다.

1945년이 되자 패전이 임박했고, 무솔리니는 스위스를 거쳐 스페인에 망명하려 했다. 하지만 스위스에서 빨치산에게 체포되어 총살을 당하고 말았다. 다음 날 그와 그의 정부 클라라Clara Petacci의 시체가 밀라노에 도착해 어느 주유소 지붕에 거꾸로 매달렸다. 로마의 황제를 꿈꾸던 지도자의 마지막은 너무나도 비참했다.

이탈리아인에게 무솔리니와 2차 세계대전은 치욕이나 마찬가지다. 이탈리아는 연전연패했고, 급기야 히틀러의 지시에 따라야 하는 처지가 되었다. 동맹국의 배신이나 국내에서의 반란과 같은 변명거리도 없었고, 영웅적인 무용담도 없었다.

1936년 에티오피아 점령 때까지만 해도 견고해 보였던 로마인 정신은 무너져 내리기 시작했다. 전후 이탈리아인들은 이것을 파시스트 정권의 우스꽝스러운 광기로 여겼다. 무솔리니가 집권했던 21년 동안 또 다른 '로마제국'이 급속히 흥했다가 몰락했다. 파시즘에 열광했던 이탈리아인들은 이내 마음을 돌렸다.

왼쪽: 밀라노 주유소 지붕에 거꾸로 매달린 무솔리니와 클라라의 시체. ⓒWikipedia.
오른쪽: 무솔리니의 무덤과 추모 공간. 비록 비참한 말로를 맞았지만 오늘날 그에 대한 이탈리아인의 기억은 그다지 적대적이지 않다. ⓒWikipedia.

이에 대해 이탈리아 역사학자 루차토^{Sergio Luzzatto}는 흥미로운 해석을 제시한다. 이탈리아 사람들에게는 극적인 것을 좋아하는 관객 기질이 있다. 이를 알았던 무솔리니는 로마시를 무대로 만들고 스스로 무대의 주인공이 되어 고대 로마의 영광이라는 주제를 연기했다. 열정적인 관객들이 한때 로마적인 것에 감화되기도 했지만, 2차 세계대전의 현실은 결국 관객들을 실망시켰고 그들은 극장을 떠나고 말았다. 실로 그럴듯한 해석이다.

히틀러와 비교하자면 확실히 무솔리니는 허구적인 것, 실제로 존재하지 않는 것을 좇았다. 히틀러는 게르만의 단일성, 집단적 성격, 유대인에 대한 증오감처럼 실존했던 것을 나치즘의 에너지로 발산시켰지만, 무솔리니가 추구했던 로마적인 가치는 허상에 불과했다. 허상으로 지어올린 이탈리아인의 정체성과 로마제국은 처음부터 쉽게 깨어질 운명이었다. 그나마 무솔리니가 추구했던 디스토피아가 지금 세계인의 사랑을 받는 관광도시를 만들었다는 사실 하나만큼은 이탈리아 국민에게 불행 중 다행이라고 해야 할지도 모르겠다.

08

루마니아: 차우셰스쿠의 연금술

로마 시민의 후예

루마니아Romênia라는 국가 이름에는 루마니아인의 역사와 정체성이 담겨 있
다. 고대 다뉴브강 하류에 살던 트라키아인Thracian과 다키아인Dacian은 서기
106년부터 271년까지 165년간 로마제국의 지배를 받았다. 200년이 채 되지
않는 짧은 시간이었지만 로마인들은 그동안 토착민과 결혼했고, 일부는 로
마군의 철수 이후에도 루마니아를 떠나지 않았다. 이렇게 로마인의 피가 후
대 루마니아인 속에 흐르게 되었다.[67]

이러한 역사적 사실은 현대에도 그 흔적을 남기고 있다. 현대 루마니아
인은 로마인과 트라키아인, 다키아인 모두를 자신들의 조상이라고 생각하

---

[67]   로마인과 다키아인의 혼합으로 태어난 새로운 민족을 게토-다키안Geto-Dacian이라고 부른다.

고 있으며 그들의 언어 역시 이탈리아 남부 지방의 사투리와 유사하게 들린 다고 한다. 또한 오늘날 루마니아어에서 다키아어에 기원을 둔 단어는 불과 160개 정도에 지나지 않는다고 한다.

한편 고난으로 가득했던 루마니아의 역사 속에서 이러한 인종적, 언어적 연속성이 지켜졌다는 사실은 놀랄 만하다. 오늘날 루마니아 지역은 고대 훈족, 슬라브족, 게르만족과 같은 이민족의 이동 경로였다. 5세기부터 약 1,000년 동안 루마니아는 역사 속에서 사라지기까지 했는데, 이 사실만으로도 당시의 혼돈과 무질서가 간접적으로 느껴진다.

루마니아인이 다시 역사에 등장한 것은 14세기 무렵이다. 이 시기에 몰다비아공국Principatul Moldovei과 왈라키아공국Țara Românească이 수립되었지만, 고난의 역사가 끝나기는커녕 오히려 본격적으로 시작되었다. 동쪽의 강대국인 비잔틴제국과 오스만튀르크제국이 루마니아에 대한 간섭과 지배를 공식화한 것

짙은 색으로 표시된 루마니아는 고대부터 숱한 민족들의 이동 경로였다. 루마니아 주변에는 동로마제국, 오스만제국, 러시아, 오스트리아와 같은 강대국들이 있었다.

이다.

　몰다비아공국과 왈라키아공국은 16세기부터 오스만제국의 간섭을 받게 되었고, 자치권을 행사하는 대가로 매년 공물을 바쳐야 했다. 두 공국의 지도자들은 당시 국제 상황을 이용해 오스만의 억압에서 벗어나고자 했다. 특히 신성로마제국과 오스만제국이 전쟁을 벌이는 도중에 몰다비아공국의 미하이 2세^{Mihai Viteazu}(용감한 미하이)가 왈라키아공국과 트란실바니아공국 ^{Principatul Transilvaniei}의 공작까지 겸하게 되면서 1601년에 형식적으로 루마니아는 통합을 이루었다. 고대 다키아왕국이 로마에 의해 몰락한 지 약 1,500년 만에 이루어진 통합이었다.

　그러나 통합 군주로서의 지위는 채 1년도 유지되지 못했고 1601년 다시 루마니아는 분열과 억압의 체제로 복귀했다. 오스만제국의 입장에서는 루마니아의 독립과 통합을 결코 허용할 수 없었다. 지정학적으로 루마니아는 합스부르크왕조를 비롯한 서유럽의 침략을 막는 완충지대이자 보호막과도 같은 존재였기 때문이다. 오스만제국은 이후 고분고분하거나 자신들에게 우호적인 인물을 공작에 앉혔고, 가혹할 정도로 많은 공물을 요구했다. 18세기 무렵 왈라키아와 몰다비아의 자치는 더욱 약화된 반면, 공물의 부담은 커져갔다.

용감한 미하이. 미하이 2세가 루마니아의 통합 공작 지위에 올라 있던 기간은 비록 1년도 되지 못했지만, 그는 오늘날까지 위인으로 존경받는다. ⓒWikipedia.

　오스만제국의 지배가 가혹해질수록 루마니아는 서유럽에 의지하려 했다. 18세기부터 루마니아는 서유럽과의 교역을 늘렸고 근대적인 사상도 받아들인다. 지식인들은 이제 오랜 동방의 굴레를 벗어나 서유럽을 근대 국가의 모델로 생각하게 된다.

유럽의 억압받던 민족들이 각성했던 이 무렵, 루마니아의 민족주의자들은 서구 열강이 도움을 줄 수 있을 것이라고 믿었다. 파리에 모인 이들은 스스로를 로마 시민의 후예라고 소개하면서 프랑스와 영국의 정치가들에게 편지를 보냈다. 그 내용은 1,000만 로마 시민이 잔인하고 야만적인 무슬림과 러시아의 압제에 고통받고 있으니, 같은 로마의 후예들이 이를 방치해서는 안 된다는 것이었다.

이러한 노력이 당장 성과를 올리지는 못했다. 열강들의 외교 정책은 바뀌지 않았고, 루마니아라는 국가 이름을 사용한 것도 아니었다. 하지만 로마인의 후예들에 대한 동정론이 일었던 것은 사실이다. 루마니아인의 간절한 소망 때문이었는지 마침 국제 정세도 유리하게 변하고 있었다. 오스만튀르크 제국은 산업혁명과 근대화의 대열에 참여하지 못했고 19세기부터 제국의 위세를 잃기 시작했다. 러시아 역시 크리미아 전쟁에서 패배해 발칸반도에서의 세력이 위축되었다.

이에 루마니아의 두 공국은 1859년 민족주의자 알렉산드루 쿠자Alexandru Cuza를 통합 공작으로 선출했다. 3년 후에는 왈라키아-몰다비아 연합공국이라는 길고 복잡한 이름을 아예 루마니아공국으로 고쳤다.

한편 크리미아 전쟁에서 패했던 러시아는 20년 뒤 러시아-터키 전쟁에서 승리했고, 이로 인해 1877년 루마니아공국은 터키의 지배로부터 완전 독립해 루마니아왕국을 선포할 수 있었다. 이번에는 서유럽의 열강들이 루마니아의 독립을 승인하고 신생국 루마니아의 앞길을 축복해주었다.

독립을 이루는 과정은 외세를 몰아내는 동시에 루마니아인이 로마인의 먼 후손임을 다시 인식하는 과정이었다. 가장 중요한 요소는 당연히 루마니아어[68]였다. 이미 1860년대부터 루마니아공국에서는 러시아의 키릴 문자 사용이 폐지되었고, 루마니아어의 뿌리를 고대 라틴어에서 찾기 위한 노력이 있었다.

언어학자들은 학문적인 부정확성을 무릅쓰고서라도 루마니아어 단어들의 어원을 라틴어에서 찾았다. 로마와 라틴은 마치 루마니아인들이 잃어버렸던 고대의 영혼과도 같은 것이었고, 독립을 통해 루마니아는 다시 서유럽의 일원이 되었다고 생각했다.

판타지에 빠져드는 루마니아

하지만 오늘날 루마니아인들은 자신들이 로마의 지배를 받았다는 사실에 불쾌해하는 것 같다. 오히려 역사적 근거가 없는 고대 트라키아인의 영웅담이 일반인들의 인기를 얻고 있다. 이것이 단순한 민족적 자존심의 표현이라고 생각할 수도 있겠지만 사이비 역사에 대한 집착은 더 심해져, 루마니아의 학문과 표현의 자유마저 위협하고 있다.

이른바 '프로토크로니즘protocronism'이라 불리는 이 주장은 고대 루마니아를 극도로 미화하면서, 로마제국이 루마니아를 지배했다는 사실을 부정한

68　한국인에게 루마니아는 비교적 덜 알려진 편이다. 많은 사람들이 루마니아에서 러시아어를 사용한다고 생각하지만, 루마니아어는 엄연히 라틴어에 기원을 둔 로망스어의 일종이다. 주변 국가들의 언어가 모두 슬라브어 계통이라는 점에 비추어 본다면 매우 독특하다.

다. 이는 역사수정주의의 전형이며, 약소민족의 과도한 낭만적 상상까지 더해져서 유럽인들의 비난을 사고 있다. 그 대표적인 주장들은 아래와 같다.

· 로마가 다키아를 지배한 것이 아니라, 다키아가 로마를 지배했다.
· 비잔틴제국의 원래 이름은 루마니아였다.
· 로마에 모셔진 황제들의 석상은 사실 다키아 왕들의 것이다.
· 다키아어는 라틴어의 모체가 되는 언어다.
· 그리스, 로마 문명은 다키아 문명에서 기원했다.
· 다키아인은 기독교가 태어나기 전에 이미 기독교를 믿었다.
· 다키아인은 모든 인류 가운데 가장 우수한 인종이다.

최근 이러한 다코마니아Dacomania 현상은 사이비 역사가 다니엘 록신Daniel Roxin에 의해 확산되고 있다. 그는 2012년 다키아왕국에 대한 다큐멘터리 〈불안한 진실Adevaruri tulburatoare〉을 제작해 인터넷에 올렸는데, 이 영상이 폭발적인 조회 수를 기록했다. 이 다큐멘터리는 다키아왕국의 진실을 은폐하고 서유럽이 강요하는 거짓 역사를 가르치는 루마니아 역사학계를 고발하는 한편, 인류 문명의 요람이자 로마인의 조상인 다키아인의 비밀을 그럴듯하게 조명하고 있었다.

이를 믿는 일반인들은 열렬한 공감과 지지를 표명하는 댓글을 달았고, 록신은 하루아침에 유명인사가 되었다. 그는 텔레비전 토크 쇼에도 출연했고, 루마니아 고대사 전문가로서 명성을 쌓게 된다. 언론은 그를 취재하고 기사를 쓰기 바빴고, 다코마니아의 수는 급속히 늘었다.

록신은 일반인들의 열렬한 지지에 힘입어 지금까지도 후속 다큐멘터리를

하루아침에 신데렐라가 된 사이비 역사학자 다니엘 록신.

만들어 유튜브에 게재하고 있다. 그중 일부는 루마니아 국립박물관에서도 상영되고 있고, 정부는 록신에게 철기 시대 유적지의 발굴과 관리를 맡길 정도로 그를 신뢰하는 듯하다. 루마니아의 어린이들은 록신이 제작한 동화책을 통해 다키아왕국의 위대함을 배우고 있으며, 최근에는 고고학과 고대사 학위를 가진 청년들도 다코마니아에 합류하고 있다.

이들은 국제 다코주의 총회International Congress of Dacology를 만들어 자체 학술행사와 축제를 주관하고, 다키아왕국이 로마제국을 물리친 장면을 영화로 제작하기도 한다. 그들이 만든 판타지에 대중들은 더 열광한다. 다코마니아들은 그들이 사이비 역사가가 아니라 엄연히 다코주의를 연구하는 학자라고 주장한다.

루마니아 정교 역시 다코주의에 대해 온정적이다. 루마니아는 3세기에 기독교를 받아들였는데, 새로운 종교에 대한 저항이 크지 않았고 오히려 이를 흡수하는 속도가 빨랐다고 전해진다. 이에 근거해 루마니아 정교의 성직자 일부는 '여호와의 은총을 입은 루마니아인은 3세기 기독교를 처음 접했을 때 그것이 자신들의 것임을 알아보았다'거나, '루마니아 민족은 원래 기독교인으로 태어났다'고 주장한다.

반면 루마니아의 기성 고고학자와 역사학자는 말을 아끼고 있다. 다코마니아에 취한 여론이 무섭기 때문이다. 한 고고학자가 방송에서 다코마니아의 주장을 반박하고 역사적 실체를 밝힌 일이 있었는데, 그 이후 인터넷에서는 집단적인 마녀사냥이 벌어졌다. 그는 반민족주의자, 매국노, 어용 지식인으로 매도되었고 이를 지켜본 다른 학자들은 아예 다키아왕국에 대한 논평 자체를 거부했다고 한다.

집단의 기억을 다루는 역사가는 공적인 존재여야 한다. 이들의 임무는 단순히 과거의 복원이나 사실의 기록에 한정되지 않는다. 잘못된 역사 해석이 집단의 지성과 이성을 유혹할 때, 이를 반박하는 것도 역사가의 임무다.

하지만 오늘날 루마니아의 역사학은 사이비 역사학의 기세에 눌려버린 것 같다. 역사적 진실이 무엇인지를 인터넷 동영상의 조회 수가 결정해버리는 지경에 이르다 보니 루마니아 역사가들은 공적인 존재로서의 임무를 실천에 옮기기가 쉽지 않을 것이다. 반지성이 지성을 숨 쉬지 못하게 만드는 현상 역시 디스토피아로 가는 길이다.

오늘날 루마니아의 반지성적 현상은 위로부터가 아니라 아래로부터 자발적으로 일어난 현상이라는 점에서 매우 독특한데, 이를 알기 위해서는 루마니아의 과거를 더 깊이 살펴볼 필요가 있다.

차우셰스쿠의 유혹

19세기까지만 해도 루마니아 정치가와 역사가 들은 다키아인을 야만인으로 생각했다. 문명인인 로마인의 피를 물려받은 루마니아인이 발칸반도에 있는 슬라브족보다 우월하다고 보았다. 하지만 1900년대부터 다키아인에 대한 인식이 바뀌기 시작한다. 민족주의자들은 트라키아인과 다키아인이 진정한 루마니아의 조상이라고 보았고, 이들을 고대 그리스 문명 이전의 선주민인 펠라스기인Pelasgian의 계보와 연결했다.

1차 세계대전을 겪으며 유럽에는 호전적이고 배타적인 인종주의가 팽배했는데, 루마니아도 예외는 아니었다. 나치를 모방한 루마니아 파시스트 정당인 철위대Garda de fier는 1930년대 다키아 민족의 순수성과 위대함을 선전했다. 하지만 소련의 점령과 공산 정권의 출범으로 민족주의는 마르크스-레닌주의에 가려졌고 다키아에 대한 관심도 줄어들었다. 로마의 제국주의적 야욕에 대한 프롤레타리아적 투쟁의 사례로 다키아왕국을 이해했을 뿐이었다. 루마니아의 역사는 계급 투쟁의 역사로 다시 쓰였고, 긴밀해진 소련과의 관계를 강조하기 위해 루마니아 문화의 슬라브적 요소가 강조되었다.

특히 소련이 점령했던 1944년부터 루마니아에 공산화가 일어나면서 지식인들이 학살되거나 추방되었다. 대학 교수와 교사는 강단에서 쫓겨나 강제노동을 해야 했으며, 그 빈자리는 공산주의 이념 말고는 지식이나 경력도 없는 당원들로 채워졌다. 세상의 변혁에서 소외되지 않으려 상경한 시골 청년들이 하루아침에 당원증을 받고 교사가 된 것이다. 지식인 계층이 실종되면서 루마니아는 생각하지도, 의문을 갖지도 않는 사회가 되어갔다. 국민들은 그저 공산당이 시키는 대로 믿거나 행동할 뿐이었다.

1971년 평양을 방문한 차우셰스쿠.

　1960년대 소련과의 관계가 악화되면서 루마니아는 탈소련의 길을 걷게 된다. 금지되었던 민족주의가 부활해 사회주의와 결합했는데, 그러면서 다키아에 대한 연구도 허용되었다. 1965년에 집권한 차우셰스쿠Nicolae Ceaușescu는 루마니아 민족이 고대 로마제국에 맞서 싸웠던 것처럼 현재 루마니아도 모스크바제국에 맞서고 있다고 국민들에게 선전했다. 대중들은 지도자의 말에 환호했고, 이를 본 차우셰스쿠는 망상을 점점 더 키워갔다. 그는 사회주의와 슬라브적 가치에 따라 기술된 교과서를 폐기시키고 위대한 다키아의 역사를 담아 다시 제작할 것을 지시했다.

　차우셰스쿠는 해외 순방을 통해 보고 배운 것을 모방하기로 유명한 독재자였다. 그는 1971년 중국과 북한을 방문했는데, 그곳에서 문화대혁명과 김일성 개인을 숭배하는 모습에 감동을 받았다고 한다. 루마니아로 돌아와 '7월 테제Tezele din iulie'를 발표한 그는 집권 초기 다소나마 허용했던 학문적 자유를 탄압했고, 스스로를 신격화하기 시작했다. 차우셰스쿠는 기원전 1세기 무렵 다키아의 군소부족을 통합했던 최초의 왕 부레비스타Burebista와 자신을 동일시했다. 국민들은 하루에 2시간만 나오는 텔레비전을 의무적으로 시청했으며, 2,000년 만에 1번 나온다는 위대한 지도자이자 카르파티아Carpathia산맥의 천재[69] 차우셰스쿠의 연설을 듣고 이에 대한 감상과 충성의 글을 당에 제출해야 했다.

그해 10월, 차우셰스쿠는 페르시아제국 건국 2,500주년 기념식에 참석하기 위해 이란을 방문한다. 고대 도시 페르세폴리스Persepolis의 웅장한 유적 앞에서 100여 개국의 정상들은 이란 정부가 재현한 고대 문명에 감탄했다. 차우셰스쿠는 특히 이란 국민들이 지도자 모하마드 레자Mohammad Reza Shah에게 열광하는 모습에 감동을 받았고, 루마니아 국민들에게도 페르시아제국의 것처럼 다키아왕국의 영광스러운 과거를 보여주고 싶었다.

이러한 망상은 바로 실행에 옮겨졌다. 차우셰스쿠는 삼류 역사학자들을 총동원해 다키아 유적 발굴을 지시했다. 페르시아제국 2,500주년과 같은 기념식을 억지로라도 만들어내기 위해 1980년을 부레비스타 왕의 탄생 2,050주년으로 설정했고, 이때까지 왕의 전기를 완성하라고 지시했다.

차우셰스쿠는 다키아인을 인류 4대 문명을 낳은 민족과 동일한 수준으로 만들고 싶었다. 그 작업을 동생인 일리

부레비스타 왕 탄생 2,050주년 기념 우표.

---

69 카르파티아산맥은 루마니아인에게 신성시되는 산맥인데, 이러한 우상화는 김일성 일가의 '백두혈통'을 모방한 것으로 보인다.

에 차우셰스쿠Ilie Ceaușescu에게 맡길 정도로 열의를 보였다. 그러나 차우셰스쿠 형제의 열망에도 불구하고, 부레비스타 왕이나 다키아인의 영광을 재현할 거대한 유적은 끝내 발굴되지 못했다. 부레비스타 탄생 2,050주년 행사는 영화 상영과 우표 제작, 그리고 부쿠레슈티Bucureşti광장에 소집된 시민들 앞에서 차우셰스쿠가 일장 연설을 하는 것으로 마무리되었다.

과거에 대한 차우셰스쿠의 열정과는 달리, 당시 루마니아 국민들은 잘못된 경제 정책으로 인해 고통받고 있었다. 1960년대 소련의 반대에도 불구하고 공산 정권은 루마니아를 중공업, 기계화학공업 중심 국가로 만들고자 했다. 국민의 기초생활을 무시한 비현실적인 경제 정책 때문에 철강과 기계, 무기 생산 대국이라는 착시 효과 뒤에서 질 낮은 루마니아 제품은 사실상 헐값에 거래되었고 막대한 원료를 수입하면서 외환보유고가 고갈되어갔다. 정부는 가스와 석유, 전기 공급을 제한했다. 국민들은 생활고에 시달려야 했다.

이러한 위기를 극복하기 위해 차우셰스쿠는 해외 원조에 손을 벌렸지만 국내적으로는 달라진 게 없었다. 차우셰스쿠는 경제 위기의 원인과 책임을 소련이나 헝가리 같은 외부자에게 돌렸고, 민족주의적이고 외국인 혐오적인 선동을 더욱 강화했다. 루마니아를 오스만제국과 슬라브족의 위협으로부터 유럽을 지켜낸 수호자로 묘사하면서 현재의 고통을 잊게 만들려 했다. 심지어 루마니아가 지금 배고픔을 겪어야 하는 이유는 고대 로마가 다키아의 금을 빼앗아갔기 때문이라고도 했다.[70]

20세기 최악의 독재자 가운데 하나였던 차우셰스쿠는 궁색한 변명들만

---

[70] 실제로 2세기에 루마니아에 금광이 발견되었고, 이 금을 캐기 위해 로마인들이 루마니아로 다수 이주했다.

총살당하는 차우셰스쿠 부부.

쏟아내면서 종말을 맞이하고 있었다. 결국 1989년 혁명으로 차우셰스쿠는 북한으로 망명을 시도하다 체포되었고, 그해 크리스마스에 아내 엘레나^{Elena} $^{Ceau\c{s}escu}$와 함께 총살당했다. 차우셰스쿠 부부의 재판과 사형 집행 장면을 보며 전 세계 독재자들은 공포에 떨었다. 북한의 김정일은 정보기관을 동원해 영상을 구해서 보았다고 한다.

망각의 루마니아

차우셰스쿠의 죽음과 함께 다코주의는 썰물처럼 빠져나갔다. 그가 죽기 전부터 이미 생활고에 시달리던 국민들은 독재자의 과대망상을 시큰둥하게 받아들였고 거부감마저 느꼈다. 그가 죽은 뒤 역사학자들은 왜 루마니아에서 다코주의가 확산될 수 있었는지를 연구했다. 다코주의자들도 이제 공산 정권 시절의 망상에서 벗어나 인류문화적 차원에서 다키아인과 그 왕국을 연구했다.

다키아인은 세계 문명의 어머니가 아니라 그저 고대인 가운데 하나였을 뿐이었다. 그렇게 다키아인은 역사 속에서 제자리를 다시 찾았지만 다코주의가 완전히 끝난 것은 아니었다. 비록 국민에 의해 쫓겨나고 총살당한 독재자였지만 차우셰스쿠는 루마니아 국민들에게 강력한 민족주의적 환상을 심어주었고, 그 효과는 아직도 남아 있다.

1999년 루마니아의 역사 교과서 논쟁은 이를 잘 보여준다. 루마니아는 EU 가입 조건 가운데 하나로, 차우셰스쿠 시절의 왜곡된 역사 교과서를 수정해야 했다. EU는 극단적이고 배타적인 민족주의 서술을 삭제하고 유럽 시민의식을 함양할 수 있는 내용을 교과서에 담으라고 권고했다.

1999년에 발표된 개정교과서는 이러한 권고에 따라 민족주의적 색채를 줄이고 부정확한 역사 기술을 축소하거나 삭제했다. 또한 로마제국과 기독교 같은 서유럽과의 인연이 부각되었다. 루마니아는 오래전부터 유럽의 일원이었고, 중세 시대에는 기독교 세계의 동쪽 관문이었음이 강조되었다.

이러한 연결고리에도 불구하고, 루마니아는 지정학적 환경으로 인해 유럽으로의 편입과 이탈을 반복해왔다. 교과서는 루마니아의 독립을 유럽의 일원이 되고자 하는 노력으로 묘사한 반면, 1930년대 극우정당 철위대의 등장과 공산혁명을 '이탈'로 기술했다. 또한 1989년 혁명과 공산정권의 붕괴를 통해 루마니아는 오랜 고통 끝에 유럽에 다시 복귀했다고 기술되었다.

더불어, 새로운 역사 교과서는 다원주의적 시각을 받아들였다. 루마니아 국민의 10퍼센트는 소수민족이기에, 다양한 인종과 민족의 조화를 최우선 가치로 삼았던 EU는 '루마니아인의 역사'보다는 '루마니아의 역사'를 선호했다. 이러한 권고는 새 교과서에 받아들여졌다. 아울러 루마니아 민족의식은 근대에 이르러 형성된 개념이라고 하면서, 이를 고대 트라키아인이나 다키아인과 연결시키지도 않았다.

교과서의 내용에 대해 야당인 사민당Partidul Social Democrat은 격렬하게 반발했다. 이들은 민족의 시조와 유구한 역사가 능욕당하고 산산이 분해되었다고 보았으며, 정부가 EU의 제국주의적 압력에 무릎을 꿇었다고 주장했다.

지나치게 자학적인 내용으로 채워진 교과서를 불태우는 시위와 교육부 장관을 처벌하라는 원색적 비난이 연일 이어졌다. 심지어 교과서의 저자들이 외환죄外患罪로 고소당하기도 했는데, 트란실바니아를 지배했던 헝가리에 대해 지나치게 우호적으로 기술했다는 이유였다. 정치가뿐만 아니라 역사가, 보수 언론인 들도 결집해 새 교과서를 폐지하라는 주장에 동참했다.

이와 같은 민감한 반응은 공산 정권 시절의 그림자다. 차우셰스쿠는 루마니아가 유럽의 후진국이자 약소민족으로서의 콤플렉스를 잠시 잊게 해주었다. 반면 새 교과서는 차우셰스쿠가 선사한 환각에서 깨어나게 해주었는데, 루마니아인들은 이를 받아들일 준비가 되지 않았던 것이다. 특히 당시 루마니아에는 중산층, 시민사회뿐만 아니라 자유롭고 다양한 견해를 제시할 수 있는 학계와 언론도 존재하지 않았다. 이는 공산 정권의 45년 통치가 가져다준 결과였고, 국가와 민족을 객관적으로 보는 시각에 익숙하지 않은 엘리트들은 교과서의 내용을 거부할 수밖에 없었다.

20년 가까이 지난 오늘날에는 이러한 지적 기반이 많이 개선되기는 했지만, 최근 루마니아인을 대상으로 한 여론조사 결과는 여전히 충격적이다. 2014년 루마니아 여론조사 기관에 따르면 국민들의 66퍼센트가 차우셰스쿠를 다시 대통령에 뽑을 생각이 있는 것으로 드러났다. 이 수치는 2010년 여론조사에 비해 3배로 증가한 것이어서 더욱 놀랍다. 국제 언론은 루마니아인이 심각한 기억상실증에 걸렸다고 경고했다.

원래 루마니아에는 차우셰스쿠 시절에 대해 향수를 느끼는 고령층(특히 1980년대의 400만 공산당원들)의 비율이 25퍼센트 정도였는데, 최근 경제 불안과 맞물려 이 수치가 높아진 것으로 보인다. 이들은 "차우셰스쿠 시절에는 집값, 식량, 실업을 걱정할 필요가 없었고 모든 것이 지금보다 나았다"고 회상한다.

그런데 이보다 심각한 것은 1989년 이후의 세대다. 이들은 차우셰스쿠 시절의 암울하고 변태적인 독재 시절을 이해하지 못한 채, 구세대들의 향수를 무비판적으로 받아들이고 있다. 2012년 〈르몽드〉의 조사에 따르면 루마니아 10대 청년들의 60퍼센트 이상이 공산당 시절 법이 더 잘 지켜졌고 삶이 나았다고 믿는 것으로 드러났다. 이들은 민주주의를 신뢰하지 않으며, 오히려 독재자의 전체주의 통치에 거부감이 없었다.

심리학자들에 따르면 루마니아인은 순응적이고 수동적인 성격이 강하며, 이는 무수한 이민족의 침략과 루마니아 정교의 영향 때문이라고 한다. 특히 45년간의 공산정권은 국가 의존도를 심화시켰다. 차우셰스쿠 시절 비밀경찰의 감시를 받고, 인구증가 정책에 따라 강제로 부부관계를 맺어야 했던 엽기적인 기억[71]은 사라지고, 그 자리에 공산주의 분배경제의 환상이 자리 잡은 것이다.

그렇기 때문에 최근 차우셰스쿠 시절의 다코마니아 선전이 일반인들에 의해 확산되고 있는 현상은 더욱 씁쓸하다. 지금 대중들은 근대 루마니아의 통합과 독립을 위해 창의적이고 열정적인 민족주의 운동을 벌였던 기억보다

---

71   이것에 대한 자세한 설명은 'Box Story'를 참고하라.

2017년 1월, 반부패를 외치는 청년들의 스마트폰 시위. 6만 명의 루마니아 청년들이 스마트폰으로 루마니아의 국기를 그리고 있다.

한 독재자의 망상에 다시 사로잡히고 있다. 이러한 반이성적 흐름은 대★ 루마니아주의를 외치는 극우정당이 원하는 바다.

우둔한 독재자는 국가를 밝은 미래로 이끌 능력 대신 영광스러운 과거를 국민들에게 보여주려 한다. 그것은 전체주의 사회에서 보다 수월한데, 없던 것을 조작해서 만들거나 작은 것을 과대포장할 수 있기 때문이다. 차우셰스쿠는 고대사를 연금술의 재료처럼 생각했던 대표적인 독재자였다.

루마니아 국민들이 그 시절의 고통과 잔혹성을 잊어버린 채 달콤했던 환상에만 의지하지 않기를 바란다. 물론 최근 이런 우려를 잠재울 만한 사건도 있었다. 2017년 1월 루마니아의 청년들은 부패에 연루된 범죄자들의 사면에 반대하며 1달 동안 야간 시위를 벌였고, 결국 정부는 이를 받아들여 법안을 철회했다. 앞으로도 청년들의 건강한 비판 정신이 확산되었으면 한다.

소설 《1984》와 루마니아

조지 오웰의 《1984》는 대표적인 디스토피아 소설이다. 이 책의 '프롤로그'에서 설명한 것처럼 디스토피아는 현실에 존재하지 않는 세상이다. 너무 나쁜 것들로만 가득 차 있어서, 설마 그런 곳이 이 세상에 있을지 의구심이 들게 만드는 곳이다.

그런데 차우셰스쿠 시절의 루마니아는 《1984》 속 세상과 너무나도 닮았다. 차우셰스쿠는 헝가리의 침입보다 국내의 반정부 세력을 더 두려워했고, 사회 전체를 감시와 고발의 사슬로 묶으려 했다. 2,000만 명의 국민들은 약 50만 명에 달하는 비밀경찰과 정보원에 의해 감시받았다. 그것도 모자라 전 국민이 서로를 감시했다. 정부는 친척, 친구, 직장 동료 간 고발을 유혹했고, 설사 거짓 또는 과장된 내용을 가지고 고발을 하더라도 월급을 올려주거나 선물을 주었다.

소설 《1984》의 주인공 윈스턴 스미스는 그 직업부터가 디스토피아적이다. 그는 평당원으로, 과거의 신문을 읽으며 당의 잘못과 당에 대한 비판을 다룬 기사를 삭제하는 임무를 수행한다. 과거와 기억, 역사를 아예 지워버리는 것이 그의 직업인 셈이다. 이 과정에서 윈스턴은 체제에 불만을 갖게 되고 동료인 오브라이언의 도움으로 지하 단체에 가입한다. 그러나 사실 오브라이언은 반체제 인물을 감시하는 비밀경찰과도 같은 존재였다. 그는 7년간의 연기 끝에 윈스턴을 체포하고 무자비하게 고문한다.

공산당 시절 루마니아는 비밀도청기로 악명이 높았다. 가정용 전화기에는 물론 사무실 책상, 심지어 화장실에도 도청기를 숨겼다고 한다. 다만 그 도청기의 절반 이상은 작동이 되지 않는 가짜였다고 하나, 어쨌든 그런 장치들의 존재만으로도 국민들의 대화는 위축될 수밖에 없었다.

이러한 환경은 소설 《1984》에 나오는 텔레스크린을 연상시키는데, 당원들은 이 기계를 통해 당의 선전 영상을 의무적으로 봐야 했을 뿐만 아니라 감시도 받았다. 텔레스크린은 텔레비전인 동시에 오늘로 치면 CCTV와도 같은 것이었기 때문이다.

더욱 놀라운 것은 남녀 간의 성행위를 정부가 통제했다는 사실이다. 소설 《1984》에서 당의 '빅브라더'는 남녀의 섹스가 역겨운 행위라고 주장하며, 출산을 위해서만 예외적으로 이를 허용한다. 쾌락을 위한 성행위는 금지되었고 만약 이를 어긴 것이 발각되면 처벌받았다. 정부가 이렇게 섹스를 적대시한 이유는 남녀 간, 가족 간의 애정을 두려워했기 때문이다. 정부는 국민들이 당 이외에 충성할 대상이 생기는 것을 용납할 수 없었던 것이다.

《1984》에 등장하는 텔레스크린.

차우셰스쿠는 이와는 반대로 섹스와 임신을 강요했는데, 그 과정이 엽기적이고 반인륜적이었다. 1960년대 산업화 정책에도 불구하고 루마니아의 인구증가율이 낮자 차우셰스쿠는 미래에 노동력 부족 사태가 발생할 것을 걱정했다. 이와 같은 경제적 동기에서 출산장려 정책이 펼쳐졌는데, 그 실태는 상상을 초월한다.

먼저 차우셰스쿠는 1966년부터 피임과 낙태를 금지했다. 자녀가 없는 부부에게는 세금을 부과하는가 하면 이혼마저도 금지했다. 콘돔과 피임약이 금지되다 보니 여성들은 위험한 방식의 피임을 마다하지 않았다. 결국 출산율도 증가하지 않았다.

차우셰스쿠는 더욱 미쳐갔다. 1980년대에 들어 정부는 가임기에 있는 모든 여성들의 월경 주기와 임신 여부를 조사했다. 의사뿐만 아니라 비밀경찰도 여성의 의도적인 임신 거부나 낙태 의도를 감시했다. 배란기에 있는 여성이 남편과 관계를 가졌는지도 감시되었고, 만약 성관계를 갖지 않았다면 세금을 부과했다. 인권 유린에 가까운 방법으로 결국 인구는 늘었지만, 이중에는 원치 않았거나 가정형편상 키울 수 없어 고아가 된 10만 명의 '차우셰스쿠의 아이들Ceausescu's children'도 탄생했다.

조지 오웰이 《1984》을 탈고한 것은 1948년이었다.[72] 그는 소설을 통해 스탈린주의와 나치즘의 전체주의적 요소들이 극단적으로 발전해 사소한 인간성의 조각마저 부정되는 비현실적인 사회를 묘사했다. 집

---

72 그는 1948년의 4와 8을 뒤바꾸어 책의 제목을 《1984》로 지었다. 우연인지 모르지만 1984년은 루마니아가 디스토피아적 사회로 치닫고 있던 시기였다.

필 당시 그는 결핵을 앓고 있었고 탈고한 이듬해 숨을 거두었는데, 그가 죽지 않고 차우셰스쿠 시대를 보았다면 감회가 남달랐을 것이다.

최근 트럼프 정부의 출범과 국제 질서의 혼돈을 계기로 그의 소설이 다시 주목받고 있다. 조지 오웰의 아들 리처드 블레어Richard Blair 역시 의미심장한 말을 남겼다. "아버지에게는 선견지명이 있었다. (…) 소설이 발간된 지 70년 가까이 흘렀지만, 사람들은 아버지의 작품을 매번 다시 읽으며 소설과 현실이 서로를 모방한다는 것을 알게 된다." 차우셰스쿠 시절의 루마니아가 어떤 소설을 모방한 것인지는 알 수 없지만, 섬뜩하기는 마찬가지다.

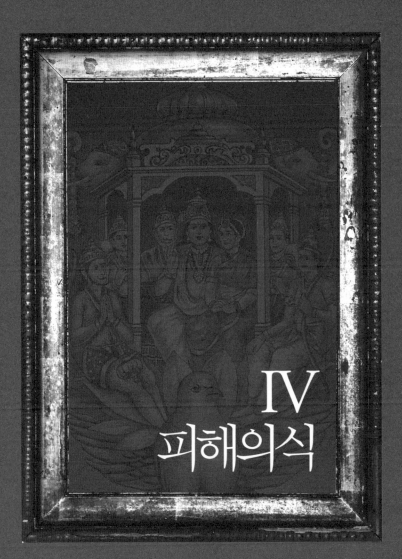

IV
피해의식

|09|

헝가리:
민주적으로 탄생한 마피아 국가

비극의 발단

"헝가리는 민주주의 수출에 반대한다."

헝가리 오르반Viktor Orban 총리가 지난 2016년 7월에 했던 말이다. '민주주의 수출'은 미국 민주당의 외교 정책을 의미한다. 당시 미국은 대통령 선거로 달아오르고 있었고, 오르반 총리는 공공연하게 트럼프 후보의 반이민 정책과 국수주의적 정책을 지지했다. 일국의 지도자가 타국 대선 후보에 대해 지지를 표명하는 것도 놀랍지만, 민주주의를 공통분모로 하는 EU 회원국이 민주주의의 확산을 거부하는 것 역시 놀랍다.

사실 헝가리는 모범적인 구 공산권 국가였다. 베를린 장벽 붕괴에 앞서 헝가리는 1989년 4월 오스트리아와의 국경에 설치되었던 240킬로미터 길이의

왼쪽: 1989년 양국 국경의 철조망을 끊고 있는 오스트리아와 헝가리의 외교 장관. ⓒNewsOK.
오른쪽: 헝가리 국경을 넘어 오스트리아로 탈출하는 동독인들. 철조망을 해체한 덕에 헝가리에 거주하던 동독인들은 베를린 장벽 붕괴에 앞서 서방 진영으로 탈출할 수 있었다.

전기철조망을 제거했다. 헝가리 국민들이 자유롭게 오스트리아에 가서 생필품을 살 수 있도록 한 조치였다. 당시 헝가리에 있던 900여 명의 동독 사람들도 이 길을 따라 오스트리아를 거쳐 서독으로 갈 수 있었는데, 전기철조망의 해체는 베를린 장벽 붕괴의 전조가 되었다.

1년 뒤 헝가리는 헌법을 개정해 사회주의를 폐지했고 다당제와 민주주의를 채택했다. 갑작스러운 시장경제의 도입으로 어려움을 겪었지만 헝가리는 비교적 변화를 잘 이겨내면서 유럽의 일원이 되는 길을 착실히 밟아왔다.

오르반은 그 길을 제시했던 지도자였다. 1989년 26세의 청년 오르반은 소련의 압제와 공산당 일당독재에 저항하며 대중의 인기를 얻었고, 1998년 35세의 나이로 총리에 올랐다. 당시 오르반은 러시아의 반대에도 불구하고 NATO 가입을 주도하며 서구화를 추구했던 지도자였다.

하지만 2010년 무렵 오르반은 완전히 다른 정치인이 되어 있었다. 2002년과 2006년 선거에서 좌파 사회당에 연거푸 패배한 오르반은 포퓰리즘을 정치적 도구로 선택했다. 당시 헝가리는 2008년 외환위기로 인해 긴축재정을 택할 수밖에 없었고 이로 인해 국민들의 소득과 복지수준은 곤두박질했다. 좌파 정당에 대한 실망감이 만연했던 사회적 분위기 속에서 오르반의 청년민주연합당Fidesz은 의회 의석 수 3분의 2 이상을 차지하는 대승[73]을 거두었다. 오르반은 단독정부를 구성할 수 있었고, 헌법 역시 독자적으로 개정할 수 있는 막강한 권력을 가지게 되었다.

그러나 이는 비극의 시작이었다. 한 정당이 개헌 정족수 이상의 의석을 갖는 일은 흔하지 않으며 바람직하지도 않다. 특히 중산층이나 시민사회가 발달하지 못한 곳에서는 합법적으로 보장된 다수의 힘을 막을 방법이 없다.

2010년 총선에서 대승을 거두는 청년민주연합당. 독자적으로 헌법을 개정할 정도의 대승은 오히려 불행의 시작이었다. ⓒWikipedia.

---

73 실제로 청년민주연합당은 2010년 총선에서 과반수가 조금 넘는 52퍼센트의 득표율을 얻었지만 의회에서는 263석을 확보했는데, 이는 전체 의석수의 68퍼센트였다. 헝가리는 의원내각제 국가이며 헌법 개정은 국회의원 3분의 2 찬성으로 가결된다.

오르반 총리는 헝가리의 역사를 거꾸로 돌리기 시작했다. 총리의 소수 측근들은 새 헌법의 초안을 비밀리에 작성했고, 2011년 4월 국회에 개헌안을 상정했다. 개정 헌법 초안에 대한 여론 수렴이나 공청회는 열리지 않았는데, 여당이 개헌 정족수를 확보한 상황이니 공청회는 필요가 없다고 본 것이다.

개헌 투표에는 여당과 소수 극우정당만이 참여했고, 80명의 야당 의원은 정부의 횡포에 맞서 아예 표결에 불참했다. 개정 헌법은 찬성 262표, 반대 44표라는 압도적인 표차로 채택되었다.

이 헌법은 집권당의 권력을 노골적으로 강화하기 위한 것이었다. 국회의 입법 심사 기능을 약화시켰고, 정부의 재정과 조세에 관한 문제를 헌법재판소의 소송 대상에서 아예 제외해버렸다. 오르반은 민주주의의 기본 원리인 '견제와 균형의 원리'가 미국의 발명품일 뿐 유럽에는 적합하지 않다는 궤변만을 늘어놓을 뿐이었다.

가장 심각한 점은 기존 헌법재판소의 판결에 관해서였다. 새 헌법은 2012년 1월 1일 이전까지 헌법재판소가 내린 판결을 모두 무효화한다고 규정했다. 오르반 정부는 기존 헌법재판소의 판결이 사회주의 시절의 잔재에서 벗어나지 못했으며, 이와 결별하기 위해 판결을 무효로 돌릴 필요가 있다고 주장했다. 이로 인해 2012년부터 헝가리 헌법재판소는 백지에서 다시 시작하는 신설 헌법재판소와도 같은 처지가 되었다. 이제 오르반 정부가 만든 새 헌법이 재판의 기준이 된 것이다.

국제사회는 맹비난을 퍼부었다. 삼권분립을 무시한 이 헌법은 명백히 집권당의 장기 독재를 위한 것이었다. 특히 헌법재판소의 판결들을 일률적으로 무효화시킨 이 조치는 기존 헌법 정신뿐만 아니라 1990년 이후 고단하게 걸어왔던 민주화의 길, 그리고 그 과정에서 내렸던 법적인 판단마저 부정하

왼쪽: 헝가리의 포퓰리스트 총리 빅토르 오르반. 그는 서구식 민주주의를 공개적으로 반대한다. ⓒWikipedia.
오른쪽: 젊은 시절의 오르반. 그는 개방과 민주화를 외치던 투사였다.

는 일이었다.

새 헌법은 오르반의 통치 이념인 소위 '반자유적 민주주의illiberal democracy'
를 실현하기 위한 바탕이었다. 헝가리 시민들이 누리는 자유가 지나치게 많
다고 생각했던 오르반은 헝가리를 러시아나 중국과 같은 사회 체제로 만들
어왔다. 다양한 견해와 가치에 대한 토론이 사회적 분열만 일으킨다고 본 오
르반은 오직 정부 정책에만 순응하는 사회 체제를 만들기 위해 법과 제도를
개악시켰다.

이로 인해 지난 7년 동안 헝가리는 유럽에서 가장 비민주적이고 퇴행적인
국가가 되어버렸다. 그런데 이러한 변화 과정에서 과거 독재의 상징이었던 물
리적 폭력은 전혀 동원되지 않았다. 단지 의회 내 압도적 다수의 힘에 의한
합법적이고 제도적인 폭력을 동원해 벌어진 일이기에, 더욱 소름 끼치는 현
상이라 하겠다.

마피아 국가

반자유적 민주주의화 노력의 결과는 결국 '마피아 국가Mafia state'의 탄생이었다. 마피아 국가란 중요한 국가 정책이나 재화의 배분이 소수의 폐쇄적 권력집단에 의해 은밀하게 이루어지는 체제를 말한다. 이런 체제에서는 최고 권력자를 중심으로 사적인 충성 관계에 따라 법과 제도를 초월한 권력 집단이 생기면서, 이들이 국가를 실질적으로 운영하게 된다. 마피아 국가는 그 모습이 마치 마피아 패밀리와 같은 조직폭력 집단과 유사하다고 해서 붙여진 명칭이다. 정치학자들은 러시아와 아제르바이잔, 헝가리를 전형적인 마피아 국가로 본다.

마피아 국가의 대표적인 경제 정책은 국유화다. 이권을 민간으로부터 거두어들인 다음 소수의 패밀리 안에서 서로 나눠 먹는 것이다. 오르반 정부는 1991년 이후 민간에 의해 운영되는 부분을 국유화했는데, 그 대상이 민간연금, 저축협동조합, 에너지, 건설, 운송, 언론, 광고 등 광범위한 분야를 포함한다. 물론 이 국영기관의 책임자들은 오르반에게 충성을 바치는 패밀리로 바뀐다.

또한 오르반 정부는 지방분권화에 역행해온 것으로도 악명이 높다. 지방 정부의 권한을 대거 중앙으로 이관해오면서 지방 정부는 중앙 정부의 거물과 연결된 패밀리에 의존할 수밖에 없는 구조가 되었다. 헝가리는 이제 지방 병원장과 학교장은 물론이고, 학부형 회장마저도 중앙정부에 물어보고 선임해야 하는 나라다.

그렇다고 중앙의 기관들이 정상인 것도 아니다. 국회는 이미 행정부의 하부기관으로 전락해버렸다. 서구 시민사회는 헝가리 국회가 법을 만드는 기관이라기보다는 행정부가 만든 법을 형식적으로 통과시키거나 포장해주는 공장이나 마찬가지라고 비난하고 있다. 그렇게 통과된 법 가운데에는 정권의 필요에 따라 소급효를 적용하는 막무가내식 법도 있을 정도다. 국회뿐만 아니라 검찰, 감사원, 국세청, 통계청, 대법원 역시 오르반의 최측근들이 지배한다. 이전 정부에서 임명된 대법관들은 법관 임기를 단축시키는 막무가내식 법에 의해 옷을 벗어야 했다.

정말로 심각한 것은 언론 장악이다. 2010년 집권하자마자 오르반 정부는 방송법을 개정해 독립적 언론 심의 기구를 만들었다. 하지만 이 기구는 마피아들에 의해 장악되었고 사실상 언론 탄압, 검열 기관과 다를 바 없다. 정부는 광고 시장에 손을 뻗침으로써 언론을 무릎 꿇게 했는데, 광고계의 큰손인 국영기업들에게 반정부 성향의 언론사와 광고 계약을 맺지 말라고 암묵적으로 지시한 것이다. 아무리 올곧은 소신을 가진 언론사라 할지라도 광고 수익 없이는 운영이 불가능하다. 언론사들은 자기검열을 통해 정부를 비판하는 내용의 기사 송출을 자제하거나, 울며 겨자 먹기로 정부 찬양 광고를 송출하되 화면 하단에 "본 광고는 방송사의 입장과는 관계가 없음"과 같은 자막을 내보냈다.

그래도 말을 듣지 않는 방송사가 있다면 검찰과 국세청의 힘을 이용해 방송사 지분을 빼앗아버렸다. 인터넷 독립 언론사였던 오리고Origo는 2014년 오르반의 측근이 공금을 유용했다는 혐의를 보도했는데, 편집주간은 조사를 받았고 직원들은 해고되었다. 언론사는 누군가에게 매각되었는데 이후 온갖 가짜 뉴스를 쏟아내는 정부의 어용 언론사가 되어버렸다.

물론 온갖 역경과 장애를 딛고 양심에 따라 뉴스를 제공하는 언론사도 있다. 그러나 오르반 정부와 결탁한 언론사의 정보량에 비하면 매우 왜소한 수준이다. 헝가리의 시민사회는 소수 언론의 목소리가 시민들에게 전달되는 비율이 10퍼센트 정도밖에 되지 않을 것으로 보고 있다. 나머지 90퍼센트는 모두 정부를 옹호하는 보도들이다.

조지 소로스의 동물농장

헝가리가 이와 같이 광범위한 조직범죄형 국가가 되어가고 있는 현실에 가장 크게 분노하는 사람은 아마 세계적 투자가 조지 소로스George Soros일 것이다. 헝가리 출신 유대인인 그는 조국의 민주화와 시민 교육을 위해 그간 투자와 지원을 아끼지 않았다. 그는 사비로 부다페스트에 중앙유럽대학Central European University을 설립했고, 헝가리의 시민단체를 양성했다. 소로스의 장학금을 받아 영국에서 공부할 수 있었던 오르반 역시 이러한 활동에 대해서는 반대하지 않았다.

그러나 2015년부터 불거진 무슬림 난민 문제로 인해 소로스와 오르반의 사이는 갈라지기 시작했다. 2차 세계대전 당시 유대계 난민이었던 소로스는 헝가리가 무슬림 난민에게 관대한 국가가 되기를 원했고, 그가 설립한 대학과 시민단체 역시 소로스의 입장을 지지했다. 난민 수용을 반대하는 오르반 정부는 이제 그에게 독설을 퍼붓고 그를 '환율 조작 범죄자' 또는 '불법 이민을 조장하는 반역자'로 묘사했다.

오르반 정부가 2017년부터 소로스가 설립한 중앙유럽대학을 탄압하면서, 두 사람의 적대 관계는 결국 국제적인 관심까지 끌게 되었다. 헝가리 정부는 이 대학이 헝가리에만 캠퍼스를 두고 있음에도 헝가리 학위와 미국 학

위: 조지 소로스가 사비를 털어 헝가리에 설립한 중앙유럽대학. 그는 헝가리 학생들이 보다 민주적이고 박애적인 시민으로 성장하기를 바랐다. ⓒWikipedia.
아래: 헝가리 정부의 중앙유럽대학 탄압에 저항하는 학생들. ⓒUSNews.

위 모두를 수여해온 것을 문제 삼았다. 오르반 정부는 2017년 4월 특별법을 제정해 2018년 1월 1일부터 중앙유럽대학의 미국 학위 수여를 금지했다. 만약 이 규정을 위반할 경우 신입생 등록은 허용되지 않았다. 중앙유럽대학이 1991년 헝가리 내 미국 대학으로 설립 인가를 받았으니 미국 학위를 수여하는 것은 당연한 일인데도 27년 만에 이를 금지한 소급 입법을 보면, 오르반 정부가 얼마나 앞뒤를 가리지 않는 정권인지를 알 수 있다.

정부의 이와 같은 조치에 대해 중앙유럽대학 학생들과 소로스가 후원하는 시민단체 일원들은 대규모 반정부 집회를 열었다. 소로스는 이들의 데모를 "오르반 마피아에 대한 저항"이라고 표현했다. 이에 대해 오르반 정부는 "소로스의 뒷돈을 받는 시민단체야말로 마피아 조직이며, 중앙유럽대학의 학생들은 조지 오웰의 소설《동물농장Animal Farm》의 동물들과 다름없다"며 조롱했다.[74] 소로스는 6월 1일 유럽집행위원회가 개최한 브뤼셀 경제포럼에서 오르반이 기만과 부패로 점철된 마피아 국가의 최고 책임자라고 공개적으로 비판했다.

국제적 관심을 받는 자리에서 망신을 당한 오르반은 헝가리 국민들에게 소로스에 대한 증오를 강요하고 있다. 공영 방송은 소로스를 조롱하는 영상물을 제작해 황금 시간대에 방송했고, 국영 홍보 부서는 소로스를 조롱하는 입간판과 포스터를 전국에 내걸었다.

이는 마치 조지 오웰의 또 다른 소설《1984》 가운데 가장 우울한 장면인 '2분 증오'[75] 와 유사할 정도로 극단적인 반응이다. 뒤집어 말하면 그만큼 소로스의 주장이 오르반에게 치명적인 위협이었다는 것이다. 이미 헝가리 국내의 권력과 이권을 모두 차지한 마피아 집단은 왜 소로스를 두려워했던 것일까?

---

74 《동물농장》은 동물들이 농장주를 쫓아내고 새로운 독재자를 탄생시킨다는 내용의 디스토피아 소설이다. 오르반 정부는 중앙유럽대학 학생들이 헝가리 정부를 배신하고 새로운 사상적 독재자인 소로스를 추종한다는 의미에서 이 소설을 인용한 것으로 보인다.

75 《1984》에서 당은 국민들에게 반역자 골드스타인이 무엇을 잘못했는지에 대한 영상물을 보여주고, 그에 대해 증오하는 시간 2분을 준다.

위: 영화 〈1984〉의 2분 증오 장면. ⓒ1984 Virgin Films.
아래: 헝가리 전역에 설치된 소로스 비판 광고. "소로스가 뒤에서 웃게 만들지 말자"라고 쓰여 있다. 광고는 마치 소로스가 헝가리 몰래 검은 음모를 꾸미고 있음을 연상시킨다. ⓒWikipedia.

수호자 신드롬

헝가리의 마피아 정권은 국민의 자유와 권리를 가져간 대신 민족주의적 환상을 주었다. 오르반은 헝가리의 역사를 피해자의 역사로 규정하면서 이러한 불행을 막기 위한 수호자 역할을 자처했다.

이는 헝가리인의 500년 피해의식을 이용한 것이다. 헝가리는 9세기 마자르인의 왕국 건설로 민족국가의 기초를 닦았다. 그러나 16세기 오스만튀르크와 17세기 합스부르크왕조의 지배로 인해 독립하지 못했으며, 오스트리아-헝가리라는 이중 제국으로서 참전했던 1차 세계대전에서는 패전국이 되어 영토의 3분의 2를 박탈당하는 치욕적인 트리아농Trianon 조약을 받아들여야만 했다. 이후 헝가리는 잃어버린 영토를 회복하고 공산주의의 위협에 맞서기 위해 히틀러와 동맹을 맺었지만, 그 결과는 소련에 의한 점령과 새로운 억압의 세월뿐이었다.

이러한 기억을 가진 국민을 상대로 하는 정치가는 피지배층에 보다 용이하게 피해의식이 스며들게 할 수 있는데, 특히 이웃 국가의 의도를 정치적으로 왜곡해 전달하는 것이 그 수단 가운데 하나다. 오르반은 취임 초기부터 EU와 서구 국가를 헝가리의 새로운 적이자 압제자로 묘사하면서 헝가리 국민들의 적개심을 키워왔다.

그 발단은 오르반 정부의 비민주적인 헌법 개정과 언론 탄압이었다. 2011년부터 언론과 시민사회는 민주주의의 시계를 거꾸로 돌리는 오르반 정부를

헝가리제국의 분열

1차 세계대전의 결과는 헝가리에게 너무나도 가혹했다. 기존 오스트리아-헝가리의 영지 중 가운데 지역만이 현재의 헝가리다.

비판했고, 특히 EU 내에서는 삼권 분립과 언론의 자유를 유린한 헝가리가 EU의 법을 위반했으므로 EU 회원 자격을 박탈하고 경제적 지원을 중단해야 한다는 주장들이 속출했다.

하지만 오르반 총리는 이것이 주권 침해라고 맞섰다. 그는 그 나라의 민족적, 역사적 전통에 기초를 둔 민주주의 체제와 방식에 대해 어떤 나라든 비판할 권리가 없다고 주장했다. 특히 자유민주주의, 인권, 시민사회의 역할과 같은 개념들은 서유럽에서 발달한 것이니, 중유럽 국가에게 그런 개념들을 강요해서는 안 된다고 덧붙였다.

또한 오르반은 이를 국내 정치에도 활용했다. "헝가리는 다시 식민지가 될 수 없다." "EU는 과거 소련과 다를 것이 없다." "헝가리인은 외국의 지시에 따라 살지 않겠다." 이러한 정치적 선전의 의도는 헝가리가 500년 고통도 모자라 오늘날에도 강대국의 압박을 받고 있음을 과장하고, 오르반이야말로 진정한 헝가리의 수호자라는 인식을 확산시키는 것이었다.

무슬림 난민 문제를 계기로 오르반은 수호자론에 더욱 열을 올렸다. 적이 하나 더 생겼기 때문이다. 기독교 국가인 헝가리의 종교적, 민족적 단일성을 더럽힐 무슬림이 바로 새로운 적이었다. 또한 이들을 수용하라고 요구하는

2012년 1월 헝가리 부다페스트의 반 EU 시위.

EU는 더욱 압제적인 제국으로 선전되었다.

오르반은 헝가리가 역사적으로 유럽 기독교 세계의 수호자이자 요새였다고 주장한다. 13세기 몽골, 16세기 오스만제국의 침략에 저항한 헝가리가 바로 유럽의 방파제였다는 것이다. 오르반은 스스로 십자군의 기사가 되겠다고 말했다.

그러나 이 주장에는 흠결이 있다. 실제로는 몽골 군대가 헝가리를 완파했고 장기적인 지배도 할 수 있었지만, 원제국의 오고타이 칸Ogotai Khan이 사망했다는 소식 때문에 급속히 철수했다. 또한 1683년 오스만제국이 비엔나로 진격했을 때, 합스부르크가의 지배에 반대했던 일부 헝가리 귀족은 오스만제국을 도왔다. 그럼에도 불구하고 오르반 정부는 2015년부터 기독교 세계의 순수성을 지킨다는 명목으로 세르비아와 크로아티아 국경에 철조망을 설치했다. 심지어 철조망을 끊고 국경을 넘은 시리아 난민에게 물대포까지

2012년 3월 15일, 코슈트 광장Kossuth Lajos tér에서 오르반은 대중에게 "헝가리인들은 외국의 명령에 따라 살지 않겠다"고 선언했다.

난사하기도 했다.

오르반 정부는 중동 난민의 수용을 요청하는 EU를 제국주의 국가의 성향과 연관 짓고, 이를 교과서에까지 기술했다. 오르반 정부가 제작한 역사 교과서에는 다음과 같은 내용이 쓰여 있다.

"과거 식민지를 운영했던 제국주의 국가들은 이민족의 국내 유입을 자주 경험해왔고 따라서 오늘날 난민을 수용함에 있어서 큰 걸림돌은 없을 것이다. (…) 그러나 그런 경험이 없는 헝가리에게 난민 수용을 강요하는 것은 헝가리가 지켜온 민족적 순수성과 문화적 동질성을 희생하라고 요구하는 것이다."[76]

그리고 교과서는 학생들에게 질문을 던진다.

"난민 위기를 논할 때 왜 서구 제국주의 국가들은 우리와 다른 태도를 보이는가?"

"헝가리인의 동질성과 단일성은 어느 정도라고 생각하는가?"

헝가리의 동질성과 단일성을 논하기 전에, 헝가리 학생들이 먼저 배워야 할 것이 있다. 1956년 반소련 혁명의 실패로 헝가리에서는 20만 명 가까운 시민들이 해외로 망명해야 했다. 이들 대부분은 오스트리아 국경을 넘었는데, 오스트리아 정부는 이들의 정치적 망명을 허용했다.

20만 명의 헝가리인들은 오스트리아 외에도 영국, 미국, 캐나다 등지로 이

76　이는 오르반 총리의 EP(유럽의회) 연설문을 그대로 교과서에 옮긴 것이다.

왼쪽: 1956년 겨울, 서유럽 시민들은 헝가리 난민을 위해 옷과 이불을 기증했다. ⓒMilitary Communications and Electronics Museum.
오른쪽: 캐나다 정부는 헝가리 난민 일부를 수용하기로 했고, 캐나다에 도착한 이들은 첫날밤을 밴쿠버 공항 내 임시 숙소에서 지냈다. ⓒVancouver Daily Province.

주했다. 오늘날 런던에는 약 8만 명의 헝가리인이 거주하고 있고, 헝가리인은 런던을 '헝가리의 다섯 번째 큰 도시'라고 부를 정도다.

반면 EU가 헝가리에게 할당한 무슬림 난민의 수는 1,294명이고 이는 1,000만 헝가리 인구의 0.01퍼센트 정도일 뿐이다. 200킬로미터 가까이 되는 길이의 철조망을 국경에 설치한 오르반 정부는 정작 1956년의 헝가리 난민에 대해서는 말하지 않는다. 당시 유럽의 시민들은 추위에 고통받던 헝가리 망명자들에게 담요와 옷을 기증했는데, 오르반 정부는 시리아 난민에게 물대포를 쏘았다.

헝가리의 순수성과 이를 지키는 수호자의 망상이 비난을 받는 것도 그 행태가 1956년의 기억과 너무나도 다르기 때문이다. 결국 수호자론이란 마피아 국가의 지도자가 자신에 대한 비판을 무마하기 위해 만든 허구이며, 국민의 역사 인식마저 왜곡하는 일그러진 포퓰리즘일 뿐이다.

선한 헝가리

오르반의 수호자론은 필연적으로 헝가리의 역사적 과오 지우기로 연결된다. 수호자는 반드시 선량한 존재여야 하기 때문이다. 헝가리는 2차 세계대전 발발 전부터 히틀러와 동맹을 맺었고, 43만 명의 유대인을 아우슈비츠로 보냈다. 하지만 오르반은 헝가리가 나치 독일의 협박과 강요에 의한 피해자라고 주장하면서 역사 지우기에 매진해왔다.

오르반 정부의 헌법 개정은 역사학계로부터도 비난을 받았다. 개정 헌법 전문에는 헝가리의 자결권이 1944년 3월 19일 상실되었다는 조항이 있다. 이날 독일은 헝가리에게 총리를 경질하고 친독일 인사로 교체하라고 강압했다. 전황이 소련 쪽으로 기울자 총리가 동맹을 이탈하고 소련군에 항복하려 했기 때문이다. 당시 헝가리의 실권자였던 미클로시 호르티Miklos Horthy는 독일의 요구를 받아들여 주 베를린 헝가리 대사였던 되메 스토여이Dome Sztojay를 총리로 임명했다. 반유대주의자였던 스토여이는 8주간 하루 평균 1만 명이 넘는 유대인을 아우슈비츠로 실어 날랐다.

왼쪽: 하루 평균 1만 명 이상의 유대인을 아우슈비츠로 실어 날랐던 헝가리의 홀로코스트 열차. ⓒWikipedia.
오른쪽: 헝가리의 나치 정당인 화살십자당의 당원. ⓒWikipedia.

하지만 강압에 의해 총리가 바뀌었다고 해서 헝가리의 자결권이 상실되었다고 보기는 어렵다. 호르티 역시 반유대주의자로서 1938년 유대인의 직업과 결혼, 심지어 성행위마저도 제한하는 법을 만들었다. 그러나 1944년 7월 아우슈비츠의 실상이 전 세계에 알려지고 헝가리에 대한 비판이 일자 호르티는 총리에게 유대인 송출을 중단하라고 지시한다. 이 지시에 따라 3월 15일부터 56일간 43만 명의 유대인을 실었던 홀로코스트 열차는 중단된다. 자결권이 없었다면 불가능한 일이다.

또한 무엇보다도 나치와의 동맹을 끝까지 지킨 것은 바로 헝가리의 극우 정당인 화살십자당Nyilaskeresztes Párt이었다. 호르티는 비밀리에 소련과 항복 협상을 해왔고, 1944년 10월 15일 라디오 방송을 통해 추축국 동맹으로부터의 탈퇴와 소련에 대한 항복을 선언한다. 하지만 방송 직후 화살십자당은 호르티를 납치해 항복 선언을 무효로 만들었다. 화살십자당은 나치의 도움으로 괴뢰정부를 구성했고, 이는 성공한 쿠데타였다.

나치 추종 집단인 화살십자당은 소련군과의 항전을 계속했지만, 이미 소련군은 부다페스트의 숨통을 조여왔고 12월 무렵에는 완전히 포위했다. 풍전등화의 상황에서도 화살십자당은 끝까지 유대인을 학살했다. 1만 2,000여 명의 유대인들은 다뉴브 강변에서 헝가리 군경의 명령에 따라 신발을 벗었고, 그 자

다뉴브 강변의 신발. 부다페스트가 소련군에 의해 함락되기 직전까지 유대인들은 박해받았다. ⓒWikipedia.

리에서 총살당했다. 시신은 다뉴브강을 따라 흘러갔지만 그들의 신발은 강변에 남았다. '다뉴브 강변의 신발'이라는 이름으로 기억되는 이 학살 역시 헝가리의 자결권과는 무관한, 나치 독일의 의사로 저질러진 범죄일까?

그로부터 70년이 지난 2014년, 오르반 총리는 총선에서 다시 승리해 집권을 연장했고 그해 7월에 유럽에서 가장 혹독한 비판을 받는 조형물 하나를 부다페스트 자유광장Szabadság tér에 세웠다. 이 조형물은 새벽에 기습적으로 설치되었는데, 기획 단계에서부터 치졸한 역사 왜곡이라는 비판을 받았기 때문이다.

이 조형물은 독일의 헝가리 점령 70주년과 그 피해자인 헝가리인을 추모하기 위한 것이었다. 포악한 독수리 1마리가 양 날개를 활짝 펴고 매서운 눈빛으로 천사 가브리엘을 내려다보고 있다. 선량하고 가여운 눈의 가브리엘은 여호와를 향해 기도한다.

부다페스트 자유광장의 나치 점령 기념관. 유대인만큼 헝가리도 나치의 피해자임을 주장하는 이 조형물은 격렬한 논란을 야기했다. ⓒShutterstock.

이것이 뜻하는 바는 자명하다. 검은 날개의 독수리는 나치를, 가브리엘은 선량하고 무고한 헝가리를 상징한다. 기독교 국가인 헝가리가 나치 독일의 피해자라는 것이다. 조형물이 설치된 2014년은 사실 헝가리계 유대인의 아우슈비츠 강제 이송 70주년이었다. 헝가리 정부가 독일 점령 70주년을 강조하기 위해 독수리와 천사 가브리엘을 소재로 조형물을 전격 설치한 이유도 유대인만큼 헝가리인들도 나치의 피해자라고 주장하고 싶었던 것이다.

요컨대 이 조형물을 통해 마피아 국가가 국민에게 주고자 하는 것은 단순하다. 헝가리인은 아무 잘못이 없는 역사의 피해자이며, 모든 불행의 근원은 사악한 서구에게 있다는 환원론적 위안이다. 현대 아프리카의 모든 불행이 유럽의 식민 지배에서 시작되었다고 주장하는 것과 다르지 않다. 오르반 정부는 헝가리의 전기세, 가스세가 비싼 것도 유럽 기업의 약탈적 이윤 추구 때문이라고 말한다. 이렇게 유럽에 대한 적대감을 조장하는 것이 마피아 국가의 에너지 산업 독점 구조를 고치는 것보다 훨씬 쉽고, 또 정치적으로도 도움이 된다.

헝가리는 서유럽과 동유럽을 왕래하는 연락선과 같아서, 그 정체성이 일정하지 않았다. 동유럽에 기원을 두었지만 헝가리인의 열망의 대상은 서유럽의 선진화된 국가였다. 그러나 역사적 현실은 냉혹했다. 오스만제국과 공산주의 소련에 의해 그들의 열망은 늘 좌절되고 말았던 것이다.

2004년 EU 가입으로 서유럽의 일원이 되고자 했으나, 지난 7년간 헝가리의 뱃머리는 동유럽 쪽으로 다시 돌아가고 있었다. 물론 2018년 총선 결과에 따라 다시 서유럽으로 회귀할 수도 있겠지만, 현재 헝가리의 정치 상황은 밝지 않다. 오르반의 청년민주연합당을 견제할 수 있는 유일한 세력은 보다 극우적인 죠빅당Jobbik Magyarországért Mozgalom77이다. 오르반은 진보 야당은 무시한 채 죠빅당과 누가 더 극우적인지를 경쟁해왔다. 오른쪽 날갯짓만 하는 헝가리가 과연 어디까지 날아갈 것인지, 이 마피아 국가의 결말은 어떻게 끝날 것인지 걱정스럽기만 하다.

77 '부다 나은 헝가리를 위한 전진'이라는 뜻이다.

부다페스트 자유광장

헝가리의 혼란스러운 정체성을 가장 빨리 이해하는 방법은 부다페스트의 자유광장을 걸어보는 것이다. 이곳에 마련된 동상과 조형물들은 모두 20세기 헝가리의 굴곡진 현대사를 응축한 것인데, 그 배경에는 사상과 이념적 정체성 사이에서 갈지자(之) 행보를 보여온 헝가리의 속사정이 고스란히 녹아 있다.

가장 먼저 자유광장을 장식한 주인공은 소련이었다. 2차 세계대전이 막바지로 흐르던 무렵, 헝가리에는 히틀러와 나치를 추종하는 화살십자당 정부가 소련의 적군과 힘겹게 맞서고 있었다. 그러나 독일군과의 전투에서 승리하고 서쪽으로 진격하던 소련군의 기세를 막을 수는 없었다. 1945년 2월 부다페스트는 함락되었다. 그해 소련군은 헝가리 해방을 기념하기 위해 자유광장에 오벨리스크를 세웠다. 오벨리스크는 사실상 히틀러에 대한 소련의 승리를 의미했다. 공산주의 정부 시절에도 오벨리스크를 해방의 상징이라 여기는 헝가리인은 거의 없었다. 소련의 제국주의적 압제가 심해질수록 오벨리스크는 헝가리인의 마음을 억눌렀다.

자유광장의 두 번째 명물인 임레 너지Imre Nagy 동상은 반소련 정서를 바탕으로 건립되었다. 너지는 1956년 반소련 봉기를 주도했으나, 소련군에 의해 봉기가 처참하게 진압된 이후 자본주의자 또는 파시스트로 낙인찍힌 인물이었다. 그러나 소련에 저항했던 행적 덕분에

왼쪽: 부다페스트 자유광장에 설치된 소련의 오벨리스크. ⓒWikipedia.
오른쪽: 소련의 오벨리스크를 등지고 국회의사당을 바라보는 임레 너지 동상. 공산주의를 청산하고 민주주의의 길을 걷는 헝가리의 미래를 암시하는 듯하다.

그는 1995년 헝가리인의 기억에서 부활했다. 동상은 오벨리스크를 등지고 헝가리 국회의사당을 바라보고 있다. 마치 공산 시대를 접고 새로운 민주주의의 길을 걷는 헝가리의 정치적 운명을 암시하는 듯하다.

2006년, 오벨리스크의 운명이 위태로워졌다. 오벨리스크 철거를 주장하는 시위가 격화되었고 정부는 경찰력을 동원해 오벨리스크를 보호하는 상황에 이르렀다. 그러나 오벨리스크를 철거하는 문제는 단순하지 않았다. 러시아가 철거를 반대하면서 압력을 행사했기 때문이다. 실제로 2007년 에스토니아 정부가 소련군의 해방 기념 동상을 옮기는 과정에서 유혈 사태가 발생했고, 모스크바는 정치적·경제적 보복을 단행했다. 이를 지켜본 헝가리 정부는 국민 정서와 러시아의 압력 사이에서 힘겨운 외줄타기를 해야만 했다.

2010년 청년민주연합당이 집권하면서 우파민족주의 또는 극우주의자들의 철거 요구는 더욱 거세졌다. 극우정당이자 의회 제3당인 죠빅당은 오벨리스크를 철거하고 그 자리에 헝가리의 잃어버린 영토 수복 의지를 상징하는 조형물을 건립하자고 주장했다.

집권 여당인 청년민주연합당은 정치적으로 비슷한 계열에 있는 죠빅당과 그의 지지자들의 요구를 무시할 수만은 없었다. 그래서 2011년 여름, 자유광장의 세 번째 명물인 로널드 레이건 미국 전 대통령의 동상이 세워졌다. 그는 1980년대 공산 진영의 몰락을 주도한 대표적 반공 영웅이며, 헝가리인에게도 인기가 있었기 때문이다.

그러나 죠빅당은 레이건 대통령에 만족하지 못했고, 2013년 자유광장의 네 번째 명물인 미클로시 호르티 제독의 흉상을 세웠다. 경악스러운 일이었다. 그는 반유대주의자였을 뿐만 아니라 히틀러와 함께 동유럽의 분할을 계획한 지도자였다. 호르티의 흉상이 세워진 장소는 자유광장 한편의 개혁교회였는데, 이 역시 남달랐다. 과거 극우정

왼쪽: 부다페스트의 로널드 레이건 동상.
오른쪽: 미클로시 호르티 제독의 흉상. ⓒWikipedia.

당 화살십자당에 의해 운영되던 장소였기 때문이다.

자유광장의 다섯 번째 명물은 2014년 오르반 정부가 야간에 기습적으로 설치했던 나치 점령 기념 조형물이다. 전술한 대로 이 조형물은 역사학계와 유대인 단체, 시민사회의 혹독한 비판을 받았고, 헝가리 경찰은 언제나 이 조형물에 오물을 던지는 행위를 단속해야 했다.

소련군의 오벨리스크, 너지 동상, 레이건 대통령 동상, 호르티 흉상, 마지막으로 독수리에게 박해받는 천사 가브리엘 조형물까지…. 겉보기에는 아름답기만 한 부다페스트 자유광장은 사실 집권 세력들의 취향에 따라 변했던 시대 이념과 헝가리인의 정체성이 뒤죽박죽 섞여 있는 곳이다. 그야말로 헝가리 현대사의 야외 박물관인 셈이다.

| 10 |

폴란드: 민족들의 예수

너와 나의 자유를 위해

폴란드에는 존경받을 만한 점이 많다. 비단 17세기 동유럽 패권 쟁취와 모스크바 함락과 같은 군사적 영광뿐만이 아니다. 폴란드는 15세기 르네상스를 받아들여 근대 문화와 사상을 꽃피웠다. 비록 귀족들의 공화정이기는 했으나 이미 16세기에 왕을 선거로 뽑았다. 유럽에서 가장 먼저 근대 성문헌법을 채택한 것도 앵글로색슨족이 아니라 슬라브족 폴란드였다.

민주적 전통과 더불어 박애 정신에 관해서도 폴란드는 경의를 받을 만하다. 프러시아, 오스트리아, 러시아에 의해 나라를 잃은 시기에 해외로 망명했던 폴란드 병사들은 억압받는 제3세계의 독립투쟁을 도왔다. "너와 나의 자유를 위해Za naszą i waszą wolność"는 이후 폴란드 대외 정책의 모토가 된다.

동서 냉전의 붕괴 역시 폴란드에서 시작되었다. 레흐 바웬사Lech Wałsa는 공

왼쪽: "너와 나의 자유를 위해"가 쓰인 깃발. 1831년 봉기 당시 처음 사용되었다.
오른쪽: 자유를 위해 투쟁했던 폴란드를 기념하기 위한 1985년 우표. ⓒWikipedia.

산 정권에 맞서 파업으로 투쟁했고, 폴란드 최초의 민주 노조를 결성했다. 정부는 그를 1년 가까이 구금했지만, 국제사회는 그에게 1983년 노벨평화상을 주었다. 그의 투쟁은 계속되었고 마침내 1988년 정부와의 협상을 통해 최초로 합법적인 노조를 만들었으며 새로운 의회와 대통령 선출 방식을 도입하는 데 합의를 이끌어냈다. 이러한 민주화 과정은 당시 공산권을 흔들었고, 베를린에도 영향을 미친다. 바웬사는 베를린 장벽 붕괴가 이미 1980년 폴란드 조선소 파업에서 시작되었다고 말했다.

자유를 갈구하는 이러한 정신은 폴란드의 역사와도 관련이 있을지 모른다. 1980년대 말 공산 정권의 붕괴까지 폴란드는 200년 가까이 고통의 역사를 감내했다. 프러시아, 오스트리아, 러시아의 영토 분할 끝에 1795년 폴란드는 지도상에서 완전히 사라졌다. 123년이 지난 1918년 독립했으나, 21년 만에 나치의 첫 희생양이 되고 말았다. 2차 세계대전이 끝날 무렵 이미 폴란드에는 소련의 꼭두각시 정부가 수립되었고, 이후 폴란드는 위성국가가 되었다.

기나긴 고통 끝에 폴란드는 다시 태어났다. 민주적 전통과 자유를 회복하고 유럽의 일원이 되는 것은 시간문제처럼 보였다. 이러한 기대에 부응하듯, 2004년 EU 가입 이후 폴란드는 구 동구권 국가로서는 가장 모범적인 회원국으로 성장해왔다.

시계를 거꾸로 돌리는 폴란드

그러나 오늘날 폴란드의 시계는 거꾸로 흘러가고 있다. 2015년 총선에서 자유주의와 진보 진영은 참패한 반면, 우파, 극우주의, 반EU 성향의 정당이 개헌정족수 이상을 차지했다. 과반수를 얻어 폴란드 역사상 최초로 단독 정부를 구성한 법과정의당Prawo i Sprawiedliwość은 의회 독재를 바탕으로 민주적 질서를 하나씩 무너뜨리고 있다.

법과정의당은 집권하자마자 헌법재판소의 기능을 약화시키는가 하면 공영방송을 사실상 정부의 선전기관으로 전락시켜버렸다. EU와 서구 국가들이 민주주의의 후퇴라며 비난했지만, 폴란드 정부는 서구식 민주주의가 아닌 폴란드 전통에 기반을 둔 민주주의 개혁이라고 맞섰다.

2017년 7월 의회는 정부 여당이 대법원 법관의 인사마저 좌지우지할 수 있게 하는 법안을 통과시켰다. 법원은 선거관리위원회의 역할도 담당하기에 논란은 일파만파로 커졌다. 대대적인 여론의 비판으로 두다Andrzej Duda 대통령은 법률거부권을 행사[78]했지만, 법무장관에게 하급법원 판사의 인사권을 부

---

78 폴란드는 의원내각제를 채택하고 있으나 실질적 권한을 가진 대통령을 두고 있다. 법률거부권과 군통수권이 대통령의 권한 중 대표적인 예다.

여하는 법안은 거부하지 않았다. 이는 행정부가 사법부에 대해 인사권을 행사하는 명백한 삼권분립 위반이었다.

민주주의뿐만 아니라 역사적 기억마저 되돌려지고 있다. 두다 대통령은 새로운 애국 폴란드 시민을 만들기 위해 소위 '역사 정책polityka historyczna'을 선언했다. 그는 우파 지식인과 역사학자 들을 소집했고, 자학적 역사관에서 탈피해 더욱 공격적인 민족주의 역사 정책을 채택했다.

이를 위해서는 먼저 2차 세계대전의 기억을 바꿔야 했다. 잘 알려진 대로 나치 점령 당시 폴란드는 아우슈비츠 유대인 학살에 가담했을 뿐만 아니라, 2차 세계대전이 끝난 1946년 키엘체Kielce에서도 유대인을 학살했다. 그간 정부의 입장은 학살에 대한 폴란드의 책임을 인정하는 것이었다. 이전 집권당이었던 시민강령당Platforma Obywatelska은 이를 '수치심의 교육pedagogy of shame'이라 표현하면서 과거 유대인을 대상으로 저질렀던 범죄에 대한 뉘우침을 다짐했다. 그러나 오늘날 폴란드 정부는 노골적으로 이를 부정한다. 폴란드에게 부끄러운 과거는 없으며 '수치심의 교육'은 시민강령당에 의해 과장되었다고 주장한다.

폴란드의 유대인 범죄 연구로 국제적 명성을 얻었고, 그 공로로 1996년 정부로부터 훈장을 받았던 얀 그로스Jan Gross는 두다 정부에게 제거 대상이었다. 2016년 2월, 정부는 그로스의 훈장을 박탈하겠다고 으름장을 놓았다. 정부는 폴란드의 명예를 욕보였다는 이유로 그의 처벌을 요구하는 청원이 2,000건 넘게 접수되었다고 발표했다. 국제사회의 강력한 비난이 일자 정부는 그로스의 훈장을 박탈하지는 않았지만, 국가적 명예훼손 여부를 가리기 위해 그를 피의자 취급하며 수사했다.

정부는 그로스를 탄압한 정도로는 만족하지 않았다. 아예 법으로 폴란드의 홀로코스트에 대한 논의를 막으려 하고 있다. 2016년 8월 정부와 여당은 아우슈비츠를 '폴란드 학살 수용소Polish death camps'로 부르거나, 나치의 범죄 행위에 폴란드인의 책임도 있다고 말하는 자를 처벌하는 법안을 승인했다. 이 법이 의회에서 통과되어 발효되면 기소된 이들은 최대 징역 3년까지 처벌받을 수 있다.[79]

유대계 단체와 국제 언론은 이 방침에 냉소적인 반응을 보이고 있다. 홀로코스트에 대해 정부와 다른 입장을 밝히는 것을 처벌하는 이 법안은 사실상 폴란드 국민들이 홀로코스트에 대해 말하지도, 듣지도, 생각하지도 못하게 하려는 의도에서 나온 것이 명백하기 때문이다.

왼쪽: 나치는 2차 세계대전 중 각국에 유대인 수용소를 세웠지만, 이들을 학살하기 위한 수용소는 폴란드에만 있었다. 아우슈비츠는 그중 하나인데, 폴란드에 위치하고 있다는 이유로 폴란드 학살 수용소라 불리기도 한다. ©Wikipedia.
오른쪽: 아우슈비츠의 시체 소각 시설. ©Wikipedia.

79 이후 독일의 방송사 ZDF가 만든 2차 세계대전 다큐멘터리에서 아우슈비츠가 '폴란드 학살 수용소'라는 명칭으로 소개되었다. 이를 본 폴란드의 단체가 폴란드 법원에 소송을 제기했고, 2016년 12월 폴란드 고등법원은 ZDF에게 방송국 홈페이지를 통해 잘못된 명칭을 사용한 것에 대한 사과문을 게재하라고 판결했다. 하지만 판결에도 불구하고 2017년 7월 ZDF는 사과문 게재를 거부했다.

민족들의 예수, 폴란드

두다 정부의 역사 지우기는 사실 폴란드가 겪어야 했던 불행한 역사와 이에 대한 19세기 민족주의자들의 낭만주의적 해석에 기초한다. 이들은 몽골, 오스만제국, 볼셰비키에 맞서 유럽을 지켜온 폴란드가 기독교와 유럽의 수호자라고 주장한다.

이러한 해석에 어느 정도 일리는 있다. 13세기에 이미 폴란드는 몽골과의 전쟁에서 크게 패해 국가적 위기를 맞았다. 다행히 비슷한 무렵 원 태종(오고타이 칸)의 사망으로 몽골군이 유럽에서 철군하면서 폴란드와 유럽은 위기에서 벗어났다.

이와 같은 이민족과의 접촉이 축적되면서 15세기 무렵 폴란드인들은 자신들이 유럽의 경계에 위치하고 있다고 생각하기 시작했다. 폴란드까지가 문명권 유럽의 범주에 있고, 그 바깥은 야만인들의 세계라고 구분한 것이다. 이러한 지정학적 조건은 폴란드인들의 종교적 열망과 결부되었고, 폴란드 왕들은 자신에게 특별한 역사적, 종교적 임무가 있다고 믿었다. 바로 폴란드가 기독교의 수호자라는 것이다. 이는 당시 폴란드 왕들과 교황들이 주고받은 문서에도 잘 나타나 있다.

17세기 유럽과 오스만튀르크의 전쟁은 그러한 소명의식을 굳히는 계기가 된다. 오스만튀르크의 침공으로 합스부르크제국의 운명이 위태로워졌을 때, 수도 빈Wien을 지켜낸 것은 폴란드였다. 폴란드 왕 얀 3세 소비에스키 Jan III Sobieski는 기독교 세계의 수호를 명분으로 신성 동맹군을 이끌고 1683년 오스만튀르크군을 물리쳤다. 그가 이슬람제국의 다음 군사적 목표가 폴란드라는 사실을 잘 알고 있었기 때문일 수도 있다. 그러나 폴란드 왕이 스스로 '십자

기독교 세계의 수호자, 폴란드의 얀 3세 소비에스키. 그는 1683년 오스만 군대의 침략으로 풍전등화와도 같았던 빈을 구해낸다. ⓒWikipedia.

군의 전통을 이어받은 '기독교 세계의 수호자'를 자처했던 것 역시 사실이다.

그러한 인식은 20세기에도 이어질 정도로 뿌리가 깊었다. 다만 보호의 대상과 명분은 시대적 변형을 거친다. 이를테면 공산주의 정권 시절에는 폴란드가 독일 나치주의의 부활을 막는 역할을, 1980년대 자유화 투쟁 당시에는 유럽을 공산주의로부터 보호하는 역할을 자처했다.

하지만 폴란드인들이 생각하는 헌신과 희생에 비해, 그들이 겪어야 했던 역사적 현실은 너무나도 냉혹했다. 합스부르크왕가는 폴란드의 도움으로 기사회생했지만 100년도 되지 않아 폴란드의 영토를 앗아갔다. 폴란드는 2차 세계대전 직전 영국, 프랑스와 방위 조약을 맺었지만 1939년 나치가 폴란드를 침공했을 때 이들은 아무런 도움을 주지 않았다.

영국으로 망명한 폴란드 정부는 연합국의 일원으로서 세 번째로 많은 보병을 지원했지만 2차 세계대전의 전승국 지위를 얻지 못했다. 비슷한 처지임에도 전승국이 된 프랑스와는 너무나도 다른 대접을 받았다. 이후 소련의 지배로 폴란드는 철의 장막에 갇혀 자유와 번영을 누리지 못했다. 이러한 모순과 비극의 원인을 어떻게 설명할 수 있을까. 우파 민족주의자들은 은혜를 모르는 유럽의 배신 행위를 그 해답으로 제시했고, 이를 입증하는 역사적 사실들을 부각시켰다.

'폴란드, 민족들의 예수Polska Chrystusem narodow'라는 슬로건도 다시 회자되기 시작했다. 이는 19세기 유럽에 의해 주권을 상실했을 당시, 낭만적 민족주의자들이 제시했던 자화상이었다. 유럽을 구원코자 했으나 유럽에 의해 나라를 잃은 폴란드는 인간을 구원하려다 인간에 의해 십자가에서 순교한 예수와 동일하다는 것이었다. 이는 마치 예수가 부활했듯이 폴란드도 다시 주권을 회복하리라는 해방신학적 기대감의 표명이었다. 하지만 무엇보다도 세상이 죄 없는 폴란드에게 잘못하고 있다는 서운함이 깔려 있다.

1940년 소련 비밀경찰이 자행한 카친Katyn 학살 사건은 폴란드인들의 심리를 극명하게 보여주는 사례다. 1939년 독일과 함께 폴란드를 점령한 소련은 지주, 자본가, 공무원 등 공산주의에 비협조적인 폴란드인 2만 2,000여 명을 시골 마을 카친 숲에서 은밀하게 학살했다. 1943년 학살의 현장이 세상에 알려지자 폴란드 망명정부는 소련에 대한 국제사회의 조사를 요구했다. 그러나 소련은 나치가 저지른 범죄일 뿐, 소련과는 무관한 일이라면서 혐의를 부인했다.

유럽도 소련의 주장을 받아들였다. 당시 소련은 연합국의 일원으로 독일과 치열하게 공방을 벌이고 있었고, 마침내 승리하며 독일의 패망에 기여했다. 이후 소련은 2차 세계대전의 최대 전승국이 되었고, 사회주의 모국이 되어 폴란드를 지배한다. 비록 폴란드 역시 숱한 희생을 치르며 나치에 저항했지만 카친의 진실을 밝혀낼 기회마저 갖지 못했다. 역사란 승자가 기록하는 것이기에, 카친의 비극도 이렇게 덮어버린 것이다.

카친의 진실은 공산권이 붕괴한 1990년대에야 밝혀지기 시작했고, 러시아 의회는 2010년 비로소 스탈린 시대의 범죄 가운데 하나로서 카친 학살을 인정한다는 내용의 결의를 채택했다. 진실이 밝혀지기까지 70년이 소요된 것이다.

폴란드 민족주의자들은 유럽, 나치, 소련 모두로부터 외면당한 이 학살 사건으로 인해 크나큰 충격을 받았다. 폴란드인은 단지 유대인 학살에 가담했다는 이유로 이미 죄인이 되었는데, 왜 폴란드인이 학살된 사건에 대해서는 아무도 관심을 가지지 않는가? 폴란드는 2차 세계대전으로 가장 많은 피를

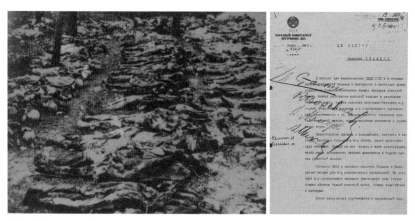

왼쪽: 카친 숲에 암매장된 폴란드인들.
오른쪽: 폴란드 공무원 학살 허가를 요청하는 문서. 이 문서는 당시 스탈린의 측근이자 공안조직, 내무인민위원회 위원장 라브렌티 베리야Lavrentiy Beria가 스탈린에게 제출한 것이다. ⓒWikipedia.

흘렸고[80] 누구보다도 연합군에 헌신했지만, 왜 폴란드인의 죽음은 사소한 것으로 치부되는가? 이러한 질문들은 폴란드인이 입은 상처를 잘 말해준다.

신화의 재활용

폴란드 극우정당이 2015년 선거에서 승리할 수 있었던 배경 가운데 하나도 이러한 민족적 피해의식과 서운함을 증폭시켰다는 점이다. 때마침 유럽에서 벌어진 시리아 난민 위기는 폴란드인의 피해의식을 극우정당에 대한 정치적 지지로 결집시키는 좋은 소재가 되었다.

선거 기간 중, EU 각료회의는 12만 명의 시리아 난민을 유럽 각국에 분산 수용하는 방안을 투표로 채택했다. 당시 폴란드 집권당이었던 시민강령당 정부는 당초 반대 입장을 뒤집고 찬성에 투표했다. EU 이사회 의장인 도날트 투스크Donald Tusk 전 폴란드 총리와 독일, 프랑스가 설득한 결과였다. 폴란드에게 할당된 난민은 1만 1,946명이었고, 1차적으로 2,000명을 수용하기로 했다.

이에 극우정당인 법과정의당은 시민들을 상대로 이슬람 난민에 대한 공포심을 부추기는 데 만족하지 않고, 폴란드가 당했던 배신의 기억까지 되살린다. 법과정의당은 서유럽이 2차 세계대전 중 폴란드의 희생에 힘입어 경제적 번영을 누렸으나, 그 은혜를 고마워하기는커녕 이제 시리아 난민을 먹여

---

80   2차 세계대전 중에 약 600만 명의 폴란드인이 죽었다. 이는 폴란드 인구의 16퍼센트 수준이며, 세계대전에 참여한 국가 중 이 수치를 뛰어넘는 나라는 없다.

중동 난민 수용에 반대하는 폴란드 우익 언론 'wSIECI'의 표지 그림. 마치 이슬람 난민이 유럽을 능욕할 것 같은 위기감을 불러일으킨다. 표지 속 여성은 유럽을 상징하는 그리스 신화의 에우로페Europe다.

살리라 강압한다고 주장하면서 EU을 악의 제국으로 묘사했다. 이들은 EU의 수도 브뤼셀을 모스크바에 비유했다. 공산 정권 시절 소련의 제국주의적 횡포에 상처받은 구세대들의 애국심과 노스탤지어를 건드리고자 한 것이었다.

이러한 논리의 효과는 생각보다 컸다. 폴란드인들은 소위 폴란드-가톨릭Polak-Katolik을 자기 정체성의 첫째 요소로 삼아왔다. 폴란드 민족도 아니고 가톨릭을 믿지 않는 이들은 결코 '우리'가 될 수 없다. 2차 세계대전 이전 바르샤바 인구의 3분의 1을 차지했던 유대인이 바로 전형적인 '남'이었다.

홀로코스트로 인해 폴란드의 유대인들이 거의 소멸되면서 폴란드인의 민족적 순도는 높아졌지만(폴란드 내 소수민족은 3퍼센트도 채 되지 않는다), 그럼에도 불구하고 여전히 폴란드인들은 가상의 타인에 대한 두려움을 가지고 있다. 최근 여론 조사 역시 폴란드인 중 70퍼센트 이상이 폴란드-가톨릭이 아닌 타인과의 공생을 원치 않는다고 밝혔다. 법과정의당의 난민 수용 반대 논리는 폴란드인의 심리를 정확히 겨냥했다.

유럽의 배신에 대한 논리 역시 법과정의당에 대한 지지를 넓히는 데 한몫했다. 공산주의 시절 폴란드의 곤궁함과 서유럽의 경제성장에 박탈감을 느꼈던 구세대는 물론, EU 가입 이후에도 서유럽 국가들에게 열등감을 느끼며 자란 청년층, 경제성장의 혜택을 누리지 못한 빈민, 낙후된 지역의 농부들은 법과정의당의 선전에 매료되었다. 법과정의당은 유권자들에게 "또다시 배신당할 것인가?"라고 물었다. 역사적 기억과 감수성에 절묘히 호소한 것이다.

폴란드인들의 종교적 자부심과 역사적 운명에 대한 해석이 틀렸다거나 나쁘다는 것은 아니다. 문제는 정치가들이 이를 과거사 해석에 이용하는 방식에 있다. "순교자는 지고지순한 존재이며, 그를 박해하고 죽였던 자들은 악인이다." 당연해 보이는 이 명제는 이제 이렇게 바뀌게 된다. "순교자 폴란드는 죄가 없다. 우리는 선하고, 너희는 악하다." 폴란드 보수 기독교인들과 정치인들은 '너와 나'라는 구분법에 선과 악의 개념을 투영했고, 과거사 논쟁에서 이를 활용한다.

민족들의 예수 폴란드의 지고지순한 순교의 역사…. 2차 세계대전 당시 폴란드에게 유대인 학살의 책임이 없다고 부정하는 이들의 근거 중 하나는 유럽의 순교자 폴란드인이 다른 민족에게 나쁜 짓을 할 리가 없다는 것이다. 유대인들이 폴란드의 명예를 더럽히기 위해 유대인 학살 책임을 뒤집어씌웠다거나, 설령 폴란드인들이 유대인을 죽였다면 유대인들이 공산주의와 결탁했기 때문일 것이라는 등으로 설명한다.

두다 대통령 역시 2015년 선거 과정에서 선한 폴란드인 이미지를 최대한 활용했다. 역사학자이자 당시 대통령이었던 코모로프스키Bronisław Maria Komorowski는 폴란드의 과거 범죄를 인정했는데, 두다는 그가 선량한 폴란드인을 모독해왔음을 집중적으로 부각했다. 반면 자신은 선량한 폴란드인의 기억을 보호하겠다고 선전했다. 두다는 직접적으로 유대인 학살 책임을 부정하지는 않았다. 다만 아주 정밀하고 교묘한 방식으로 코모로프스키를 폴란드인의 선의에 상처를 주는 정치가로 각인시킨 것이다. 결과는 성공적이었다.

집권 이후 두다 정부는 선량한 피해자로서의 폴란드 이미지를 굳히려 하고 있다. 폴란드 정부는 우선 그단스크Gdańsk 2차 세계대전 역사박물관부터 손을 댔다. 2008년부터 준비되어온 이 박물관은 EU의 시각에서 본 2차 세계대전의 참상을 일반 대중에게 알리려고 했다. 전시물에는 2차 세계대전 당시 유대인의 가혹한 실상, 일반 국민들의 고통뿐 아니라 전후 패전국민인 독일인들의 강제추방과 약속의 땅 가나안으로 향하는 유대인들의 모습도 예정되어 있었다.

그러나 두다 정부는 박물관의 기획 의도가 못마땅했다. 폴란드가 나치 집단에 의해 희생된 최초이자 최대의 피해자여야 했는데, 박물관 어디에도 1939년 나치의 침공을 부각한 전시관은 없었다. 또한 나치 지배 시절 영웅적인 폴란드인들의 저항 역시 찾아볼 수 없었다. 박물관은 그저 폴란드에 있을 뿐, 폴란드인의 박물관인 아닌 유럽인의 박물관이었다. 게다가 박물관 자체가 두다 대통령의 정치적 경쟁자이자 친유럽주의자였던 도날트 투스크 전 총리의 구상에서 기획되었다는 사실도 정부로서는 달갑지 않았다.

정부는 박물관장과 전시 내용을 교체하려 했다. 소장이 이를 거부하자 법정 소송으로 비화되었다. 소송이 진행 중이던 3월 23일 박물관은 일단 개관했다. 개장 첫날 아우슈비츠 수용소 피해자를 포함해 총 1만 4,000여 명이 관람했다. 하지만 한 달 후 행정법원은 정부의 손을 들어주었다. 박물관장이자 역사학자인 파웨우 마흐세비치Paweł Machcewicz는 해임되었으며, 박물관은 다른 박물관과 통폐합되고 말았다. 이로써 폴란드에서 가장 양심적인 박물관은 사라지게 되었는데, 이는 마치 이미 사법부를 장악한 정부가 역사 재판에서도 승리한 것이나 마찬가지다.

불행의 씨앗

"이슬람 인종을 청소하자!"

"유럽과 폴란드가 썩어가고 있다!"

"순결한 폴란드, 백인의 폴란드"

"이슬람=테러"

"유대인, 난민들은 폴란드를 떠나라"

2017년 11월 11일, 폴란드 독립기념일 기념행진은 전 세계를 경악시켰다. 무려 6만 명의 시민이 행진을 했고, 그중에는 붉은 횃불을 켠 극우적, 인종주의적 단체들의 구호들이 넘쳐났다. 누군가는 손에 나치 깃발을 쥐었다. 영국, 헝가리, 미국의 극우단체 들도 행진에 참가했다.

더욱 놀라운 것은 그다음이었다. 폴란드 국영방송은 이를 위대한 애국자들의 행진이라고 집중 부각했고, 내무장관은 아예 "너무나도 아름다운 광경"이라며 극우주의자들의 행동을 치켜세웠다. 국제사회의 비난과 우려가 급증하자 이틀 뒤 두다 대통령은 극우주의자들의 과격한 행동을 공식 비판했지만, 여당인 법과정의당은 묵시적으로 이들을 옹호하고 있다.

평론가들의 분석은 엇갈린다. 우선 낙관론자들은 폴란드의 경제적 상황을 따진다. 폴란드의 실업률은 5퍼센트대로 안정적이며, 유럽 국가들 가운데에서도 임금상승의 속도가 빠른 편이기에 국민들이 급속도로 우경화할 가능성은 낮다고 주장한다. 폴란드 국민 가운데 극우주의자임을 인정하는 비율도 독립기념일 행진과 같은 공식 행사에만 포착될 정도로 낮다고 본다.

하지만 보다 우려스러운 것은 최근의 추세다. 중동의 난민 위기와 이슬람

2017년 11월 11일 폴란드 독립 99주년 행사에 등장한 극우주의자들. 이들은 붉은 햇불을 들고 전투적인 극우주의 슬로건을 외치며 행진했다. ⓒThe Independent.

과격단체의 파리 테러가 있었던 2015년은 폴란드를 비롯한 유럽의 극우파들에게 전환점이 되었다. 폴란드에서는 극우파들이 의회에 대거 진출했고, 정부의 선전기관이 된 언론들은 극우주의자들의 인종적이고 전투적인 선전을 내보냈다. 정부와 여당의 묵인 아래 국민들은 각종 헤이트 스피치Hate Speech에 노출되었고, 이에 대한 경계심도 느슨해졌다. 2009년 불과 수백 명이었던 극우 성향의 행진 참여자가 6만 명으로 급증한 것은 민족주의와 극우주의 간 경계가 점차 허물어지고 있음을 증명한다.

폴란드 청년들의 입장 또한 충격적이다. 최근 폴란드의 우경화를 주도하는 것은 중장년층이 아닌 청년층이다. 2015년 총선에서 26세 이하 유권자들의 3분의 2는 진보 정당, 좌파 정당을 외면했다. 극우주의 운동에 참여하는 청년층의 구성 또한 변했다. 과거 동구권의 극우층은 '스킨헤드Skinhead'로 표현되는 일탈 계층이었지만, 최근에는 고등교육을 받고 유학이나 취직을 위해 서유럽을 방문한 엘리트 계층의 참여도 급증하고 있다. 오늘날 폴란드에서는 1980년대 자유노조 운동 시대의 세대들보다 청년층이 더욱 보수적이고 우경화되어 있다고 말해도 과장은 아닐 것이다.

이들은 신자유주의가 자신들의 미래를 빼앗아갔다고 믿는다. 이들이 보기에 세계화는 서구의 대자본과 유색인 노동자에게만 혜택을 주었을 뿐, 동유럽의 백인 청년들에게는 기회를 주지 않았다. 집권당의 역사 교육도 이들의 피해의식을 부추겨왔다. 법과정의당은 다음 선거에서 유권자가 될 청소년들을 대상으로 반자유주의적이고 국수적인 역사 의식을 가르쳤고, 두다 대통령은 이들의 애국 기념행사 참여를 장려했다. 극우 청년단체들은 법과정의당의 집권 이후 양지로 나와 공공연히 청년들의 참여를 촉구하고 있다.

중요한 것은 청년층이 폴란드의 기억을 계승해야 할 세대라는 사실이다. 기억의 망각은 역사 왜곡만큼이나 위험한 불행의 씨앗이다. 폴란드인과 이민족, 기독교와 반기독교, 순수함과 더러움처럼 이분법적이고 호전적인 선동 속에서 '너와 나의 자유를 위해' 싸웠던 빛나는 폴란드의 기억이 희미해지지는 않을지 걱정스럽다.[81]

고통을 이겨내고 나라를 다시 찾은 폴란드의 역사는 분명 자랑스러워할 만하다. 그러나 그 역사에서 긍정적인 정신과 화해의 길을 추구하기는커녕 미래의 주인인 청년들에게 인종주의와 적개심을 조장하는 나라에게는 미래가 있을 수 없다. 부디 폴란드의 지성이 다시 일어서기를 희망한다.

---

[81] 실제로 독립 기념 행진 당시 경찰은 45명을 연행했는데, 모두 파시즘에 반대하던 이들이었다. 이들 중에는 '너와 나의 자유를 위해'라고 쓰인 팻말을 든 이들도 있었다고 한다.

바웬사는 소련의 스파이인가

오늘날 폴란드는 민주화의 영웅이자 노벨평화상 수상자, '희망의 인
간Człowiek z nadziei'인 레흐 바웬사의 과거 경력 논란에 싸여 있다. 그가
공산 정권 시절인 1970년대 초반 비밀경찰의 정보요원으로 활동하면
서 그단스크 조선소 노동자의 동향을 보고했다는 의혹이 사실 새롭
지는 않다. 이미 1980년대에도 비슷한 주장이 있었으나 2000년 법정
에서 증거 부족을 이유로 기각된 전례가 있기 때문이다.

그런데 2015년 공산당 정권의 마지막 내무장관이자 바웬사와 함께
민주화를 이끌었던 키슈차크Czesław Kiszczak가 사망하고 나서, 이듬해 경
제적으로 곤궁해진 그의 미망인이 남편의 소장 문건을 팔기 위해 국
가기록원을 방문하면서 사건이 확대된다. 국가기록원은 키슈자크의
자택을 수색했고, 밀봉된 바웬사 파일을 발견했다.

바웬사 파일에 담겨진 내용은 그간의 의혹과 일치했다. 바웬사는
1970년부터 1976년까지 공산당 비밀경찰에게 그단스크 노동자들의
동향을 보고하고 그 대가로 돈을 받았다. 아울러 자신의 활동을 누
설하지 않겠다고 서명했고, 자신의 이름 끝에 볼렉Bolek이라는 암호명
도 남겼다. 2017년 1월 정부는 전문가에게 필적 감정을 의뢰했고, 그
결과 바웬사의 친필 서명과 동일하다는 분석이 나왔다.

바웬사는 여전히 문서가 위조되었다고 주장하지만, 그의 일관되지
못한 해명이 문제였다. 과거 그는 공산 정권 시절 비밀경찰의 협박으

왼쪽: 냉전 종식과 폴란드 민주화에 기여한 '희망의 인간' 바웬사. ⓒWikipedia.
오른쪽: 1970년대 바웬사가 노동자들의 동향을 비밀경찰에게 은밀히 보고하겠다고 서약하는 문서. 문서상의 서명을 감정한 결과, 친필 서명과 동일하다는 판정이 내려졌다. ⓒWikipedia.

로 어쩔 수 없이 서명한 적은 있으나 결코 정보원으로서 활동한 적은 없다고 증언했기 때문이다.

바웬사에 대한 폴란드인들의 입장은 혼란스럽다. 다만 여전히 그를 지지하는 사람들은 설사 바웬사가 비밀경찰의 정보원이었다고 해도 그가 이루어낸 민주화의 성과를 부정해선 안 된다고 주장한다. 또 일부는 비밀경찰의 협박과 강요가 난무했던 공산 정권 시절, 바웬사처럼 부당한 누명을 쓴 사람이 비일비재했을 것이라고 말하기도 한다.

아무튼 바웬사의 과거 행적 논란은 여당인 법과정의당에겐 큰 호재일 수밖에 없다. 일각에서는 여당 실세인 야로스와프 카친스키Jarosław Aleksander Kaczyński가 정적이었던 바웬사에게 복수한 것이라고 보기도 한다. 카친스키는 한술 더 떠서 바웬사가 모스크바의 지령을 받는 소련의 스파이라고 증언하기까지 했다. 폴란드 비밀경찰의 정보원은 곧 소련의 스파이일까? 이러한 주장은 소위 반진실half-truth에 가깝다. 과거 폴란드 비밀경찰은 모스크바의 지시를 받았으므로 바웬사 역시 모스크바의 지시를 받는 스파이였을 수도 있다.

바웬사가 어떤 상황에서 어떠한 의도로 비밀경찰에 협조했는지, 또 소련 비밀요원으로부터 직접 지시를 받았는지 여부를 알 필요는 없다. 더구나 소련의 스파이가 왜 공산 정권에 항거하고 민주화 투쟁을 했으며 공산 정권 붕괴를 재촉했는지, 모순된 그의 행적을 설명할 필요도 없다. 단지 바웬사가 소련의 하수인이었다는 소문만 퍼지면 그만인 것이다.

현대사를 기억하는 폴란드인들에게 소련과 모스크바는 트라우마 그 자체였다. 사실 연합국의 일원이었던 폴란드 망명정부와 군대는 2차 세계대전 종전이 다가오자 바르샤바로의 귀환과 민주 정부 수립을 희망했다. 그러나 드골 장군이 이끄는 레지스탕스가 파리를 탈환하고 전승국 프랑스에 과도정부를 세운 것과는 달리, 폴란드는 이미 소련 점령하에 친공산 정부가 수립되어 있었다. 1945년 2월 얄타회담에서 스탈린은 이를 이유로 폴란드 망명정부의 정통성을 부정했다. 처칠과 루즈벨트는 협상을 해야 했고, 스탈린은 향후 선거를 통해 보다 광범위한 지지를 얻는 연립정부 수립을 절충안으로 제시한다. 그렇게 끝난 협상은 사실상 고양이에게 생선을 맡긴 꼴이었다.

이후 소련은 야당 인사들을 탄압하고 박해했다. 특히 소련은 폴란드 내 반공주의자들을 처형했으며, 망명정부의 조국군대Home Army 병사들을 자본주의제국의 용병이라 규정했다. 이러한 적대적 상황에서 폴란드로 망명한 수십만 명의 인사들은 조국으로 다시 돌아오지 못했다. 정부와 소련은 여론과 투표를 조작했고, 야당 인사들은 선거운동조차 제대로 할 수 없었다. 결국 1947년 총선에서 공산당은 압승을 거두었고, 폴란드는 소련의 위성국가가 된다. 이와 같이 스탈린과 소련은 전후 폴란드가 겪은 비극의 주 원인인 셈이다.

한편 법과정의당 정부는 2010년 러시아 서부 스몰렌스크Smolensk에서 발생한 폴란드 대통령 전용기 추락 사고를 재조사하고 있는데, 이역시 사건의 진실을 규명하기보다는 러시아의 음모론과 러시아에 대한 반감이 확대되기를 노린 국내 정치용 조사라는 비판을 받고 있다. 당시 정황상 푸틴이 폴란드 대통령을 암살할 이유가 없는 데다, 기상 악조건, 스몰렌스크 공항의 낙후된 시설, 기장의 무리한 착륙 시도가 낳은 참사라는 당시 조사 결과를 뒤집기는 어려워 보인다.

하지만 6년 전 조사 결과에 대한 의혹을 최대한 크게 제기하는 것만으로도 사건의 본질을 흔들고 당시 사고에 관련되었던 인물들을 그들의 지위에서 끌어내릴 수 있다. 당시 조사를 지시했던 도날트 투스크 전 총리가 그 예다.

법과정의당 정부는 투스크 전 총리가 전용기 추락 사고의 진실을 은폐해왔다고 비판했다. 2017년 3월 정부는 투스크가 대통령 전용기의 정비를 러시아에게 의뢰하는 계약을 체결했다는 이유만으로 그를 고발했다. 참고로 대통령 전용기 TU-154는 러시아 투폴레프Tupolev사가 제작한 것이고, 현재 EU 이사회 의장인 투스크 전 총리는 유력한 차기 폴란드 대통령 후보로 거론된다.

적의 위협이 늘 우리를 도사리고 있음을 입증하고 그러한 적과 관련성이 있다는 이유만으로 낙인찍는 정치 행위는 1950년대 미국의 공산주의 콤플렉스, 매카시즘의 전형이다. 여기에서 착안했는지 알 수는 없으나, 오늘날 소련에 대한 폴란드인의 반감을 바웬사와 투스크에게 투영하는 정치적 기교는 매카시즘과 매우 유사해 보인다.

1989년 바웬사는 "폴란드가 민주주의와 다원주의의 길로 들어서서 행복하다"고 했지만 오늘날의 폴란드 정부는 분명 이와 반대의 길을 가고 있다. 그 과정에서 폴란드인들은 자랑스러워해야 할 인물과 업적보다는 피해의식과 적대감의 기억에 지배당하게 될 것이다.

EPILOGUE

베를린 장벽 붕괴와 동서 냉전의 종식을 바라본 국제정치학자 프랜시스 후쿠야마는 1989년 이제 더 이상 자유민주주의에 도전할 정치 체제는 없으며, "비로소 역사는 끝이 났다"고 선언했다. 그는 자유를 향한 거대한 투쟁은 더 이상 존재하지 않을 것이며, 부분적인 갈등만이 있을 뿐 세계는 영원한 평화를 누릴 것이라고 전망했다.

하지만 이 당찬 선언은 그다지 오랜 공감을 누리지 못했다. 겨우 10년 남짓 지났을 무렵 세계는 이슬람 테러리즘에 경악하게 되었고, 세계적인 테러 연대의 공포는 지금까지도 이어지고 있다. 군사적, 경제적으로 쇠퇴한 미국의 자리를 중국식 전체주의가 잠식해오고 있다. 러시아는 다시 비서구식 전체주의의 길을 걷기 시작했으며, 중동의 민주화는 엉뚱하게도 시리아 내전과 전대미문의 대량 난민 위기를 초래했다.

난민 수용 문제를 계기로 영국은 EU를 탈퇴했다. 과거사에 대한 화해를 주장하며 민주주의 공동체로서의 통합을 이루어냈던 EU의 핵심 국가들에서도 극우 세력은 제도적, 정치적 기반을 넓혀갔다. 과연 후쿠야마는 세계화와 자유화에 대한 반대가 각종 국수주의와 인종주의, 고립주의에 대한 요구로 이어지는 오늘날의 상황을 예상이라도 했을지 모르겠다.

아마도 그는 민족주의의 존재를 경시했던 것이 아닐까? 19세기에 출현한 민족주의는 사실 그 내용이 어렵지 않고, 우파든 좌파든 쉽게 결탁할 수 있는 사상이었다. 세계적인 민족주의 사상의 대가가 존재하지 않은 것, 그리고 파시즘과 같은 극우주의뿐만 아니라 냉전 시대의 대다수 공산주의 지도자들이 민족주의를 권력의 기반으로 삼았다는 사실이 이를 증명한다.

또한 다른 사상과는 달리 민족주의는 위로부터 형성되기 쉽다는 특성이 있다. 불리한 정치적, 경제적 여건 아래 지도자는 언제든지 민족주의를 정치적 무기이자 전리품으로 사용할 수 있었다.

아쉽게도 오늘날 자유주의를 거부하는 곳 대부분은 민족주의가 부상하는 곳이다. 미국의 트럼피즘Trumpism은 사실상 백인 민족주의의 다른 표현이며, 푸틴의 위대한 애국전쟁 신화 역시 러시아 민족주의의 일면이다. 인도에서는 아리안 민족주의를, 서구화에 실패한 동유럽 국가들은 그 대안으로 기독교 민족주의를, 중국은 중화질서의 회복을 추구하고 있다.

한마디로 '역사의 종언'은 틀렸다. 후쿠야마도 스스로 이를 인정했다. 역사는 어느 순간 완성되는 것이 아니며 순식간에 퇴보할 수도 있음을, 그리고 자유민주주의는 언제든지 공격을 받을 수 있는 취약한 체제임을 인정해야만 하는 지경에 이르렀다.

자유주의자들이 최근 상황을 민주주의의 위기로 정의한 것과 마찬가지로, 오늘날은 또한 역사의 위기로 정의될 수 있을 것 같다. 이미 세계 각지의 권력은 반자유주의적 전통을 추구하며 민족의 정체성을 다시 정의하려 하고 있고, 이로 인해 전후 화해와 반성을 위해 축적되었던 기억들은 제약되거나 위협받고 있다. 각국의 민족주의 역사가들이 다시금 증오로 점철된 기억을 각성시키지 않을지 우려도 커져가고 있다.

20세기에 세계는 이미 반지성의 시대를 경험했고, 이를 통해 한나 아렌트는 악evil과 무념thoughtlessness 사이에 상관관계가 있다고 보았다. 위기의 시대에 지성인들의 역할이 더욱 중요해졌다. 이들이 대중을 무념으로 이끄는 권력의 시도에 용기 있게 맞서길 희망한다.

01 미국: 미국허무주의

Bryant, Nick, "Donald Trump and the end of American exceptionalism?", *BBC News*(2017/03/02).

Cohen, Richard, "Opinion: The myth of American exceptionalism", *Washington Post*(2011/05/09).

Dabashi, Hamid, "Is America dying or is it being born again?", *Aljazeera*(2017/05/11).

Drezner, Daniel W., "America the unexceptional: Trump's brand of nativism could be the death knell for American exceptionalism", *Washington Post*(2017/02/01).

Ferreri, Allen J., "American Exceptionalism in the 21st Century"(State University of New York, 2014/02/15).

Friedman, Uri, "American Exceptionalism: A Short History", *Foreign Policy*(2012/06/18).

Haberman, Arthur·Adrian Shubert, "American Exceptionalism and the Teaching of European History", *Perspectives on History*(American History Association, 2006).

Lake, Eli, "Trump's New Slogan Has Old Baggage From Nazi Era", *Bloomberg*(2016/04/27).

Lipset, Seymour Martin, *American Exceptionalism: A Double Edged Sword*(Replica Books, 1998).

Mead, Walter Russell, "The Jacksonian Revolt: American Populism and the Liberal Order", *Foreign Affairs*, Issue March/April 2017.

Ed. Molho, Anthony·Gordon S, Wood, *Imagined Histories: American Historians Interpret the Past*(Princeton University Press, 1998).

Stearns, Peter N., "World History: Curriculum and Controversy", *World History Connected*, Vol. 3, Issue 3.

Williams, Zoe, "Totalitarianism in the age of Trump: Lessons from Hannah Arendt", *The Guardian*(2017/02/01).

02 중국: 공산당은 무엇으로 사는가

Bell, Daniel A., "Teaching 'Western Values' in China", *The New York Times*(2015/4/16).

Bonnin, Michel, The Threatened History and Collective Memory of the Cultural Revolution's Lost Generation, *China Perspectives*, Issue 2007−4.

Chang, Gordon G., "Born of Struggle", *The New York Times*(2013/09/06).

Johnson, Ian, "China's memory manipulators", *The Guardian*(2016/06/08).

Murphy, Zoe, "Zheng He: Symbol of China's 'peaceful rise'", *BBC News*(2010/07/28).

Shamray, Abby, "China's Revision of History Raises Eyebrows", *World Policy Journal*(2015/09/24).

Walt, Stephen M., "The myth of Chinese exceptionalism", *Foreign Policy*(2012/03/06).

Wang, Zheng, "History Education, Domestic Narratives, and China's International Behavior", Michelle J. Bellino·James H. Williams, *(Re)Constructing Memory: Education, Identity, and Conflict*(Springer, 2017).

Yadav, Pradeep, "China's historical amnesia: Moderates are losing hope in a system unwilling to face its past", *The Indian Express*(2014/02/11).

Zhao, Kiki, "Chinese Court Upholds Ruling Against Historian Who Questioned Tale of Wartime Heroes", *The New York Times*(2016/08/15).

03 러시아: 달콤한 악몽

Foxall, Andrew, "In Putin's Russia, History Is Subversive", *The American Interest*(2016/06/06).

Ed. Greene, Samuel A., "Engaging History: The Problems&Politics of Memory in Russia and the Post−Socialist Space", *Carnegie Moscow Center Working Papers*, No. 2(2010/10/29).

Maximov, Vasily, "Russians name Stalin 'most outstanding' world figure, Putin ties for second", *AFP*(2017/06/26).

Nougayrède, Natalie, "Vladimir Putin is rewriting cold war history", *The Guardian*(2015/02/05).

Prus, Justyna, "Russia's Use of History as a Political Weapon", *PISM Policy Papers*, No. 12, Issue 114(2015/05).

Sherlock, Thomas, "Confronting the Stalinist Past: The Politics of Memory in Russia", *The Washington Quarterly*, Vol. 34, Issue 2(Center for Strategic and International Studies, 2011), 93~109.

"Russian politics and the Soviet past: Reassessing Stalin and Stalinism under Vladimir Putin", *Communist and Post−Communist Studies*, Vol. 49, Issue 1(2016/03/01), 45~59.

Sukhankin, Sergey, "The "Trump cards" of Russian propaganda and disinformation operations", *Notes*

Internationals(CIDOB, 2017/06).

04 인도: 민주주의를 잡아먹는 힌두신

Anthony, David W., *The Horse, the Wheel and Language: How Bronze-Age Riders from the Eurasian Steppes Shaped the Modern World*(Princeton University Press, 2007).

Goel, Madan Lal. "The Myth of Aryan Invasion of India", University of West Florida.

Jaffrelot, Christophe, "Why the BJP rewrites history", *The Indian Express*(2016/06/07).

Jha, D. N., "How Hindutva Historiography is Rooted in the Colonial View of Indian History", *The Wire*(2016/02/11).

Kumar, Raksha. "Hindu right rewriting Indian textbooks", *Aljazeera*(2014/11/04).

Kutty, Faisal. "The disturbing agenda to rewrite India's history", *Toronto Star*(2016/06/29).

Ravinutala, Abhijith, "Politicizing the Past: Depictions of Indo-Aryans in Indian Textbooks from 1998-2007", *Honors Tutorial Course*(2013/03/05).

Sen, Amartya, *The Argumentative Indian: Writings on Indian History, Culture and Identity*(Picador, 2006).

Unknown Author, "Dravidian identity, now a losing game", *The Times of India*(2017/03/03).

05 ISIS: 인류 최후의 종교

Amin, Amelia, "Isis-Their Version of Islam", *HuffPost UK*(2015/11/20).

Awan, Akil N.A. Warren Dockter, "ISIS and the Abuse of History", *History Today*, Vol. 66, Issue 1(2016/01).

BBC Documentary, 〈The History of ISIS〉(2017).

Chassman, Alyssa, "Islamic State, Identity, And the Global Jihadist Movement: How Is Islamic State Successful at Recruiting "Ordinary" People?", *Journal for Deradicalization*, No. 9(2016-2017).

Gartenstein, Daveed, et al., "The Islamic State's Global Propaganda Strategy", *ICCT Research Paper*(2016/03).

Lewis, Bernard, *Europe and Islam: The Tanner Lectures on Human Values*(Oxford University, 1990).

Muir, Jim, "Islamic State group: The full story", *BBC News*(2016/06/20).

Neuwirth, Angelika, "Qur'an and History: a Disputed Relationship Some Reflections on Qur'anic History and History in the Qur'an", *Journal of Qur'anic Studies*, Vol. 5, Issue 1(2003/04), 1~18.

Saifi, Osaama, "The Solution to Stopping ISIS? Look in the Quran", *HuffPost US*(2016).

Sasnal, Patrycja, "Universal Utopia: Weighing the Reasons for the Appeal of the Islamic State", *PISM Strategic File*, No. 1-82(2016/02).

Wood, Graeme, "What ISIS Really Wants", *The Atlantic*(2015/03).

06 독일: 이성이 잠들기를 기다리는 괴물, 나치

Anthony, David W., *The Horse, the Wheel and Language: How Bronze-Age Riders from the Eurasian Steppes Shaped the Modern World*(Princeton University Press, 2007).

Arnold, Bettina, "The past as propaganda: totalitarian archaeology in NAZI Germany", *Antiquity*, Vol. 64, Issue 244(1990/09).

Blackburn, Gilmer W., *Education in the Third Reich: A Study of Race and History in Nazi Textbooks*(State University of New York Press, 1984).

Bouchard, Matt, "The Use and Abuse of Archaeology to Promote Nazi Nationalist Goals", *Spectrum*(2011/09).

Eds. Diaz-Andreu, Margarita·Timothy Champion, *Nationalism and Archaeology in Europe*(Westview Press, 1996).

Heschel, Susannah, et al., *The Aryan Jesus: Christian Theologians and the Bible in Nazi Germany*(Princeton University Press, 2008).

Hirst, K. Kris, "How Gustaf Kossinna Mapped the Nazis' European Empire: How an Archaeologist Fed the Nazi Greed for World Domination", *ThoughtCo.*(2017/01/30).

"Who Were the Aryans? Hitler's Persistent Mythology", *ThoughtCo.*(2017/03/08).

Madsen, Jacob Westergaard, "The Vividness of the Past: A Retrospect on the West German Historikerstreit in the mid-1980s", *University of Sussex Journal of Contemporary History*(2000), 1~9.

Roth, Michael S., "How Nazis destroyed books in a quest to destroy European culture", *The Washington Post*(2017/02/26).

Wiwjorra, Ingo, "German Archaeology and Its Relation to Nationalism and Racism", *Nationalism and Archaeology in Europe*(Westview Press, 1996).

07 이탈리아: 신 로마제국 흥망사

Barron, Benjamin, "'A Mysterious Revival of Roman Passion': Mussolini's Ambiguous and Opportunistic Conception of Romanità", Senior Honors Thesis in History, Georgetown University(2009).

Ed. Galaty, Michael L.· Charles Watkinson, *Archaeology Under Dictatorship*(Springer, 2004).

Giardina, Andrea, "The facist myth of romanity", *Estudos Avançados*, No. 22-62(2008).

McFeaters, Andrew P., "The Past Is How We Present It: Nationalism and Archaeology in Italy from Unification to WWII", *Nebraska Anthropologist*(2007), 33.

Nadeau, Barbie, "Italians Revisit Mussolini's Fascist Legacy", *Newsweek*(2007/04/26).

Olariu, Cristian, "Archaeology, architecture and the use of the Romanità in fascist Italy", *Studia Antiqua et Archaeologica*, No. 18-1(2013/07/03), 351~375.

Page, Max, "The Roman architecture of Mussolini, still standing", *The Boston Globe*(2014/07/13).

Payne, Stanley G., "Fascist Italy and Spain, 1922-45", *Mediterranean Historical Review*, Vol. 13, Issue 1-2(1998), 99~115.

Rome, Jonathan, "The Life and Death of Via dei Fori Imperiali: 1932-2015", *Rome on Rome*(2015/02/17).

Schrader, Kyle W., "Mussolini's Gladius: The Double-Edged Sword of Antiquity in Fascist Italy", History Senior Thesis(2016).

08 루마니아: 차우셰스쿠의 연금술

Boia, Lucian, *History and Myth in Romanian Consciousness*(Central European University Press, 2001).

Maftei-Bourbonnais, Mara Magda, "Romania. A Kafkian Democracy and an Inherent Authoritarianism", 2011 2nd International Conference on Humanities, Historical and Social Sciences, *IPEDR*, Vol. 17(2011).

Paraianu, Razvan, "The history textbooks controversy in Romania", *Eurozine*(2005/11/05).

Popa, Cătălin Nicolae, "The significant past and insignificant archaeologists. Who informs the public about their 'national' past? The case of Romania", *Archaeological Dialogues*, Vol. 23, Issue 1(2016/06).

Sibii, Razvan, "National Identity Through Prototypes and Metaphors: The Case of 'Romanianness'", *Journal of Global Initiatives: Policy, Pedagogy, Perspective*, Vol. 6, No. 2(New Perspectives on Contemporary Romanian Society, 2011).

Zavatti, Francesco, "Romans, Dacians, Thracians, Slavs, or Pelasgians? A history of the debate on the ethnogenesis of the Romanian people since 17th century until the computer age", *Cadernos do Tempo Presente*, No. 17, Issue 9~10(2014/09), 41~54.

09 헝가리: 민주적으로 탄생한 마피아 국가

Balogh, Eva S., "George Soros and George Orwell's Emmanuel Goldstein", *Hungarian Spectrum*(2017/07/05).

Berend, Nora, "Hungary, the Barbed Wire Fence of Europe", *E-International Relations*(2017/06/12).

Csepeli, György, "The Rise of Hungary's Mafia Society", *Global Dialogue*, Vol. 4, Issue 1(2014/02/10).

Kirchick, James, "Hungary's Ugly State-Sponsored Holocaust Revisionism", *Tablet*(2017/03/13).

Kornai, János, "Hungary's U-Turn: Retreating from Democracy", *Capitalism and Society*, Vol. 10, Issue 1(2015/03).

Murphy, Peter, "'Fake news' another weapon in Orban's illiberal Hungary", AFP(2017/04/09).

Platt, Spencer.Emmanuel Dunand, "Soros 'mafia state' speech a declaration of war-Hungarian PM Orban", *AFP*(2017/06/02).

Sheftalovich, Zoya, "Hungary's anti-Soros education law sparks schism in European Parliament", *Politico*(2017/06/04).

Traub, James, "Hungary's 500-Year-Old Victim Complex", *Foreign Policy*(2015/10/28).

Zalan, Eszter, "Hungary Is Too Small for Viktor Orban", *Foreign Policy*(2016/10/1).

10 폴란드: 민족들의 예수

Abtan, Benjamin, "A Few Lessons from the Nationalist Protest in Poland", *DELFI*(2017/11/20).

Ciobanu, Claudia, "Poland is turning authoritarian", *Aljazeera*(2017/07/02).

Hockenos, Paul, "Poland and the Uncontrollable Fury of Europe's Far Right", *The Atlantic*(2017/11/15).

Koscielny, Pawel, "Illiberal Memory: How the Far Right is Rewriting History in Post-socialist Poland"(University of California, Berkeley, 2016).

Noack, Rick, "How Poland became a breeding ground for Europe's far right", *Washington Post*(2017/11/14).

Pytlas, Bartek, *Radical Right Parties in Central and Eastern Europe Mainstream Party Competition and Electoral Fortune*(Routledge, 2016).

Schifferdecker, Gesche, "The Current Manipulation of History in Poland: A Disturbing Development–An Interview with Katrin Stoll", *TRAFO*(2016/11/03).

Zamoyski, Adam, "The Problem With Poland's New Nationalism", *Foreign Policy*(2016/01/27).

"The use and misuse of history in Poland", *Financial Times*(2016/05/02).

권력은 왜 역사를 지배하려 하는가

ⓒ 윤상욱 2018

2018년 1월 12일 초판 1쇄 인쇄
2018년 1월 19일 초판 1쇄 발행

지은이 | 윤상욱
발행인 | 이원주
책임편집 | 최안나
책임마케팅 | 문무현

발행처 | (주)시공사
출판등록 | 1989년 5월 10일(제3-248호)

주소 | 서울시 서초구 사임당로 82(우편번호 06641)
전화 | 편집(02)2046-2861·마케팅(02)2046-2894
팩스 | 편집·마케팅(02)585-1755
홈페이지 | www.sigongsa.com

ISBN 978-89-527-7995-3 03900

이 도서의 국립중앙도서관 출판예정도서목록(CIP)은 서지정보유통지원시스템 홈페이지
(http://seoji.nl.go.kr)와 국가자료공동목록시스템(http://www.nl.go.kr/kolisnet)
에서 이용하실 수 있습니다. (CIP제어번호: CIP2017035678)